AI 리더십

AI 리더십

초판 1쇄 인쇄 2023년 10월 30일
초판 1쇄 발행 2023년 11월 10일

지은이 오상진
발행인 김우진

발행처 북샵일공칠
등록 2013년 11월 25일 제2013-000365호
주소 서울시 마포구 월드컵북로 402, 16
전화 02-6215-1245 | **팩스** 02-6215-1246
전자우편 editor@thestoryhouse.kr

ISBN 979-11-88033-14-0 (03320)

창의력과
데이터가 만나는
리더십의 미래

오상진 지음

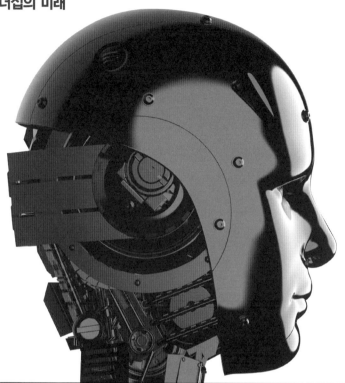

AI 리더십

데이터를 지배하는 자가 세상을 지배한다

BooK #107
북삼일공칠

> **"**
> ## 딥러닝의 아버지 제프리 힌턴!
> ## 구글 퇴사하며 AI 위험성 경고
> **"**

얼마 전 전 세계를 떠들썩하게 만들었던 신문기사의 제목이다. 도대체 그가 누구인데 이렇게 많은 사람이 관심을 갖는 것일까? 제프리 힌턴 Geoffrey Everest Hinton 은 영국 출신의 컴퓨터 과학자이자 인지심리학자이다. 평생을 인공지능 연구에 바친 그는 지금의 챗GPT 같은 AI의 근간이 되는 딥러닝 알고리즘을 개발한 장본인이다. 1980년대 동료들과 함께 연구한 '역전파 backpropagation' 알고리즘은 딥러닝의 학습 방법을 고도화시켰고, 지금의 AI를 개발할 수 있게 한 것이다.

그는 어떻게 신경망의 개념을 AI 고도화에 활용한 것일까?

힌턴은 창의적인 인재로도 유명하다. 1980년대 신경망은 농담에 가까운 수준이었다. 당시 대부분의 학자는 AI의 개념이 단지 기호 추론을 통해 단어나 숫자와 같은 기호 처리와 관련 있다고 생각했기 때문이다. 하지만 힌튼은 AI를 생물학적 관점에서 바라보았다. 아버지가 생물학자였던 것도 한몫했다. 그의 생각은 적중했다. 생물학적 두뇌가 하는 일을 모방하려는 노력의 과정에서 대형 언어모델을 탄생시킨 딥러닝 학습 방식을 발견해낸 것이다.

그는 우리의 뇌는 100조 개의 뉴런 연결로 구성되어 있지만, 대형 언어모델은 약 5,000억 개에서 1조 개의 연결만 가지고도 인간보다 수백 배, 아니 수천 배 많은 것을 알고 있다고 말한다. 바로 최근에 출시된 대형 언어모델 GTP-4를 말하는 것이다. 힌튼은 사전 학습된 대형 언어모델과 인간의 학습 속도를 비교하면 인간의 우위는 사라진다고 말한다.

그렇다면 이러한 AI가 우리 기업에는 어떠한 영향을 미치며, 조직의 리더들은 무엇을 해야 할까? AI 데이터 자본주의 시대에 진입하면서 세상은 급격히 변화하고 있다. 새로운 기술들이 혁신의 바람을 몰고 오면서 기업들은 빠르게 변화하는 환경에 적응하려 애쓰고 있는 것이다. 그 가운데서도 AI와 데이터는 기업 활동의 핵심 요소가 되었다. 특히 GPT 시리즈와 같은 생성형 AI 모델의 등장은 기업의 운영 방식에 대한 고민을 강요하고 있다. 이러한 기술을 채택함으로써 기업들은 업무 효율성을 높일 수 있었지만, 동시에 AI에 의해 인간의 역할이 대체되는 불안감도 가지게 되었다.

기업의 리더들에게 이런 변화는 큰 도전이자, 새로운 기회가 될 것이다. 바로 그들이 생각하고 행동하는 방식을 근본적으로 바꿔야 하는 이유이기도 하다. 이를 위해서 이 시대의 리더들은 창조성을 발휘하여 새로운 가치를 창출하고, 데이터를 기반으로 신속하고 정확한 결정을 내려야 한다. 하지만 이는 그리 쉬운 일은 아니다. 많은 리더가 기존의 사고방식과 행동 패턴에 얽매여, 변화를 받아들이는 데 어려움을 겪고 있기 때문이다.

그렇다면 조직의 리더들은 이러한 변화에 어떻게 대응해야 할까?

첫째, 리더들은 기술 변화에 대한 이해를 높이는 것이 중요하다.

이를 위해, AI의 원리와 작동 방식에 대한 교육이 필요하다. 이는 기업이 새로운 기술을 채택하기 위해 필요한 전략적 결정을 내리는 데 도움이 될 것이다.

둘째, 리더들은 기술적 능력을 갖추는 것 이상으로, 변화에 대한 태도를 바꿔야 한다. 여기에는 기업 문화의 변화와 직원들의 역량 개발을 포함하고 있다. 특히, AI가 처리하기 어려운 창의적인 업무나 복잡한 문제 해결 능력을 개발하는 것이 무엇보다 중요하다.

셋째, 리더들은 AI와 인간의 협업 방식에 대해 고민해야 한다.

이제 곧 AI 로봇 파트너들이 우리의 일터로 들어오기 때문이다. 따라서 인간이 AI를 도구로 활용하면서 AI가 인간의 업무를 보조하고, 더 나은 결과를 내는 방법을 찾는 것이 중요하다. 결국 리더들은 끊임없이 변화하는 기술 환경에 적응하고, 이 변화를 기회로 삼아 기업을 성공으로 이끌 수 있는 전략을 구축할 수 있도록 데이터 리더십을 발휘해야 한다. 이 과정에서 창조성과 데이터의 활용은 필수적인 역량이 될 것이다.

그렇다면 무엇부터 시작해야 할까?

MIT슬론 경영대 네들러Nadler와 케인Kane 교수는 조직을 설계할 때 외부환경, 내부환경, 그 기업의 핵심 가치를 기반으로 전략을 수립하고 전략 실행에 필요한 사람, 눈에 보이지 않는 조직문화, 그리고 그 조직을 움직이는 시스템이 구조화되어야 한다고 말한다. 즉 기업이 디지털로 전환하기 위해서는 디지털 기업에 필요한 사람이 있어야 하고, 디지털 기업에 적합한 애자일 조직 구조를 갖추어야 하며, 실험과 속도를 중시하고 실패를 두려워하지 않는 수평적 조직문화를 구축해야 한다고 했다. 다시 말해, 디지털 기업에 적합한 사람이 디지털 전환에 맞는 방식으로 일할 수 있도록 조직 구조와 문화를 만들어주어야 한다는 것이다.

그렇다면 디지털 전환을 지향하는 기업에 적합한 인재들은 어떤 역량을 갖추어야 할까? 네들러와 케인은 6가지 역량을 제시하고 있는데, 그 키워드는 다음과 같다.

- 유연하게 사고하기
- 실험적으로 탐구하기
- 데이터에 기반하여 의사결정 하기
- 분권화된 리더십 갖추기
- 협력적으로 일하기
- 일하기 위해 살아가는 열정을 지니기

이 책은 리더들에게 AI 데이터 자본주의 시대에 어떻게 적응하고, 어떻게 탁월한 리더십을 발휘할 수 있는지에 대한 인사이트를 제공하고자 한다. 챗GPT 같은 거대 생성형 AI 모델은 인간의 100분의 1 정도의 연결만으로도 인간보다 효율적으로 학습하고 그 능력은 더욱 뛰어나기 때문이다. 이를 퓨쇼트 러닝^{few-shot learning}이라고 부르는데, 언어모델의 신경망을 사전 훈련하여 소량의 샘플만으로도 새로운 작업을 수행하도록 하는 학습 방법을 의미한다.

그렇다면 인간이 AI보다 뛰어날 수 있는 영역은 무엇을까?

바로 창조성의 영역이다. AI도 창조성이 있다고는 하지만 데이터가 없으면 무용지물이 되며, 단지 모방을 통한 창조성을 만들어내기 때문이다. 이 책은 '창조적 인간'만이 AI의 추격을 따돌릴 수 있다고 말한다.

세상이 변화하면서 리더들도 그들의 역할과 책임이 변화하고 있다. AI 시대의 리더들이 자신들의 리더십을 잘 발휘하기 위해서는 창조성과 데이터를 적절히 활용하는 것이 중요하며, 이 책은 그 방법을 제시하고 있다.

AI를 능가하는

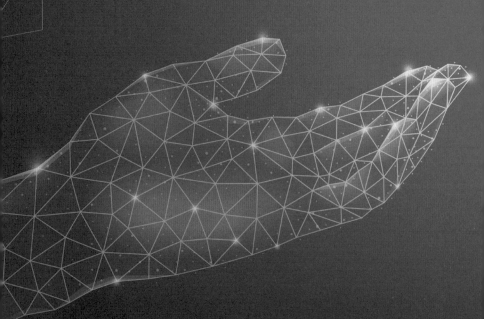

창조적 리더

'창조적 인간'만이
AI의 추격을 따돌릴 수 있다

디지털 트랜스포메이션의 핵심기술로 떠오르고 있는 인공지능^AI!

AI 기술이 발달하면 사람들은 설 자리가 없어질까? 결론은 "그렇지 않다"이다. AI는 많은 데이터^Big data와 낮은 지능^small intelligence을 갖고 있는 존재이기 때문이다. 하지만 사람은 어떠한가? 반대로 높은 지능^big intelligence과 적은 데이터를 가졌기 때문에 창의적이고 현명할 수밖에 없다. 그 예로 수많은 과학자의 이론에서 힌트를 얻을 수 있다.

아인슈타인은 데이터가 하나도 없었지만 100년 전에 블랙홀과 중력파 등의 개념을 이야기했다. 그런데 이제야 우리는 수많은 데이터를 가지고 실제 블랙홀과 중력파에 대한 관찰을 할 수 있게 되었다. 데이터가 많으면 지능이 필요 없어도 많은 일을 할 수 있다. 이것이 바로 AI의 원리이다. AI는 수많은 데이터를 학습하고 패턴을 찾아내 피드백 구조로 정답에 가깝게 다가가는 메커니즘을 가지고 있다.

그렇다면 AI의 지능 수준은 어느 정도라고 볼 수 있을까?

인간의 지능을 5단계로 구분한다면 1단계는 연산, 기억 computation & memory의 영역, 2단계는 지각 perception, 3단계는 인지 cognition 영역이다. 여기까지는 AI가 인간보다 월등히 뛰어나다고 한다. 하지만 4단계 창의성 creativity과 5단계 지혜 wisdom 또는 통찰력 insight은 AI가 절대 인간을 따라올 수 없는 영역이다.

인간의 지능 5단계

1단계	연산, 기억(computation & memory)	
2단계	지각(perception)	AI가 인간보다 뛰어난 영역
3단계	인지(cognition)	
4단계	창의성(creativity)	
5단계	지혜(wisdom), 통찰력(insight)	AI가 절대 인간을 따라올 수 없는 영역

AI는 모든 학습을 데이터를 기반으로 한다. 간혹 이렇게 말하는 사람이 있다. 요즘 AI는 음악도 작곡하고, 소설도 쓰며, 그림까지 그리는데 이게 창의적인 활동이 아니냐고? 그렇지 않다. AI의 이런 활동들은 창의적이라고 볼 수 없다. 글을 쓰는 AI는 기존 글들의 키워드를 기반으로 작동하며, 음악을 작곡하는 AI는 해당 장르의 음악

이 없으면 작곡을 할 수 없기 때문이다. 단지 컴퓨터가 기존 자료를 통한 학습으로 스타일을 이전한 것이다.

따라서 이제 기업은 디지털 트랜스포메이션을 위해 AI와 공존이 필요하다. 연산, 기억, 지각, 인지의 영역은 인간보다 훨씬 잘하는 AI에게 맡기고, AI가 접근할 수 없는 창의, 지혜, 통찰력 영역은 인간이 맡아야 하기 때문이다. 그래서 디지털 트랜스포메이션 시대 데이터 리더십을 발휘하기 위해서는 조직 구성원의 창의성과 통찰력을 키우는 것부터 시작해야 한다.

그렇다면 무엇부터 시작해야 할까?

《2030 축의 전환》 저자 캠브리지대학 마우로기옌 Mauro F. Guillén 교수는 급변하는 지금의 세상을 이렇게 표현했다.

"기억하라. 이제는 돌이킬 수 없다. 우리가 아는 세상은 변하고 있으며 결코 원래의 모습으로 돌아가지 않는다는 사실을. 세상은 변하고 있다. 그것도 영원히."

그러면서 불확실한 미래를 대비하기 위해 '생각의 방향'이 문제의 핵심이라고 제언하고 있다. 성공하려면 수직적 사고가 아닌 수평적 연결을 해야 하고, 이것은 기회가 될 가능성이 크다는 것이다.

그렇다면 수평적 연결을 무엇을 의미하는 걸까?

바로 기존의 방식을 과감히 깨버리는 창의성을 말한다. 《창조하는 뇌》의 저자인 스탠퍼드대학 데이비드 이글먼 David Eagleman 교수는 예술적 창의성과 과학적 창의성이 근본적으로 다르지 않고 동일한 인지 활동에서 기인한다고 하였다. 그리고 창의적인 뇌의 핵심 전략을 휘기 Bending, 쪼개기 Breaking, 섞기 Blending의 3B로 요약 설명하고 있다.

〈창의적인 뇌의 핵심 전략 3B〉

- 휘기 Bending
- 쪼개기 Breaking
- 섞기 Blending

의미를 살펴보면 원형의 모습을 뒤틀어서 본래의 모습에서 벗어나게 하거나, 전체를 해체하여 부분으로 살펴보거나, 두 가지 이상을 합쳐서 융·복합화하는 것을 말한다. 그는 AI의 창의성에 대해서도 이렇게 언급하고 있다. AI는 속도와 신뢰성을 기반으로 한다는 것이다. 지치지도 않고, 우울해하지도 않는다. 빠르게 정답을 내놓으며, 오답을 내지도 않는다. 하지만 창의성의 영역은 정답도 없고, 불필요한 실험이나 모험을 해야 한다. 창의성의 원천이 광범위한 상호작용에서 나오기 때문에 인지 유연성을 갖춘 인간이 월등하게 비교우위에 있다. 인간의 뇌는 지속적으로 학습하고, 재조직하며, 감각 정서 및 지적 데이터를 통합해가기 때문이다.

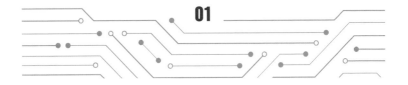

01

창조적 모방,
나만의 롤모델 만들기

"그까짓 짐 좀 들고 다니면 어때? 젊은 호기로 내뱉은 한마디가 배낭여행 내내 끔찍한 상황을 만들지 몰랐다."

숙박공유 플랫폼 에어비앤비를 모델로 창업한 짐 보관 스타트업 창업자 맷 마예브스키 Matthew Majewski 의 말이다. 그는 친구와 배낭여행 갔을 때를 떠올렸다. 당시 숙박시설의 체크아웃은 오전 10시였고, 비행기 시간은 저녁 11시였는데, 여행비를 아끼기 위해 짐을 들고 비행기 출발 시간까지 시내 여행을 했던 것이다. 한여름 무더운 날씨에 내 몸무게에 버금가는 트렁크를 갖고 지하철 계단을 오르내리던 기억은 두 번 다시 하기 싫다고 말한다.

이 이야기는 바로 트렁크 보관소의 에어비앤비가 되겠다는 스타트

AI 리더십

**Luggage storage
in trusted hotels and shops**

Store your bags in 3500+ trusted Stashpoints in
more than 860 cities worldwide

★ ★ ★ ★ ★ 4.8 from 58,652 verified ratings

🛡 £1,000 insurance included

LOCATION
◉   ◎
                                                        Press ◎ to use your location

DROP-OFF DATE   DROP-OFF TIME
📅 Aug 25   ⌄   🕐 09:00 AM – 10:00 AM   ⌄

PICK-UP DATE   PICK-UP TIME
📅 Aug 25   ⌄   🕐 10:00 AM – 11:00 AM   ⌄

BAGS
🛍 1   ⌄

Q Search

→ 시티스테이셔(출처: stasher.com)

업 시티스테이셔^{CityStasher}의 창업 스토리다. 배낭여행을 갔다면 누구나 한 번쯤 경험해본 적이 있을 것이다. 흔히 여행 중에 겪는 불편함은 숙박하는 곳을 체크아웃한 후 다음 여행지로 이동하기 위해 기차나 비행기로 이동할 때 스케줄이 맞지 않는 경우이다. 저렴한 지하철 코인락은 분실의 위험이 도사리고 있고, 정식 짐 보관 서비스는 맡길 공간이 없거나 너무 비싸다. 그래서 종종 무거운 짐을 들고 자투리 시간에 여행을 강행한다.

이들의 불편함을 덜어주기 위해 시티스테이셔 창업자들은 에어비앤비의 비즈니스 모델을 적용해보기로 한 것이다. 바로 창조적 모방^{Imovation}이었다. 에어비앤비라는 검증된 비즈니스 모델은 그대로 가지고 와서 짐 보관 서비스라는 내 것으로 변형해 론칭한 것이다.

비즈니스 모델은 간단했다. 에어비앤비가 남은 방을 여행객들에게 빌려준 것처럼 시티스테이셔는 남은 공간에 짐을 보관해주기로 한 것이다. 주요 여행지 곳곳의 미용실, 카페, 신문가판대 등과 같은 소규모 매장이나 호텔의 남은 공간에 짐을 맡기고 주변을 여행할 수 있도록 연결해준 것이다.

절차 역시 간단했다. 에어비앤비처럼 모바일 앱을 통해 여행지와 가까운 위치의 매장을 선택하고 고객정보, 맡길 가방 수, 시간을 입력하고 결제한다. 예약 메시지를 받으면 해당 매장에 가서 확인서와 신분증을 제시하고 짐을 맡기면 된다. 그리고 트렁크에 위치 추적용 보안태그를 붙인다. 여행이 끝나면 매장에서 트렁크 번호를 제시하고 짐을 찾아가면 끝난다. 그리고 마지막으로 해당 매장에 대한 평가를 입력한다.

시티스테이셔는 타깃 층도 창조적 모방을 통해 에어비앤비를 이용하고 저가 비행기 티켓을 구입하는 20~30대 젊은이들로 했다. 여행비가 넉넉하지 못한 젊은이들은 비싼 호텔보다 에어비앤비를 선호한다. 또한 저가 비행기는 주로 밤늦게 혹은 새벽에 운행하기 때문에 도시 간 이동시간의 갭이 크다. 하지만 에어비앤비는 숙박기간 외에는 짐을 맡아주지 않아서 늘 짐을 들고 남은 시간을 보내야 했던 것이다.

매장의 선정도 까다롭게 진행했다. 짐 보관 서비스의 핵심은 안전한 보관에 있기 때문에 내부에 CCTV가 있는지, 잠금장치가 갖춰져 있는지 확인했다. 그리고 만약 짐을 분실할 경우 최대 750파운드까지 보상한다는 계약 조항도 넣었다. 만약 호스트 평점에서 미달이 되면 호스트 자격을 과감히 박탈하여 소비자들과 신뢰를 쌓아나갔다. 시티스테이셔는 에어비앤비의 차별화 정책을 그대로 자신들의 짐 보관 서비스에 적용한 것이다.

첫째, 교통 요지만 골라 저렴하게 짐 보관 서비스를 했다. 대부분 이른 아침에 오픈하고 늦게 닫기 때문에 시간의 제약도 없앴다.

둘째, 기존의 수하물 보관소보다 저렴하게 가격을 책정했다. 24시간 기준 일반 수하물 보관소가 12.5파운드였다면 시티스테이셔는 6파운드로 가격을 책정한 것이다.

셋째, 짐을 보관해주는 호스트들에게 추가 수익을 올릴 수 있다고 홍보했는데, 실제 여행객들의 75퍼센트 이상이 짐을 맡긴 상점에서 돈을 썼다고 한다. 이를 통해 지역의 소규모 상점들은 홍보와 매출을 동시에 얻을 수 있어 지역경제 활성화에도 도움이 되었다.

이렇듯 디지털 시대 혁신은 중요하다. 하지만 모방 역시 혁신만큼 중요한 성공 요인이 된다. 현명한 기업은 혁신innovation과 모방imitation을 융합한 창조적 모방imovation을 추구한다. 즉 다른 분야에서 입증

된 아이디어와 고객의 니즈를 결합해 성공하는 것이다.

내가 한 일의 대부분은 남이 한 일을 모방한 것이었다

· · ·

"내가 한 일의 대부분은 남이 한 일을 모방한 것이었다." 이 말은 세계적인 소매 업체 월마트의 창업자 샘 월튼이 자서전에서 한 말이다. 《카피캣》의 저자인 오데드 센카 Oded Shenkar 는 그의 저서에서 월마트는 최고의 '창조적 모방가'라고 말했다. 그는 유럽 최대의 유통 업체인 까르프 Carrefour 가 브라질에 설립한 마트를 모방해 백화점과 슈퍼마켓을 결합한 하이퍼마켓을 오픈한 것이다. 당시 하이퍼마켓은 식료품과 공산품을 할인된 가격으로 구입할 수 있는 획기적인 리테일 매장이었다. 하지만 월마트는 단순히 베끼기로 성공한 것은 아니다. 저비용 원가 구조를 바탕으로 하여 타 경쟁사보다 낮은 가격으로 소비자의 욕구를 실현한 것이다.

이렇게 차별화된 기능과 저비용 원가 구조를 이룩할 수 있는 핵심 성공 요소는 월마트의 독자적인 물류 시스템 '크로스 도킹 Cross Docking' 덕분이다. 재고를 최소한으로 하면서 계속적으로 물건을 재보충하는 방식으로, 물건이 운반되어 창고에 공급되면 창고에 도착한 상품은 분류되어 재포장되어 재고로 보관되지 않고 점포로 바로 배송되도록 만든 것이다. 이 시스템의 구축으로 상품이 창고에 머무르는 시간이 매우 짧아졌다. 상품을 하나의 적하장에서 다른 적하장으로 옮기는 데 최대 48시간 이상 소요되지 않았다. 또한 각각의 상품은 3가지 형태로 분류하여 시간 관리를 하고 있는데, Fast moving item의 경우 즉시 배송, Distributed item의 경우 24시간 내 공급, Staple item의 경우 48시간 내 공급의 원칙을 세워두고 있다.

할인점의 특성상 대량 구매해야 하는 월마트는 크로스 도킹을 이용해 늘 발생하는 재고 및 취급 비용을 절감할 수 있었다. 이는 취급 상품의 85퍼센트가량을 그들의 배송 센터를 거쳐 유통하는 방법을 통해 업계 평균보다 2~3퍼센트 낮은 원가를 유지할 수 있었다. 이것뿐만이 아니었다. 디지털 기술과 통신기술의 발전을 예상하고 POS Point Of Sale System 시스템과 위성통신 인프라 구축에도 투자를 아끼지 않았다. 또한 바코드와 슬롯 스캐너를 도입하면서 고객의 대기시간을 단축하는 인간 중심, 현장 중심 경영철학을 만들어나갔던 것이다.

그런데 이렇게 승승장구하던 월마트에도 위기가 찾아오게 된다. 바로 이커머스의 공룡 아마존이 등장한 것이다. 1994년 온라인 서점으로 출발한 아마존은 원클릭 쇼핑, 맞춤형 제품 추천, 제품 평가 및 후기 시스템 등 독보적인 온라인 쇼핑 체제를 구축했다. 이로 인해 많은 오프라인 기업이 무너졌다. 유아용품 전문 쇼핑몰 다이퍼

닷컴의 운영사 퀴드시 Quidsi, 미국 최대 컴퓨터 유통 업체인 컴퓨유에스에이 CompUSA, 세계 최대 장난감 업체 토이저러스 등이 대표적이다. 오죽하면 아마존이 다른 업종을 먹어치운다는 뜻의 '아마존드 Amazoned'라는 신조어까지 생겼을까?

아마존은 온라인을 장악하고 나서 오프라인으로 눈을 돌렸다. 바로 월마트로 상징되는 시장이었다. 2017년 유기농 식료품 업체인 홀푸드마켓 Whole Foods Market 인수는 아마존 역사상 최대 규모였다. 그만큼 오프라인 시장의 열망이 가득한 의사결정이었다. 연이어 2018년 저스트 워크아웃 쇼핑 Just Work out Shopping 이라는 신개념 무인 편의점 '아마존고'를 오픈하면서 백화점 개장을 선언한 것이다. 결국 우려했던 일은 벌어지고 말았다. 2022년 5월, 아마존이 월마트를 제치고 미국 리테일 시장에서 1위를 차지한 것이다. 그러자 월마트는 즉각 대응에 나섰다. 창조적 모방가의 상징인 만큼 이번엔 아마존이 잘하고 있는 영역을 모방하기 시작했다.

2017년 아마존이 홀푸드마켓을 인수하자 회사 설립 48년 만에 사명을 바꾸었다. '월마트스토어'에서 스토어를 빼고 '월마트'로 바꾸며 디지털 회사로 거듭나겠다는 비전을 발표했다. 우선 단순한 모방이 아닌 자신들의 강점을 최대한 살려 창조적 모방을 시작했다. 미국에만 5,000여 개의 매장을 보유하고 있는 월마트는 넓은 주차장과 매장을 온라인 주문 픽업용 키오스크로 활용했다. 고객이 온라

→ 월마트 드론 딜리버리(출처: corporate.walmart.com)

인으로 주문한 물품을 고객의 차에 실어주는 '커브사이드 픽업', 온라인 구매 물품을 두 시간 안에 배송해주는 '익스프레스 딜리버리' 등을 론칭했다. 아마존이 절대 따라 할 수 없는 월마트만의 디지털 전환 전략을 사용한 것이다.

월마트는 여기에 그치지 않았다. 제트닷컴, 플립카트 등 전자상거래 업체를 그대로 인수하며 아마존을 모방했고, 아마존의 멤버십 서비스 '아마존 프라임'을 그대로 본떠 '월마트 플러스'를 출시했다. 또한 아마존의 독보적인 영역인 자율주행, 드론, 로봇 배송을 위한 인프라 구축과 공중에 떠다니는 물류창고, 자율주행 스마트 카트 등의 특허도 확보하면서 아마존과 한판 승부를 하고 있다.

결과는 어떻게 되었을까?

"아마존, 월마트에 완패! 2023년은?"

한 신문의 머리기사가 결과를 말해주고 있다. 2022년 1년간 월마트는 주가도 훨씬 높았고, 매출액과 영업이익에서도 아마존이 미치지 못하는 성적을 받은 것이다. 그렇다면 아마존을 모방한 월마트 성공 요인은 무엇일까? 디지털로 전환하면서 아마존의 '아마존프라임'의 멤버십을 그대로 모방해 '월마트플러스'를 만들었지만, 결정적인 차이가 있었다. 모든 제도와 방식은 동일한데, 월마트만의 차별화된 전략 옴니채널을 창조적 모방으로 적용한 것이다.

옴니채널이란 소비자가 온라인과 오프라인의 어떤 채널이든 자유롭게 넘나들며 상품을 검색하고 구매할 수 있도록 한 쇼핑 환경을 말한다. 즉 미국 전역에 5,200개가 넘는 오프라인 매장과 온라인 매장을 넘나들며 쇼핑과 배송을 연결한 것이다.

월마트는 단순한 모방을 넘어서 점진적 혁신을 했고, 차별화된 경쟁력을 갖추었다. 바로 '창조적 모방가'였다. '모방가'와 '혁신가'의 합성어인 '창조적 모방가'는 점진적 혁신의 대명사로 떠오르고 있다. 그리고 지금도 세계 최고의 기업 월마트는 창조적 모방을 통해 혁신을 보여주고 있다.

창조적 모방, 어떻게 해야 할까?

. . .

오스트리아 경제학자 조지프 슘페터 Joseph Alois Schumpeter 의 '창조적 파괴 creative destruction'나 하버드 경영대 석좌교수였던 클레이튼 크리스텐슨 Clayton Christensen 의 '파괴적 혁신 disruptive innovation'은 당대 혁신 이론으로 극찬을 받았던 개념들이다. 하지만 디지털 트랜스포메이션 시대에서는 더이상 급진적 혁신을 기대하기 어려워졌다. 바로 많은 기업이 '혁신의 덫 Innovation Trap'에 빠져 있기 때문이다.

그렇다면 이 시기에 창조적 모방가들은 어떤 전략으로 최고의 혁신가가 될 수 있었을까? 최고를 찾아 그들을 철저히 모방했고, 남들과 차별화된 의외의 것을 모방했으며, 자신의 장점과 결합해 또 다른 창조를 만들어냈던 것이다. 결국 진정한 고수는 남의 것을 모방하고, 하수는 자기의 것을 쥐어짠다. 그 결과 고수는 창조의 결과물을 만들어내고, 하수는 씁쓸한 패배감을 맛보게 되는 것이다. 이들은 모방이 가장 탁월한 창조의 전략이라고 말하고 있는데, 그렇다면 모방을 잘하기 위해서는 어떠한 기술이 필요할까?

첫째, 모방하려는 적절한 모델을 찾아야 한다.

예를 들어보자. 르네상스 시대를 대표하는 천재 예술가 하면 미켈란젤로와 레오나르도 다빈치를 꼽는데 이들과 3대 거장으로 거론되는 화가가 있다. 바로 라파엘로 Raffaello Sanzio 다. 그는 오늘날 사람들이 생각하는 천재 예술가와는 좀 거리가 있다고 하는데 어떻게 그 시대 3대 거장이 되었을까? 당시 미켈란젤로와 레오나르도 다빈치는 조각, 회화, 건축, 과학, 수학 등 다방면에 걸친 천재였다. 라파엘로는 단지 회화 분야에만 두각을 나타냈지만, 그는 전형적인 '창조적 모방가'였다. 당시 최고였던 레오나르도 다빈치와 미켈란젤로를 모방하기 위해 피렌체로 가서 4년이란 시간을 보냈고, 두 천재 화가의 구도와 기법을 창조적으로 모방해 자신만의 화법을 만들었다.

월마트는 당시 세계 최고의 유통회사 까르푸의 대형 할인매장 하이퍼마켓 Hypermarket 을 모방해 리테일의 최강자가 되었고, 온라인 이커머스의 세계 최고 기업인 아마존을 모방해 옴니채널의 최강자가 되었다. 대륙의 실수라고 불리는 '샤오미 Xiaomi'는 애플을 모방해 중국 최고의 IT 기업으로 성장했다. 애플의 CEO 스티브 잡스의 옷차림과 걸음걸이까지 모방해 빈축을 샀던 샤오미지만, 자신들은 '전복형 이노베이션 Disruptive Innovation'을 했다고 주장한다. 바로 타인의 생각과 관점을 가져오기 위해 취한 행동이란 것이다.

최근에는 전기자동차 시장에 진출했다. 2024년 상용화된 전기자동차를 만들겠다고 선언한 그들은 자율주행 솔루션 기업인 베이징 딥모션을 약 7,740만 달러에 인수한 후 베이징 자동차와 손잡고 전기자동차 시장에 뛰어들었다. 이들이 전기자동차 시장에 뛰어들 수 있었던 것도 모방으로 시작했다. 전기차 플랫폼만 있다면 스마트폰을 조립하는 것과 똑같은 원리로 생산되기 때문이다.

라파엘로나 샘 월튼, 레이쥔은 단순히 모방만으로 최고의 자리에 오른 것이 아니다. 그들은 모방과 동시에 최고의 창조 전략을 사용했다. 라파엘로는 회화 분야를 특화해 차별화를 만들어냈고, 샘 월튼은 바코드 기술과 데이터 분석, IT 기술을 통해 물류 혁명을 만들어냈다. 샤오미는 자신들이 보유하고 있는 소프트웨어와 모바일 인터넷 기술을 접목해 가장 가성비 높은 스마트폰을 만들어낸 것이다. 최고를 모방하여 최고가 된 이들의 전략을 주목해볼 만하다.

둘째, 남들과 차별화된 의외의 것을 모방해야 한다.

자신이 현재 속한 산업과 전혀 다른 영역에서 모방 대상을 찾아낼 필요가 있다는 것인데, 누구나 쉽게 모방할 수 있는 대상은 전략적으로 효과가 떨어지기 때문이다. 에어비앤비를 철저하게 모방해서 성공한 짐 보관 서비스 시티스테이셔는 단순히 짐을 보관해주는 것에서 멈추지 않았다. 더 싸게, 더 안전하게, 더 신뢰가 가는 짐 보관 서비스를 위해 교통이 편리한 상점들을 선별했다. 물론 가격은 일반 짐 보관 서비스에 비해 절반 가격으로 책정했다. 고객들에게 짐 분실에 대한 신뢰를 주기 위해 잠금장치와 CCTV를 확인했고, 위치 추적 스티커를 부착했다. 그리고 짐 보관 장소의 별점을 이용고객들이 직접 부여하도록 하여 그들의 신뢰를 공고히 했다.

최근 심각한 인플레이션으로 가입자를 지키기 위한 아마존과 월마트도 차별화된 모방을 하기 시작했다. 아마존은 프라임 회원들에게 무료로 음식 배달을 해주기 시작한 것이다. 미국 내 4,000개 이상의 도시에 32만 개 이상의 레스토랑 음식을 배달하고 있는 그럽허브 GrubHub 와 MOU를 맺고 외식비를 조금이나마 줄여주기 위해 배달 서비스를 시작한 것이다. 이에 아마존 프라임 회원들은 식료품의 무료 배달 서비스뿐만 아니라 음식까지 무료로 주문할 수 있게 되었다.

월마트 역시 치솟는 유류대를 의식해 월마트플러스 가입자들에게 주유 할인 혜택을 제공하고 있고, 대도시 가입자들에게 식료품을 당일 배송하는 서비스를 시작했다. 이를 위해 대도시의 식료품 배송의 최강자 인스타카트 Instacart 와 MOU를 맺고 당일 배송을 시작한 것이다. 이 밖에 세계 최대 자동차 판매회사 도요타자동차는 필요한 양만큼을 생산하는 'Just in time 생산방식'을 1950년 미국의 슈퍼마켓 시스템에서 모방해왔다. 적자에 시달리던 닛산자동차를 극적으로 회생시킨 '리바이벌 플랜'도 미국 GE의 '식스시그마'를 모방해서 성공한 케이스이다.

소셜미디어와 게임을 주 사업으로 하는 중국 최대의 인터넷 기업 '텐센트 Tencent '는 남들과 차별화된 창조적 모방이 텐센트의 가장 강력한 무기라고 말한다. CEO 마화텅은 "우리의 성공 비결은 고양이를 보고, 사자를 그려낼 수 있는 능력이다"라고 말한다. 이것이 바로 남들과 차별화된 모방의 기술이다.

셋째, 모방의 맥락을 이해해야 한다.

모방은 우리가 원하는 물건을 설계도대로 찍어내는 장비가 아니다. 그 기업이 가지고 있는 다양한 맥락과 상황에 따라 어떻게 바뀔지 아무도 모르기 때문이다. 따라서 상황이 그들이 하는 일에 어떤 영향을 미치는지 이해하고, 우리에게 도움이 되는 아이디어로 변형하기 위해서는 어떤 수정 과정이 필요한지 파악하고, 수정하고 또 수정하는 작업을 거쳐야 한다.

마케팅 전문가 마크 얼스Mark Earls는 "최초가 아니라 최고가 되어라"고 말한다. 세상에 존재하지 않는 독창적인 아이디어를 내겠다는 생각에 매달려 제자리에서 맴돌지 말고, 기존의 아이디어를 영리하게 모방하고 발전시키라는 것이다. 영리한 모방은 원조를 넘어서는 진화가 가능하기 때문이다. 모방을 통해 상대방의 장점을 채용하고, 약점을 보완하여 경쟁 상대를 이기면 된다는 것이다.

그렇다면 영리한 모방을 하기 위해서는 어떻게 해야 할까? 자신에게 도움이 되는 아이디어로 만들기 위해 수정하는 작업을 반복하는 것이 중요하다. 예를 들어보자. 20세기 최고의 천재 미술가 파블로 피카소Pablo Picasso는 그의 천재성은 끊임없는 모방에서 나왔다고 말한다. 평생 다른 화가들의 그림을 따라 그렸기 때문이다. 대표적인 그림이 1656년 벨라스케스가 완성한 〈시녀들〉이다. 그의 모방은 여든이 넘은 나이에도 계속되었는데, 마네, 쿠르베, 엘그레코, 들라크루아 같은 거장의 작품들을 리메이크했다고 한다.

피카소는 다른 화가들의 그림을 모방한 이유를 이렇게 설명하고 있다. 첫째, 모방은 새로운 것을 빨리 배우게 해준다는 것이다. 그는 당대 최고의 화가 그림을 모방하면서 그들의 화풍, 구조, 색감 등 필요한 지식들을 익혔다고 한다. 둘째, 모방을 습관화하다 보면 새로운 것을 창조해내기 때문이다. 피카소는 "저급한 자는 베끼고, 위대한 자는 훔친다"라는 표현을 자주 인용했다. 창의적 활동이란 타인의 결과를 끊임없이 자기 것으로 만드는 과정에서 창출되기 때문이다. 셋째, 모방의 반복을 통해 대상의 원리와 작동방식에 대한 통찰력을 얻을 수 있기 때문이다. 피카소는 결국 모방을 통해 자신만의 화풍과 벨라스케스의 시녀를 창조해낸 것이다.

벤치마킹! 창조적 모방과 상상력에서 시작된다

...

벤치마킹의 궁극적인 목적은 우리보다 잘하는 기업을 모방하여 우리의 것으로 만들고, 그 기업을 능가할 수 있도록 창조적 모방을 하는 데 있다. 세상에 새로운 것은 없듯이 전대미문의 창조는 전대미문의 아이디어에서 나오지 않는다. 이미 존재하는 것에서 더하고 빼고 나누고 곱하기를 통해 변형시키고 융합시켜 만들어내는 것이다. 솔로몬은 탄식하면서 이렇게 말했다고 한다. "하늘 아래 새로운 것은 없다." 이 말을 조금 변형해보면 "하늘 아래 전혀 관계없는 것은 아무것도 없다"라고 표현할 수 있다. 세상의 모든 창조는 전혀 관계 없는 것처럼 보이는 두 가지 이상을 융·복합하여 생기기 때문이다. 이런 의미에서 우리가 자주 사용하는 벤치마킹은 우리 기업과 전혀 상관없어 보이거나 혹은 관계 있는 것들을 융합하는 창조적 모방 활동이라고 볼 수 있다. 여기에 상상력이 결합한다면 우리는 최고의 창조적 모방을 할 수 있게 된다.

그럼 우리 주변의 창조적 모방 사례를 살펴보자.

이순신 장군의 거북선, 페르디난트 포르쉐가 만든 자동차 비틀, 일본의 고속열차 신칸센. 이들의 공통점은 무엇일까? 바로 살아 있는 생명체를 모방해서 개발한 제품들이다. 거북이, 딱정벌레, 물총새를 모티브로 했다. 자연을 모티브로 한 생체 모방이다.

미국 슈퍼마켓을 모티브로 한 일본 자동차 업계의 Just in time, 패션 업계의 제조 프로세스와 자동차 회사의 품질 관리를 모방한 니토리 가구, IBM, 맥도널드, 사우스웨스트, 애플 등 수많은 최고의 기업이 다양한 분야의 관찰을 통해 새로운 것을 찾고, 자신에 맞게 적용한 것이다.

바로 상상력이 창조적 모방에 커다란 모티브가 된 것인데, 여기서 언급하는 상상력은 엉뚱한 뜬구름을 말하는 것이 아니다. 구체적인 일상에서 출발하여 관찰을 통해 내가 경험하지 못한 타인의 불편함을 공감하는 능력을 말한다. 창의적인 아이디어는 현실에 적용되어 고객의 불편함을 해소해주는 결과물로 구현되어야만 진정한 창조적 모방이 되는 것이다. 세계 최고의 창의적 인재로 꼽히는 애플의 CEO 스티브 잡스는 미국 PBS 방송의 한 다큐멘터리에서 이렇게 말했다. "우리는 위대한 아이디어를 훔치는 것을 부끄러워한 적이 없습니다. 그런데 중요한 것은 최고의 것들을 당신이 지금 하고 있는 것 안으로 가져오는 것입니다." 결국 최고의 것을 모방해 자기 아이디어와 결합하는 것이다.

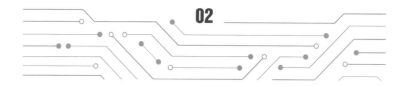

02

창조적 파괴,
성공 공식을 깨다

"쿠팡맨 위협하는 아줌마들 전동카트로 배송 100만 건!"

누구를 말하는 것일까? 바로 대한민국 사람이면 누구나 알고 있는 야쿠르트 아줌마의 활약상이다. 전통적인 발효유 제조기업으로 시작한 야쿠르트에게 무슨 일이 벌어진 걸까? 한국 야쿠르트의 시작은 1969년으로 거슬러 올라간다. 당시 윤덕병 창업주는 한국 야쿠르트를 창업하고 1971년부터 일본 야쿠르트 주식회사와 기술 제휴로 유산균을 배양시킨 탈지분유 음료인 야쿠르트를 생산하기 시작했다. 1971년 당시 하루 2만 개가 판매된 것을 시작으로 1990년대 하루에 800만 병이 팔려나가는 인기 상품이 되었다. 현재 단일 브랜드 사상 최대 판매기록인 총판매량 470억 병을 돌파했다고 한다.

그런데 이런 성공의 중심에는 한국야쿠르트 방문판매원, 일명 야쿠르트 아줌마가 있었다. 지금은 장남감 같은 전동차를 타고 전국을 누비는 이들 역시 1971년에 시작되었다. 가정주부에게 일자리를 주기 위해 여성 판매원을 모집하면서 47명으로 시작하였다. 당시 사회적 분위기에서는 여성이 가질 수 있는 흔치 않은 안정적 일자리여서 선망의 대상이 되었다고 한다.

그런데 왜 한국야쿠르트는 방문판매의 마케팅을 도입한 것일까? 이유는 명료하다. 당시 최고의 마케팅 전략으로 많은 기업이 도입하고 있었기 때문이다. 이들의 활약은 실로 대단했다. 좁은 동네에서 오래 활동하다 보니 다양한 인맥을 구축하고, 정보통 역할도 했으며, 심지어 보안이 철저한 회사 사무실도 자유롭게 드나들 수 있었다. 1994년 철도 총파업 사태 당시 파업자들이 명동성당을 점거하고 경찰과 대치하고 있었는데 이곳을 드나들 수 있는 유일한 외부인은 야쿠르트 아줌마밖에 없었다. 이렇게 시작한 이들의 행보는 2014년까지 44년 동안 손수레를 끌고 다니며 방문판매를 이어갔다.

그런데 2015년 이들에게 엄청난 변화가 시작되었다. 지금까지 끌고 다니던 손수레를 없애고 전동차로 교체를 시작한 것이다. 2016년에는 야쿠르트 아줌마 찾기라는 앱이 등장해 언제 어디서나 쉽게 주문할 수 있는 시스템을 갖추었고, 전동차에 카드결제 단말기가 도입되어 언제 어디서나 쉽게 결제도 가능하게 된 것이다.

야쿠르트의 행보는 여기서 멈추지 않았다. 야쿠르트 아줌마라는 방문판매 조직을 활용하여 플랫폼 회사로 변신을 시작한 것이다. 취급하는 물품도 자신들이 제조하는 유산균 음료에 국한하지 않았다. 2017년 첫선을 보인 온라인 신선식품 쇼핑몰 하이프레시는 커피, 디저트, 야채과일, 헬스푸드, 주문 후 요리 등 제품군을 200여 종으로 확대했다. 본죽, 종가집, 농협안심한돈, 팜투베이비 등 국내 대표 식품 브랜드와 손잡고 인기 제품도 선보였다.

2019년에는 MZ세대 중심으로 인터넷사이트가 아닌 스마트폰 모바일로 주문량이 많아지면서 모바일 신선마켓 프레딧으로 플랫폼을 변경하였다. 그리고 최근 인기몰이를 하고 있는 유기농, 친환경 상품부터 비건, 펫 상품까지 그 영역을 확장해나간 것이다. 서울 일부 지역에 한정하여 저녁 배송 서비스 '하이프레시 고'도 시작했다. 저녁 시간인 18시부터 23시까지 운영되는 이 서비스는 저녁 식사 준비가 힘든 1인 가구나 맞벌이 부부를 대상으로 론칭된 서비스다.

야쿠르트는 자신들의 강점을 국내 유일 콜드체인 배송 서비스를 하는 유통회사라고 말한다. 2021년 출시된 전동카 코코 3.0은 적재용량 증가, 충돌 방지 시스템, 무인판매 지원, 공공 와이파이 등 다양한 기능들을 탑재했다고 한다. 이들의 경쟁력은 아이러니하게 방문판매 조직으로 시작한 야쿠르트 아줌마에게 있었다. 고객 요구에 빠른 대응, 냉장 배송, 쓰레기 폐기물 감소 등으로 경쟁력을 갖춘 '프레딧 배송 서비스'의 핵심이 야쿠르트 아줌마이기 때문이다. 현재 약

1만 1,000여 명 정도 활동하고 있으며, 고객과의 쌍방향 소통을 통해 배송 시간 조정, 반품 등 고객 요청사항에 대해 다른 배송 업체들보다 훨씬 기민하게 대응한다. 냉장 배송이 가능하다는 점도 야쿠르트 물류 서비스의 경쟁력이다. 유통 과정 전반에 전동카 코코의 콜드체인 시스템을 적용하여 과일, 도시락, 샐러드와 같이 취급이 까다로운 제품 배송도 가능하다.

최근 배송 업체들의 가장 큰 난제인 스티로폼 등 포장 폐기물 배출도 해결되었다. 냉장 카트에 신선식품을 담아 고객에게 직접 전달하거나 문 앞까지 배송한다. 이를 방증하듯 최근 7개월 만에 전동카트를 통해 배송하는 면도기, 화장품, 밀키트, 커피원두 등 배송량이 100만 건을 넘어섰다고 한다.

그렇다면 야쿠르트의 성공 비결은 무엇일까?

바로 '창조적 파괴creative destruction'의 힘이었다. 전통 유산균 제조 기업을 파괴하고 디지털 시대 플랫폼 기업으로 확장한 것. 기존 전통적 방문판매 조직에 디지털 디바이스를 도입하여 국내 최초 콜드체인 신선식품 체계를 구축한 것은 창조적 파괴의 대표적인 성공 사례로 볼 수 있다. 최근 야쿠르트는 또 한 번의 창조적 파괴를 꾀하고 있다. 바로 대형 배달 플랫폼 '부릉'을 운영하는 메쉬코리아를 인수한 것이다. 신선식품 배송으로 업계의 다크호스로 떠올랐지만 적재량의 한계를 가지고 있었던 야쿠르트 아줌마와 시너지를 내기 위한 초석으로 보인다.

창조와 파괴라는 야누스의 두 얼굴!

• • •

창조적 파괴란 무엇일까? 우리에겐 생소한 단어이다. 하지만 이 용어가 세상에 등장한 건 1912년이다. 경제학자 조셉 슘페터가 기술의 발달에 경제가 얼마나 잘 적응해나가는지를 설명하기 위해 제시했던 개념이다. 그런데 왜 지금 다시 창조적 파괴라는 단어가 회자하고 있는 것일까? 바로 디지털 트랜스포메이션 현상 때문이다.

우리는 제4차 산업혁명 시대에 살고 있다고 말한다. 얼마 전 성황리에 마친 CES 2023에서도 느낄 수 있었지만 기술 혁신이 인류의 문제를 해결하는 방향으로 창조적 파괴는 진행되고 있는 것이다. CES 2023의 주요 키워드를 살펴보면 다음과 같다.

첫째, 웹3.0과 메타버스 Metaverse 였다. 인공지능과 블록체인을 기반으로 맞춤형 정보를 제공하는 3세대 인터넷 웹3.0과 3차원 가상현실 메타버스가 향후 미래 ICT 산업의 주요 트렌드가 될 것이라고 예견했다.

둘째, 모빌리티 mobility 로 자율주행, 전기차, 커넥티드 카, 차량용 소프트웨어 등을 중심으로 한 미래 모빌리티 관련 신기술이 미래 산업의 주축으로써 지위를 이어나간다는 것이다.

셋째, 디지털 헬스 digital health 이다. 지난 3년간 주요 키워드에서 빠지지 않았던 이 영역은 팬데믹 이후 건강에 대한 인식이 강해지고

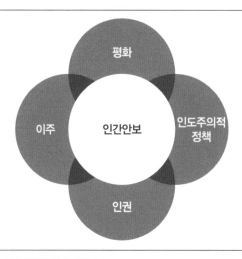

→ 인간안보(출처: 스위스 연방 외무부 인간안보부)

헬스케어 수요가 급증하면서 기존 헬스케어 분야의 디지털 전환이 가속화될 것이라고 말한다.

넷째, 지속 가능성 sustainability 을 언급했는데 기술의 혁신은 기존 영역을 파괴하기도 하지만 에너지 보존, 전력 생산량 증진, 식량난 해결, 스마트 도시건설 등 인류의 지속 가능성을 창조하는 방향으로 개발되어야 한다는 것이다.

다섯째, 인간안보 human security 이다. 1994년 유엔이 식량안보, 의료개선 등 인간을 둘러싼 주요 이슈를 묶어 주창한 개념으로 경제안보, 환경보호, 개인안전, 정치적 자유 등을 포함하고 있다.

이렇듯 창조적 파괴는 디지털 트랜스포메이션 시대에 핵심 키워드로 떠오르고 있다.

그렇다면 창조적 파괴를 잘하기 위해서는 어떻게 해야 할까? 뉴욕대 스턴경영대학원의 아시시 바티아 Ashish Bhatia 교수는 우리가 아는 것, 우리가 아는 사람, 그리고 우리 자신을 적극적으로 활용해 행동하는 효과성 effectuation 접근법을 활용하라고 말한다. 그 첫 번째가 교실극장 operating theater 프로그램이다. 실제 삶에서 맞닥뜨리는 경험이 얼마나 중요한지 깨달음을 주는 것을 골자로 하고 있다. 대표적인 사례로는 기존 기업가를 초청해서 교수들과 스타트업이 다양한 시도를 하는 모습을 보여주고, 기업가 정신은 경험 없이는 발휘될 수 없다는 것을 일깨워주는 로트만대학원의 창조적 파괴 랩 Creative Destruction Lab 프로그램이다. 경험적 지식의 중요성을 강조하는 뉴욕대 스턴경영대학원의 무한 프런티어 랩 Endless Frontier Labs 등도 있다.

그렇다면 자신의 경험적 지식을 통해 기존 패러다임을 깨고 창조적 파괴를 성공적으로 만들어낸 기업을 만나보자.

넷플릭스 모델을 유튜브 모델로

. . .

"홈트레이닝 글로벌 1위 펠로톤, 위기 타개할 수 있을까?"

팬데믹이 끝나갈 무렵 한 일간지를 장식한 머리기사의 제목이다. 제목이 말해주듯이 펠로톤 Peloton 은 2012년에 창립한 미국 운동장비 및 미디어 회사이자, 가정용 트레이닝 장비를 생산하고 공급하는 글로벌 1위 기업이다. 주력 제품은 고정용 자전거와 러닝머신이다. 이 회사는 코로나 19로 인해 급성장을 시작했다. 직장인들은 재택근무로 전환되고, 학생들조차 원격강의로 대체되면서 대표적인 수혜 기업이 된 것이다. 피트니스센터나 외부에서 운동을 할 수 없게 된 사람들이 홈트레이딩으로 몰렸기 때문이다.

펠로톤의 비즈니스 모델은 단순했다. 가입 서비스를 통해 실시간 및 주문형 피트니스 수업을 스트리밍으로 받는 것이었다. 그런데 이 서비스를 이용하기 위해서는 터치 스크린이 장착된 러닝머신을 구입해야 한다. 최저 가격이 1,445달러로, 비싼 가격에도 불구하고 수요는 급증했다. 가정에 머물며 우울한 마음을 운동으로 풀어야 했기 때문이다. 고객들은 내장형 센서를 통해 나의 성적과 순위를 실시간 피드백 받을 수 있고, 타인과 경쟁할 수 있는 재미를 제공하는 방식에 열광했다. 펠로톤은 피트니스계의 넷플릭스라고 불리며 이용자수는 폭발적으로 증가했다.

그런데 위기가 닥친 것이다. 팬데믹으로 성장가도를 달렸던 펠로톤이기에 팬데믹의 종식은 그들에게 치명적이었다. 사람들은 다시 야외로 나갔고, 헬스장으로 복귀하기 시작한 것이다. 결국 매출이 급감한 펠로톤은 창업자인 CEO 존 폴리를 경영일선에서 물리고, 직원 20퍼센트를 해고했다. 그리고 경험적 지식을 통해 창조적 파괴를 시작한 것이다.

그 주인공은 넷플릭스 구독 스트리밍 서비스의 설계자이자 음원 스트리밍 서비스 스포티파이 CFO를 역임함 배리 매카시Barry McCarthy였다. 그는 가장 먼저 고가의 장비를 구독해야 했던 비즈니스 모델을 구독 서비스로 전환했다. 운동 콘텐츠는 월정액을 내고 보는 맞춤형 구독모델이었지만, 더 큰 수익 모델은 고가의 장비를 판매하는 것이었기에 펠로톤 강좌를 들으려면 2,500달러의 자전거를 사야 했기 때문이다. 펠로톤은 장비도 월정액을 내고 구독할 수 있도록 했다. 월 45달러 혹은 60달러만 내면 실내 자전거를 배송해준다. 구독을 취소하면 무료 반품도 되며, 원한다면 중간에 기기를 매입하는 것도 가능하다. 결국 자체 생산하던 자전거와 러닝머신을 아웃소싱으로 바꾼 것이다.

두 번째로 실시한 것은 콘텐츠 제작이 정형화되어 있는 일 방향의 넷플릭스 모델이 아닌 누구나 운동 강좌를 할 수 있는 유튜브 모델로 바꾼 것이다. 펠로톤이 선발해서 운동 강좌를 하는 강사 중 인플루언서가 된 사람이 많다고 한다. 펠로톤 앱이 소셜미디어 기능도 하기 때문이다. 누구나 참여할 수 있는 개방형 플랫폼의 전환은 사용자들에게 매력적으로 다가왔다. 강사들은 재량껏 운동뿐만 아니라 관련된 다양한 콘텐츠를 제공할 수 있고, 구독자와 공유하면서 자신의 브랜드를 만들 수 있다. 구독자 역시 정해진 콘텐츠가 아닌 자신에게 적합한 운동 콘텐츠를 고를 수 있고, 나의 운동 영상을 올릴 수도 있어 쌍방향 커뮤니케이션이 가능하다. 이는 상호작용을 통해 이용자들의 운동 경험을 공유하고 커뮤니티를 구축할 수 있게 만들어주었다.

또한 경쟁자인 나이키 트레이닝 클럽이나 애플의 피트니스 플러스 같이 기기가 없어도 운동이 가능한 서비스와 경쟁하기 위해 외부기기와 연동을 시작했다. 애플 워치나 삼성 갤럭시 워치의 연동을 통해 자신의 운동 기록을 공유하고 분석할 수 있도록 만든 것이다.

배리 매카시는 자신의 경험적 지식을 바탕으로 창조적 파괴를 시작했다. 기존에 폐쇄적인 방식의 비즈니스 모델에서 자체 소셜미디어 플랫폼을 활용해 누구나 강의를 들을 수 있고, 누구나 강의를 할 수 있는 생태계를 만들고 있는 것이다.

아웃사이더는 어떻게 게임체인저가 되는가?

• • •

아웃사이더outsider 란 어떤 의미일까? 일반적으로 주류 집단의 일원이 아니거나 굳이 소속되려고 하지 않는 사람을 의미한다. 이들은 기존의 사회적 관습을 거부하고 독창적인 사고와 행위로 사회에 파장을 불러오는 사람으로 인식된다. 긍정적 의미보다 부정적 이미지가 강하다는 말이다. 그런데 간혹 과학, 산업, 문화를 혁명적으로 변혁하고, 새로운 비전이나 방식을 제시하는 사람으로 등장하곤 하는데, 뉴욕 경영대학 지노 카타니Gino Cattani 교수는 창조적 파괴를 만들어내는 사람들을 아웃사이더라고 주장한다. 그가 아웃사이더이기 때문에 창조적 파괴를 만들어낼 수 있다는 것이다. 인사이더가 따르는 규범과 표준에 덜 얽매여 있기 때문에, 그 사람이 쉽게 흘려버리는 해결책을 인식할 수 있다는 것이다.

그런데 아웃사이더 역시 그들이 진입하는 새로운 환경은 인사이더들과 마찬가지로 불편해한다는 것이다. 하지만 차이점은 이전의 환경에서 익숙한 통찰력과 경험에 근거하여 혁신을 만들어내는 것을 잘한다는 것이다. 지노 카타니 교수는 연구진들과 함께 재미있는 실험을 했다. 할리우드의 전문직 종사자 1만 2,000여 명을 대상으로 창의적 성공이 집중되어 있는 영역이 어디쯤인지 협업 네트워크 분석 연구를 수행한 것이다. 그런데 결과는 놀라웠다. 가장 성공한 사람들은 전체 시스템의 중심에 있을 것으로 예측했지만 그렇지 않았다는 것이다. 네트워크의 가장 외곽에 위치한 사람들이었던 것이다. 이들은 인류를 이탈한 이단자들도 아니었고, 네트워크의 중심에 위치한 사람들도 아니었다.

연구 결과, 창의적 성공의 가능성이 큰 사람들은 중심과 외곽의 중간쯤에 놓여 있는 사람들이었다. 중심과의 연결은 정통성을 갖게 해주지만, 주변부에 대한 노출은 새로움을 제공하기 때문이라는 것이다. 그렇다면 이렇게 성공한 아웃사이더들은 어떤 특징을 가지고 있을까? 평소 평범한 것들에 대해 본질적인 질문을 자주하고 주류가 아닌 비주류에 집중한다는 것이다. 바로 룰 브레이커 Rule breaker 들이다. 그렇다면 대표적인 룰 브레이커에는 누가 있을까?

첫 번째로 새로운 질문을 만들어 기존의 관습을 거부했던 대표적인 인물로 영국의 현대 예술가 데미언 허스트 Damien Hirst 을 꼽을 수 있다. 그는 '극적 충격의 달인! 미술계의 악마! 엽기의 예술가!' 등 그를 따라다니는 애칭답게 미술계에 다양한 업적을 남기기도 했다.

2008년 런던 소더비 경매에서 피카소 작품 가격보다 2배 높은 2,282억 원의 낙찰금액을 받아낸 것이다.

→ 데미언 허스트(출처: Wikimedia Commons)

그는 늘 새로운 질문으로 기존의 관습을 벗어나는 행보로 유명했다. 본질에 집중한 것이다. 예술의 전형적인 틀을 벗어나 "이건 왜 예술이 될 수 없을까?"라는 근원적 질문을 했던 것이다. "왜 전시회는 꼭 화랑을 거쳐야 하는 걸까?"라는 질문에 미술가의 공모전을 허름한 창고를 빌려 성공리에 마쳤다. "왜 미술가는 꼭 그림을 그려야 하는 걸까? 예술가의 생각만 들어가면 되는 거 아냐?"라는 질문에 1,400여 점이 전시된 자신의 전시회에 본인의 작품은 25점밖에 출품하지 않았다고 밝히기도 했다. 살아 있는 현대미술의 전설로 칭송받는 그는 본원적 질문을 통해 예술과 상품의 경계를 넘나들고 있는 것이다.

두 번째로 주류가 아닌 비주류를 통해 성공한 대표적인 사람은 할리우드의 이단아 팀 버튼 Tim Burton이다. 그는 기존 할리우드 영화계

→ 팀 버튼(출처: Gage Skidmore, via Wikimea Commons)

의 성공 공식을 과감하게 깨버렸다. 기존 사회에 추앙받는 히어로나 공주, 왕자가 아닌 철저하게 소외당한 비주류 캐릭터를 통해 세상을 바라본 것이다. 그의 차림새 역시 비주류이다. 며칠은 안 감은 듯한 떡진 머리, 흐리멍텅한 눈에 기다란 얼굴, 삐쩍 마른 해골 같은 외모를 지니고 있다. 그의 첫 작품은 디즈니 애니메이션의 틀을 완전히 깨버린 죽은 애완견 프랑켄 위니 Franken Weenie였다. 혐오스럽고 끔찍하게 표현되어 첫 직장인 디즈니에서 쫓겨나기까지 했다. 꿈과 사랑 그리고 희망을 주요 모티브로 하는 디즈니로선 도저히 받아들일 수 없는 작품이었다.

하지만 수많은 영화 마니아가 그의 영화를 사랑하고 있다. 철저하게 소외된 비주류 캐릭터를 통해 진실한 세상의 모습을 보여주고 있기 때문이다. 그리고 현재 할리우드 역사상 가장 많은 돈을 벌어들인 영화감독 10위에 랭크되어 있다는 것이 이를 방증하고 있는 셈

이다. 팀 버튼 감독은 비주류로 반란을 일으킨 영화계의 대표적인
룰 브레이커이다.

룰 메이커, 룰 테이커, 룰 브레이커

• • •

다시 기업의 사례로 돌아가보자. 런던 비즈니스 스쿨의 객원교수인
세계적인 경영학자 개리 하멜Gary Hamel은 그의 저서를 통해 기업의
속성을 다음 세 가지로 나누고 있다.

첫째, 룰 메이커Rule Maker

이들은 새로운 규칙을 만드는 집단으로 한 산업을 선점하고 그 시장
을 좌지우지하는 조직이다. 대표적인 룰 메이커가 마이크로소프트
Microsoft나 인텔Intel, 코닥Kodak 같은 회사이다. 인류 최초로 OS 프로
그램인 윈도우를 만들어 퍼스널컴퓨터 시장의 절대 강자로 자리매
김한 마이크로소프트, 듀얼코어라는 개념을 CPU에 적용하여 절대
적 우위를 유지했던 인텔, 카메라 필름을 인류 최초로 개발하여 필
름카메라 시장의 절대 강자로 군림했던 코닥이 대표적이다.

하지만 이들의 운명은 어떻게 되었는가? 혁신 저항에 빠져 기존의
룰을 깨지 못했던 이들은 10여 년간 매출 급감과 적자 그리고 파산
이라는 운명을 맞이해야만 했다. 이 당시는 EBVEnvironment Base View

라는 경영 전략이 회자하고 있었다. 환경이 기업의 운명을 좌우한다는 뜻이다. 당시 세계적인 경제학자 마이클 포터 Michael Porter는 경쟁 우위 전략 이론을 제시했고, 경제적 해자를 구축해야 한다고 설파했다. 그렇지만 세월 앞에 장사 없다고, 경영환경의 변화는 이들을 수렁에 몰아넣었다.

둘째, 룰 테이커 Rule Taker

두 번째로 언급하고 있는 조직은 대부분의 기업이 속한 룰 테이커이다. 이들은 룰 메이커가 만들어 놓은 규칙을 추종할 뿐이다. 낮은 위험 Low risk과 적은 보상 Low return을 영위하기 위해 마켓을 확장하는 데 전력을 기울인다. 대표적으로 노키아, 한국과 일본의 대부분 기업이다. 노키아는 한때 셀룰러폰 시장의 절대 강자였다. 셀룰러폰을 최초로 개발한 회사는 모토롤라였지만, 노키아가 전 세계 시장점유율을 70퍼센트나 장악하고 있었다.

기술 진입장벽이 낮은 철강, 조선, 건설, 화학, 전자 업종도 마찬가지다. 1990년대에는 일본이 이 업종에서 대부분 1위를 달리다 2000년대 들어서면서 한국에게 순위를 내주었다. 하지만 2010년 이후로는 중국이 이 업종 대부분에서 1위를 달리고 있다.

이렇듯 룰 테이커들은 저렴한 가격에 물량 공세를 통해 판도가 바뀌는 경우가 대부분이다. 이 당시의 전략을 RBV Resource Based View라고 정의하는데, 기업의 환경보다 그 기업에서 일하는 사람들의 역량이 더 중요하다는 의미이다. 따라서 당시에는 그룹 중심의 수직 계열화, 원가 혁신, 제조 경쟁력 강화가 핵심 역량이었던 것이다.

셋째, 룰 브레이커 Rule Breaker

개리 하멜이 말하는 이상적인 기업의 모습이다. 이들은 대부분의 기업이 룰 메이커 역할을 할 때 과감히 룰 브레이커가 되어 도전하고 변화하며 블루오션을 창출해나갔다. DBV Digital Based View 를 지향하는 것인데, 이들에겐 혁신, 창조, 디지털 기술이 핵심 역량이 된다. 바로 구글 Google 과 같은 기업을 말한다. 구글은 검색엔진 시장에서 야후 Yahoo 가 룰 메이커 역할을 할 때 과감히 룰 브레이커 역할을 하여 성공한 케이스다. 야후와 차별화된 전략으로 야후를 넘어섰다.

이뿐만이 아니다. 마이크로 소프트는 퍼스널 컴퓨터 운영체제 시장을 독점하면서, 소프트웨어 사업은 돈을 받고 파는 것이 유일한 비즈니스 전략이라는 규칙을 만들었다. 하지만 구글은 그 규칙을 과감히 깨버렸다. 유용한 소프트웨어는 무료로 배포되어야 한다며 룰 브레이커 역할을 한 것이다. 안드로이드라는 모바일 운영체제를 무료로 배포하면서 모바일 운영체제 시장의 절대 강자로 등극한 것이다.

애플 역시 전형적인 룰 브레이커이다. 퍼스널 컴퓨터 회사로 출발하여 나름 독자적인 위치를 선점했지만 마이크로소프트 진영에 밀려 고전을 면치 못했다. 하지만 그들은 퍼스널 컴퓨터 시장을 과감히 축소하고 아이팟, 아이폰, 아이패드 등 포스트 퍼스널 컴퓨터 시장에 뛰어들어 세계에서 가장 매력적이고 가치 있는 회사로 등극한 것이다. 이제 어느 누구도 마이크로소프트의 모바일 운영체제인 Window CE를 사용하고 싶어 하지 않는다. 바로 변화를 시도하지 않는 룰 메이커의 최후가 아닐까?

더 재미있는 사실은 룰 테이커들의 최후이다. 자신의 자리를 굳건히 지키던 룰 테이커들은 처절하게 무너졌다. 모바일폰의 일인자로 군림하던 노키아는 새로운 룰 브레이커 애플의 아이폰 때문에 파산했다. 필름 카메라의 강자로 군림하던 코닥은 디지털카메라라는 룰 브레이커로 무너져 내렸다. 퍼스널 컴퓨터의 강자로 굴림하던 IBM, 델 등의 회사들은 테블릿 PC라는 룰 브레이커에 의해 없어지거나 매각당해야 했다.

그렇다면 여러분은 어떤 선택을 하겠는가?

세상은 룰 메이커가 되어 시장을 이끌고 나가는 인재가 되라고 강요하지 않는다. 하지만 안정을 추구하는 룰 테이커가 되지는 말자. 룰 브레이커가 되어 새로운 블루오션을 만들어내는 인재가 되어 보자. 세상은 끊임없이 노력하고 변화하는 자에게 커다란 기회를 주기 때문이다. 이런 룰 브레이커들은 공통된 특징을 가지고 있다.

첫째, 문제의 본질을 명확히 파악하는 능력이 뛰어나다는 것이다. 룰 메이커들이 만들어 놓은 규칙의 단점을 활용할 줄 안다.

둘째, 끊임없이 질문을 통해 새로움을 찾아내는 습관이 있다. 남들이 당연하게 생각하는 것에서 질문을 통해 또 다른 가치를 창출해낸다.

셋째, 세상을 레고 블럭으로 보는 능력이 있다. 수많은 레고 블럭을 조립해서 색다른 결과물을 만들어낸다.

룰 브레이커의 공통된 역량을 갖추기 위해서는 무엇을 해야 할까? 일상에서 시도할 수 있는 간단한 방법이 있다. 바로 일상에서의 작은 일탈을 시도해보는 것이다.

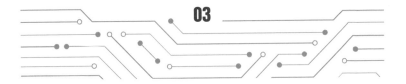

긍정, 몰입,
열정의 힘

창의적 인재의 조건은 무엇일까? 궁금하다. 언제부터인가 우리 사회
는 창의적 인재에 대해 관심을 갖기 시작했다. 사회적으로 이슈화된
것은 2007년 삼성그룹에서 '창조 경영'을 언급하면서부터다. 지금은
인재를 논할 때 창조, 창의라는 말이 수식어처럼 붙어다닐 정도로
그만큼 비중이 커졌다. 그 이유는 무엇일까?

경영 전략의 대가 마이클 포터Michael Eugene Porter의 주장을 살펴보
면 이해는 간다. "21세기에 고정불변의 영원한 경쟁우위란 없다. 오
직 지속적으로 새로운 경쟁우위를 찾아내고 개발하는 기업만이 성
공할 것이다. 이것이야말로 21세기의 새로운 경쟁우위다." 결국 차별
화된 새로운 전략으로 시장을 선점하고 주도하는 조직의 창의적 역
량이 중요해진 것이다.

경영에서는 몇 년 전부터 창의적 인재의 조건을 '4Cs'로 표현하고 있다.

첫째, 공감력 Compassion

고객과의 공감에 탁월한 인재를 말한다. 무엇보다 고객의 입장에서 무엇이 필요한지 파악하는 능력이 뛰어난 인재다. 단순히 창의적이고 새로운 것이 아닌 고객에게 실제로 유용하고 쓸모 있는 아이디어를 창출해내는 인재를 말한다.

둘째, 구상력 Conception

풍부한 구상력과 투철한 신념을 갖춘 인재다. 구상력은 상상력과 다르다. 실행 가능한 상상력을 구상력이라고 할 수 있다. 결국 고객들의 니즈를 만족시킬 수 있는 다양한 대안을 제시할 수 있는 인재를 말한다. 여기에 자신의 다양한 지식과 경험을 다른 분야와 '협업 collaboration'하는 능력이 핵심이다.

셋째, 소통력 Controversy

창조적 소통을 즐기는 인재다. 구성원들은 상호 간의 아이디어를 토론하는 과정에서 아이디어 상승 효과를 누리게 된다. 이는 원활한 소통을 말하는 것이 아니다. 소통의 과정에서 적정 수준의 갈등은 필요하다. 때론 갈등이 창의적 대안 마련에 반드시 필요한 요소가 되기 때문이다. 이들에게 필요한 것은 상대방에 대한 경청과 존중이다.

넷째, 몰입력 Commitment

자신의 아이디어를 실행하기 위해 끊임없는 몰입과 열정을 보이는 인재다. '몰입력'이란 어떤 일이든 스스로 전력을 다해 일을 마무리 해내려는 태도를 말한다. 아이디어의 발상은 물론, 자신의 아이디어에 애정을 갖고 구체화될 때까지 지속적인 관심과 노력을 기울이는 열정을 만드는 역량이다.

최근 AI의 발전은 다양한 산업과 업무 분야에서 놀라운 변화를 가져왔다. AI는 대량의 데이터를 순식간에 처리하고, 복잡한 계산을 수행할 수 있으며, 심지어 고객 서비스 같은 인간의 업무를 대체할 수 있다. 하지만 여전히 창의성에 대한 인간의 능력을 따라잡을 수 없다. 새로운 문제 해결이나 기존 문제에 대한 전혀 다른 접근 방식, 예술과 디자인, 인간의 감정 이해와 의사소통, 그리고 사회적 가치와 윤리적인 문제에서 인간을 대체할 수 없는 것이다. AI는 인간의 창의성을 돕는 도구일 뿐이다. 여전히 새로운 아이디어를 만들어내고, 새로운 문제를 해결하며, 새로운 가치를 창출하는 것은 인간의 영역인 셈이다.

불가능, 그것은 아무것도 아냐

• • •

2022년을 뜨겁게 달구었던 이벤트가 있었다. 바로 4년에 한 번씩 개최되는 월드컵이다. 말도 많았고, 탈도 많았던 카타르 월드컵은 시작 전부터 몇 가지 이슈가 있었다. 대한민국의 16강 진출도 기대되었지만 과연 '축구의 신'이라 불리는 리오넬 메시가 월드컵 우승컵을 가져갈 수 있느냐였다. 출발은 좋지 않았다. 사우디아라비아라는 복병에게 패한 것이다. 언론은 충격적인 보도를 시작했다. 마지막 월드컵이 될지도 모를 메시의 암울한 표정이 전파를 타고 전 세계로 퍼진 것이다.

메시는 늘 역대 최고의 선수라는 GOAT The Greatest Of All Time 칭호를 받았지만 월드컵과는 인연이 없었다. 축구계의 3대 제왕인 유럽 챔피언스리그, 발롱도르, 올림픽 금메달을 이미 목에 걸고 있던 그였기에 축구팬들은 더욱 안타까워했다. 하지만 그는 특유의 낙관주의로 난관을 헤쳐나갔다. 대표팀의 최고참으로 젊은 선수들을 독려했고, 게임이 잘 풀리지 않아도 웃으며 그라운드를 누비고 다녔던 것이다. 하늘은 그의 편이었다. 아르헨티나는 36년 만에 월드컵 우승을 거머쥐었고, 리오넬 메시는 축구 역사상 최초의 4관왕 월드컵, 유럽 챔피언스리그, 발롱도르, 올림픽에 오르게 된 것이다. 그를 세계적인 축구선수로 만들어준 낙관주의는 어디서 나온 것일까? 그의 과거로 돌아가 보자.

"내 이름은 리오넬 메시. 내 얘기 한번 들어볼래? 내가 11살 때, 난 내 성장 호르몬에 문제가 있다는 걸 알게 됐어. 하지만 난 키가 작은 만큼 더 날쌨고, 공을 절대 공중에 띄우지 않는 나만의 축구 기술을 터득했어. 이제 난 알아. 때로는 나쁜 일이 아주 좋은 결과를 낳기도 한다는 걸. 불가능, 그것은 아무것도 아니다."

한동안 TV 전파를 탔던 스포츠 브랜드의 광고이다. 리오넬 메시의 유년 시절에 대해 읊조리며, 잔잔하게 표현되는 영상은 가슴 한편을 찡하게 만든다. 왜일까? 비밀은 그의 작은 키에 있었다. 신장 168cm! 세계에서 가장 몸값이 비싼 선수이자 살아 있는 전설이며, 메시아, 축구의 신으로 불리고 있는 그의 호칭과는 왠지 어울리지 않는 듯하다. 현존하는 세계 최고의 축구선수들은 대부분 180cm의 큰 키를 자랑하기 때문이다.

그의 유년 시절에 무슨 일이 있었길래 키가 크지 못한 것일까? 1987년 아르헨티나의 작은 마을에서 태어난 그는 어릴 적부터 축구를 좋아했다. 철강 노동자인 아버지가 지역 클럽의 축구 코치였기 때문이다. 9살에 유소년팀에 입단한 메시는 유망주로 각광받았다. 하지만 11살 때 성장호르몬결핍증 GHD 진단을 받고 시련을 겪기 시작했다. 이를 치료하기 위해 매달 1,000달러의 돈이 필요했다. 하지만 육체노동으로 생계를 이어가는 그의 부모가 감당하기엔 너무나 힘들었다. 언제까지 치료해야 할지도 모르는 일이었다.

소속팀에서도 메시를 외면했다. 아직 어린 선수의 기량만 보고 모험을 감행할 순 없는 노릇이었다. 그의 가정형편을 아는 사람들은 축구를 그만두라고 조언할 정도였다. 치료한다 해도 키가 어느 정도 클지 알 수 없었고, 작은 키는 축구선수로서 적합하지 않았기 때문이었다. 집안의 빚은 늘어갔고, 부모님의 시름도 깊어갔다. 하지만 메시는 긍정적 마인드로 희망의 끈을 놓지 않았다. 축구를 포기하는 대신에 자신의 강점이 될 수 있는 것을 찾았다. 그는 성인이 되어서도 자신의 키가 작을 거라는 걸 예견했다. 그래서 남들보다 빠르고, 공을 공중에 띄우지 않는 자신만의 축구 기술을 개발한 것이다. 하늘은 스스로 돕는 자를 돕는다고 했던가? 2000년 그가 14살이 되던 해에 그의 재능을 눈여겨본 FC바르셀로나에서 스카우트 제의를 한 것이다. 그것도 치료비를 모두 부담하겠다는 조건이었다.

악조건 속에서도 포기하지 않는 긍정적인 마인드와 자신감은 오늘날 그를 만든 원동력이 되었다. 실제로 그의 플레이 스타일을 보면 놀라움을 금치 못한다. 그는 현란한 개인기 대신, 민첩성과 보디페인팅으로 수비수들의 균형감각을 붕괴시킨다. 세밀한 볼 컨트롤과 발에서 70cm를 벗어나지 않는 그의 드리블은 왜소했던 그가 덩치가 큰 선수들에게 볼을 빼앗기지 않기 위해 갈고 닦은 기술이라는 것이다. 메시의 사례는 긍정적 마인드의 위대한 힘을 보여주고 있다. 그렇다면 긍정적 마인드는 어디에서 나오는 것일까? 바로 '자존감 self-esteem'과 '태도 attitude'이다.

창의성의 원천, 자존감과 태도

● ● ●

'자존감 self-esteem'이란 말 그대로 자신을 존중하고 사랑하는 마음이다. 자신의 능력과 한계에 대한 생각이며, 일종의 자기 확신으로 스스로 가치 있는 존재라는 믿음이다. 다시 말해 어떤 성과를 이루어낼 만한 유능한 사람이라고 믿는 마음이다. 자존감이 잘 형성된 사람은 자신을 소중히 여기고 타인과 긍정적인 관계를 유지한다. 이를 통해 인생의 역경을 잘 극복하며 유연하게 대처한다는 것이다.

당신의 물통이 꽉 찰 때, 4초에 한 번 기적이 찾아온다. 당신의 물통이 텅 빌 때, 4초에 한 번 희망이 사라진다. 이 말은 노벨경제학상을 수상한 심리학자 대니얼 카너먼 Daniel Kahneman의 말을 빗대어 쓴 것이다. 그는 사람은 하루에 2만 번의 모멘트 moment를 경험한다고 했다. 즉 4초에 한 번씩 누군가에게 영향을 준다는 것이다.

이와 비슷한 맥락으로 긍정심리학의 대가인 도널드 클리프턴 Donald Clifton은 자신의 책에서 '물통과 국자 이론'을 언급하고 있다. 내용은 이렇다. 우리는 모두 보이지 않는 물통을 하나씩 갖고 있는데, 그 물통은 주변 사람들의 말이나 행동에 따라 지속적으로 채워지거나 비워지게 된다는 것이다. 물통이 가득 차 있을 때 우리는 행복을 느끼고, 물통이 비어 있을 때 고통을 느낀다. 그리고 우리는 보이지 않는 국자를 하나씩 갖고 있다. 우리가 긍정적인 감정을 이끄는 말이나 행동을 할 때 이 국자는 타인과 우리의 물통을 채워주고, 긍정적인 감정을 줄어들게 하는 말이나 행동을 하면 우리의 물통에서 물이 빠져나가게 한다.

인간의 상호작용을 통해 물통이 채워지기도 하고, 비워지기도 한다는 것은 일상생활에서 경험하는 일을 통해 행복해질 수도, 불행해질 수도 있다는 단순한 진리를 깨우치게 한다. 바로 태도의 중요성을 말하고 있는 것이다. 우리는 매일 다른 상황에 부딪히고 선택을 한다. 바로 태도의 선택이다. 긍정적이냐 부정적이냐에 따라 자신의 물통뿐만 아니라 타인의 물통까지 채워줄 수도 있고, 퍼낼 수도 있는 것이다.

이 물통과 국자 이론에 적합한 기업 사례가 있다. 수많은 MBA 과정에서 언급할 정도로 누구나 다 아는 사례, 바로 사우스웨스트 항공사이다. 그들의 성공 비결은 무엇일까? 수많은 전략가가 다양한 분석을 나열하고 있지만, 핵심은 서로의 물통을 열심히 채워주고 있는 임직원들의 태도에 있었다. 그렇다면 사우스웨스트 항공사의 임직원들은 왜 태도가 좋은 것일까? 이들은 직원 채용 시 업무 능력을 고려하지 않는다고 한다. 단지 태도를 볼 뿐이다. 일하는 데 필요한 기술은 가르칠 수 있지만 긍정적인 태도는 가르칠 수 없다고 믿기 때문이다. 더욱이 즐겁게 일하기 위해서는 긍정적인 마인드가 중요한데, 이를 위해 유머 감각이 채용의 기준이 된다고 한다. 유머 감각이 있는 사람일수록 창의적이고, 자율적으로 일을 실천할 수 있으며, 긍정적인 태도를 갖게 해준다는 믿음이 있기 때문이다.

미국 스탠퍼드대학 윌리엄 프라이 William Fry 박사는 사람이 한바탕 크게 웃을 때 몸속 650개의 근육 중 231개의 근육이 움직이며 많은 에너지를 소모한다고 하였다. 이렇듯 'Fun웃음'은 우리의 몸과 마음을 지켜주는 명약이라고 할 수 있는데, 이런 'Fun' 보약으로 수많은 시련을 이겨낸 유명한 스토리가 있어 소개하고자 한다. 우리가 잘 아는 위인이며 전 세계에서 가장 존경받는 사람이기도 하다.

"그는 10살에 어머니를 잃었다. 20세에 누이를 잃었으며, 23세에 사업 실패로 파산하게 된다. 24세에 주 의회 선거에 출마하여 낙선했고, 25세에 친구에게 돈을 빌려 다시 사업을 시작했지만 파산하고 부채까지 떠안고 말았다. 26세에 사랑하는 연인을 잃었다. 세 아들도 일찍 죽어 우울증으로 고통받았다. 28세에 신경쇠약으로 정신병원에 입원 했었고, 30세에 주의회 대변인 선거에 출마했다가 낙선했다. 32세에 정부통령 선거출마했다가 낙선했고, 35세에 하원의원 선거에 출마해 낙선, 38세에 하원의원 재선거에 출마했지만 또 낙선했다. 하지만 51세가 되는 해 미국 역사상 가장 위대한 대통령이 되었다. 이 사람은 누구일까? 여러분도 잘 알고 있는 미국 16대 대통령 '에이브러햄 링컨 Abraham Lincoln'이다.

그는 이렇게 말한다. "내가 걷는 길은 험하고 미끄러웠다. 그래서 나는 자꾸만 미끄러져 길바닥 위에 넘어지곤 했다. 그러나 나는 곧

기운을 차리고 나 자신에게 말했다. '괜찮아, 길이 약간 미끄럽긴 해도 낭떠러지는 아니야.'" 그리곤 이렇게 말했다. "내가 웃지 않고 살았다면 나는 이미 죽었을 것이다. 여러분도 웃음이라는 보약을 복용해라." 이렇듯 'Fun'은 시련을 극복하게 하며, 끊임없이 도전하게 만드는 원천이며, 사람들에게 긍정적인 마인드를 심어주고, 창조적인 활동을 하게 만드는 보약인 셈이다.

최고를 만드는 내 안의 힘! 열정Passion

• • •

에디슨1,093, 프로이트650, 바흐1,080, 피카소2,000, 모차르트600, 렘브란트650, 2,000, 아인슈타인248, 셰익스피어154

이들의 이름을 모르는 사람들은 거의 없을 것이다. 그렇다면 이들의 공통점은 무엇일까? 각 분야에서 세계 최고의 명성을 누리던 창의적 인재라는 것이다. 이쯤에서 궁금해지는 것이 있다. 이름 뒤에 붙은 숫자의 의미이다. 바로 눈치챘겠지만 그들이 해당 분야에서 남긴 업적들이다. 에디슨은 1,093개의 발명품을, 프로이트는 650편의 논문을, 바흐는 1,080편의 작곡을, 피카소는 2,000점의 스케치를, 모차르트는 600편의 작곡을, 렘브란트는 650점의 그림과 2,000점의 스케치를, 아인슈타인은 248편의 논문을, 셰익스피어는 154편의 희곡을 썼다.

그런데 우리는 그들이 남긴 대표적인 업적들만을 기억한다. 그 뒤에 수많은 도전과 실패가 있었다는 것을 알고 있는 사람은 많지 않다. 그런데 그들은 어떻게 이런 업적들을 이룰 수 있었을까? 이들의 또 하나 공통점은 자신이 하고 있는 일에 대한 불타는 '열정 passion'을 가지고 있다는 것이다.

그렇다면 '열정'이란 무엇일까? 어떤 효과가 있는 것일까? '열정'이란 어떤 일에 열렬한 애정을 가지고 열중하는 마음을 말한다. 성공한 사람들이 가지고 있는 공통된 특징이며, 미국에서 존경받는 50대 CEO들의 공통점이기도 하다. '열정'이란 마음을 다하는 것이며, 모든 활동의 원천이 된다. 누군가 강요하지 않아도 자발적으로 일에 몰입하고 매진하는 모습이다. 눈앞에 있는 과제를 수행하도록 영감을 주고 일으켜 세우는 정신 상태이다. 이들이 창의적 인재로 많은 업적을 남길 수 있었던 건 천재적인 재능이 아니었다. 바로 끊임없는 도전과 실패를 지속하게 해준 '열정' 때문이었다. 천재는 1퍼센트의 영감과 99퍼센트의 노력에 의해 탄생한다는 에디슨의 말을 대변하듯, 창의적 아이디어도 마찬가지다. 자신의 일에 대한 열정이 없다면 불가능한 것이 된다.

'파레토의 법칙 Pareto's law'이라는 용어가 있다. 전체 결과의 80퍼센트가 전체 원인의 20퍼센트에서 일어나는 현상을 가리키는 말이다. 예전에는 우수 인재 20퍼센트가 회사 전체 매출의 80퍼센트를 올린다고 했지만, 지금은 상황이 달라졌다. 조직에서 창의적이고 열정적인 인재 한 명이 만 명, 아니 십만 명을 먹여 살리는 시대가 된 것이다. 한 연구 조사에 의하면 창의적이고 열정적인 직원을 가진 회사가 평균적인 회사보다 생산성이 36퍼센트 높고, 수익성이 27퍼센트 높으며, 이직률은 50퍼센트 낮고, 고객 충성도는 무려 56퍼센트 높은 것으로 나타났다.

이를 반증하듯 경영 혁신의 대가 톰 피터스Tom Peters는 "기업을 움직이는 것은 사람이고, 기업의 생명력은 개인의 열정으로부터 파생된 창조성과 상상력이다"라고 말했다. 이렇듯 '열정'이란 의미는 다양한 형태로 회자되고 있다. 그렇다면 열정의 조건에는 어떤 것들이 있을까? 바로 생각이 아닌 행동이다. 우리는 창의적인 아이디어를 얻고자 하는 마음만 있지, 그에 따른 행동을 하지 않았던 경우가 많다. 헛된 욕심만 부렸던 것이다. 좋은 아이디어를 얻기 위해서는 그에 따른 행동이 있어야 한다.

미국 월마트의 창시자 샘 월튼은 이렇게 말했다. "성공을 향해 뛰는 사람들은 많다. 그러나 그들 중 상당수가 성공의 사다리에 오르지 못한다. 왜냐하면 그들은 성공으로 향하는 열차를 움직이게 할 충분한 열정이 없고, 단지 성공에 대한 욕심만 있기 때문이다. 주체할 수 없는 열정의 파도가 밀어 올리지 않으면, 성공의 해안가에 도달할 수 없다. 열정은 막힌 길에서 아이디어를 만들어내고, 아픔을 치유해준다. 열정이 우리에게 안겨주는 최대의 선물은 포기를 잊게 만든다는 것이다." 결국 열정의 전제조건은 막연한 기대감이 아닌 행동인 셈이다.

자, 이번엔 열정을 갖기 위해 필요한 것이 무엇인지 알아보자. 열정은 자신이 하고 있는 일의 의미와 소중함을 갖는 업무 가치, 수동적인 자세가 아닌 적극적인 주인의식과 책임감, 최고가 되기 위한 끊임없는 도전정신이 필요하다.

첫째, '업무 가치'는 스스로 자신이 하고 있는 일의 소중함을 발견하고 의미와 가치를 부여하는 것이다.

업무 가치를 발견하기 위해서는 나에게 일이란 무엇인지에 대해 스스로 자문하고 찾아가는 것이 필요하다. 자신이 하고 있는 일에 대해서 의미를 찾지 못하고 피동적으로 움직이다 보면 업무를 제대로 수행하지 못하게 되기 때문이다. 이는 개인과 조직에게 부정적인 영향을 미치게 된다. 같은 일을 하더라도 자신의 일에 어떤 의미를 부여하고 가치 있게 만드느냐에 따라 일을 대하는 태도와 방식이 달라지기 때문이다. 우리가 깨어 있는 동안 일에 쏟아붓는 시간은 70퍼센트 이상이 될 것이며, 그렇게 많은 시간을 할애하면서 자신이 하는 일에 중요성을 느끼지 못한다면 너무도 끔찍한 일일 것이다. 이를 위해서 스스로 자신의 미래에 대한 비전을 세우고 명확한 목표를 정하는 것이 열정을 만들어내는 중요한 요소가 된다.

둘째, 주인의식과 책임감을 갖는 것이다. 주인의식이란 일에 대해 자기가 주인이라는 것을 인식하고 책임감 있게 행동할 수 있는 생각을 말한다.

세계 최고의 부자로 이름이 거론되는 버크셔 해서웨이 회장 워런 버핏 Warren Buffett 은 자신의 성공 비결을 "오너처럼 행동하는 것"으로 꼽았다. 즉 주인으로서 책임감을 갖고 최선을 다하는 것이란 의미이다. 그는 주인의식이 '열정'을 불러일으킨다고 했다. 주인의식이 없는 사람은 그저 자신에게 맡겨진 일만 처리하면 된다는 안일함으로 일에 몰두하지도 못하며, 일을 통한 자기 완성 또한 불가능하다고 말했다.

이는 독일의 심리학자 링겔만의 실험에서도 잘 나타나 있다. '링겔만 효과 Ringelmann effect '라고 불리는 이 실험은 집단에 참여하는 사람 수가 늘어날수록 성과에 대한 1인당 공헌도가 오히려 낮아지는 집단적 심리 현상을 말한다. 결국 집단에 속한 개인들의 주인의식과 책임감이 떨어지면서 혼자 일할 때보다 노력을 덜 기울인다는 것이다. 한마디로 열정이 생기지 않는 구조가 되는 것이다. 이러한 '심리적 주인의식'의 대표적인 예가 정주영 회장과 빌 게이츠다.

정주영 회장은 늘 이렇게 말했다. "나는 날마다 회사에 출근할 때 소풍 가는 기분으로 갑니다. 일하러 가는 것이 아니라 소풍 가는 날처럼 즐거운 마음과 희망을 가지고 오늘 할 일을 그려봅니다." 빌 게이츠도 이렇게 말했다. "나는 세상에서 가장 신나는 직업을 가지고 있다. 매일 일하러 오는 것이 그렇게 즐거울 수가 없다. 거기에는 항

→ 줄다리기는 링겔만 효과의 예로 종종 사용된다. 일에 투입되는 사람 수가 많을수록 평균 성능은 감소하며 개별 참가자는 자신들의 노력이 중요하지 않다고 느끼는 경향이 생기게 된다. (출처: 위키피디아)

상 새로운 도전과 기회와 배울 것들이 기다리고 있다." 이들의 공통점은 그 회사의 주인이라는 것이다.

셋째, '최고 지향Excellence'이다.

끊임없는 도전정신과 최고의 경쟁력을 갖추는 것이다. 최고의 수준을 달성하기 위해 위험 부담을 감소하며 끊임없이 도전하고 시도하는 과정에서 열정이 생성되기 때문이다. 도전이란 싸움을 거는 것이다. 어려운 사업이나 기록 경신에 맞서는 것을 의미한다. 부딪힌 문제를 해결하고, 이를 통해 삶을 더 가치 있게 만드는 과정이다. 이런 도전정신을 가진 사람들은 위기를 통해 더 큰 기회를 얻게 된다.

성공한 리더들의 공통점 중 하나가 '1만 시간의 법칙'을 실천하고 있다는 것인데, 이들은 죽어라 한 우물을 판다. 자신의 일에 끊임없는 열정을 보이는 사람들이다. 이들은 성공할 때까지 1만 시간을 투자한다고 한다. 1만 시간은 하루 3시간, 일주일에 20시간씩 10년을 투자한 것과 같다. 그만큼 자신의 일에 가치를 부여하고, 주인의식과 책임감으로 몰입하며, 최고를 만들어내기 위해 끊임없이 도전하는 사람들이다. 열정은 여기에서 나오는 것이다.

창조의 시작! 열정이 불러오는 이연현상

. . .

가장 열정적인 음악가를 꼽으라면 누가 떠오르는가? 수많은 음악가 중 유독 우리에게 친숙한 사람이 있으니 바로 베토벤이다. 그를 가장 열정적인 음악가로 꼽는 이유는 청력을 상실한 뒤에도 25곡이나 작곡했다는 업적 때문일 것이다. 베토벤의 청력은 30대 중반부터 나빠지기 시작해 40세가 넘은 이후에는 거의 들리지 않았다고 한다. 베토벤의 최고의 역작으로 꼽히는 교향곡 9번 합창 교향곡은 그의 나이 53세에 완성되었는데, 당시 베토벤의 귀는 아무것도 들리지 않는 상태였다.

영화 〈카핑 베토벤 Copying Beethoven 〉에서는 초연을 직접 지휘한 그의 모습을 생생히 그려내고 있다. 영화 속 베토벤은 연주를 성황리에 마친 후 어리둥절 서 있었다. 소리가 들리지 않으니 관객들의 환호와 박수 소리를 듣지 못하는 것이다. 적막함 속에서 그의 눈에 눈물을 맺게 한 건 객석을 돌아본 뒤였다. 자신을 향해 기립박수를 보내는 관객의 모습을 보고 뜨거운 눈물과 함께 안도의 한숨을 내쉬었다. 음악가에게 귀는 미술가에게 눈과 같은 존재이다. 소리가 들리지 않는다는 것은 음악가로서의 삶에 사형 선고를 받은 것과 마찬가지다. 하지만 그는 포기하지 않았다. 피아노 소리를 조금이라도 감지하기 위해 입에 막대기를 물고 피아노 공명판에 대고 그 진동을 턱으로 느끼며 창작 활동을 계속한 것이다. 베토벤이 청력을 상실하고도 명작을 창조해낼 수 있었던 것은 그가 가지고 있는 내면의 열정 때문일 것이다.

인간의 창조 과정을 연구한 아서 케스틀러 Arthur Koestler 는 많은 사례 연구를 통해 인간의 상상력은 어느 특정 순간에 나타난다고 주장했다. 그는 저서 《창작의 예술 The Art of Creation》에서 이러한 현상을 '이연현상 bisociation'이라고 정의했다. 그 의미를 살펴보면 문제를 해결하기 위해 모든 열정을 쏟아부을 때 아직 존재하지 않는 관계, 아직 우리가 이해하지 못하는 관계가 서로 맺어지는 과정을 말한다.

케스틀러는 이연현상이 발현되기 위해서는 반드시 전제조건이 필요하다고 했는데, 바로 열정이다. 열정이 없으면 이연현상은 나타나지 않는다는 것이다. 아르키메데스의 '유레카 eureka'는 "알겠어, 바로 이거야!"라는 뜻으로, 발견의 순간으로 널리 알려져 있다. 하지만 아르키메데스 내면의 열정과 몰입이 없었다면 존재하지 않았을 것이다. 시칠리아 히에론 왕의 친분과 왕관의 순도를 알아내려는 그의 열정이 유레카를 만들어낸 것이었다. 뉴턴의 사과 역시 동일하다. 뉴턴에게 내면의 열정이 없었다면 사과는 그냥 평범한 사과일 뿐이다. 남들이 쉽게 지나칠 수 있는 사과가 떨어지는 장면은 그의 열정과 몰입으로 인해 이연현상을 만들어낸 것이다.

창조적 발견은 열정을 가진 사람들에게만 보인다. 그렇지 않은 사람에게는 단지 일반적인 현상에 불과하다. 이렇듯 무한한 열정이 이연현상을 만들어내어 지금까지 없었던 세상의 모든 발견과 발명을 한 것이다. 열정은 잘만 쓰면 쓰레기가 아니라, 창조의 어머니가 되는 셈이다.

인간의 두뇌를 들여다보면 더욱 재미있는 사실이 숨겨져 있다. 인간의 뇌 중에서 가장 앞쪽에 있는 '전전두엽'에는 '동기센터, 기획센터, 충동조절센터'가 있는데, 동기센터가 강한 열정을 관할하는 기관이다. 이 부위가 손상을 입으면 수동적이 되고, 자발성이 없어지며, 의욕을 상실하게 된다는 것이다. 그러다 보니 말수가 줄어들고, 표정이 사라지며, 움직이거나 감정 표현을 싫어하게 된다고 한다. 열정이 고갈되어 무기력증이 오게 되면 나타나는 현상들이다.

그렇다면 열정을 만들어내는 방법 중 또 하나는 무엇일까? 바로 전전두엽의 동기센터를 활성화하는 것인데, 뇌 과학에서는 세 가지 방법을 추천하고 있다.

첫째, 자신이 하고 싶은 것을 할 수 있도록 자율성을 부여한다.

너무 재미있어 가슴이 두근거린다거나, 밤을 새워서 해도 전혀 지루하거나 피곤하지 않고 다음 날 또 할 수 있는 그런 일들을 찾으라는 것이다. 타인의 꿈을 듣거나 자신의 간절한 꿈을 얘기하는 것이 효과가 있는데, 바로 비전을 말하는 것이다. 방송이나 강좌에서 유명인들이 자신의 꿈과 열정을 이야기하는 것만으로도 공감과 열정을 불러일으킬 수 있다.

둘째, 적절한 보상을 활용하는 것이다.

동기에는 두 가지가 있는데, 하나는 외적 동기 extrinsic motivation 이고, 나머지 하나는 내적 동기 intrinsic motivation 이다. 외적 동기를 활성화하기 위해서는 금전적이든 혹은 그와 상응하는 대가를 지불하면 된다. 그리고 이를 통해 열정을 불러일으킬 수도 있다. 하지만 더 효과적인 것은 내적 동기에 의해 발현된 열정인데, 무엇인가 성취하면서 느끼는 감정들, 갈망들이 열정을 만들어내는 것이다.

셋째, 열심히 운동을 하라고 권한다.

운동을 하면 가운데 뇌가 두꺼워진다고 한다. 그런데 그곳에 동기센 터가 위치하기 때문에 운동을 하는 사람들은 에너지가 넘치고, 동기 가 강하며, 의지가 넘친다는 것이다. 어찌 보면 운동선수들이 승부 욕이 강한 이유도 이 때문이라고 볼 수 있다. 재미있는 건 열정이 넘 치는 세계적인 대가들은 한결같이 운동하는 것을 좋아하고, 열심히 한다는 것이다.

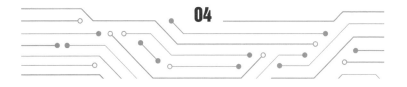

창의적 인재를 만드는
7가지 습관

창의성은 어떻게 만들어지는 것일까? 인류의 난제이면서 숙제이기도 한 영역이다. 아직까지 창의성은 갖고 태어난다는 이론과 학습을 통해 만들어진다는 학설이 대립하고 있다. 무엇이 정답일까? 우리에게 중요한 건 내가 지금 이 나이에 창의성을 개발할 수 있느냐일 것이다. 결론부터 말하면 '그렇다'이다.

먼저 창의성의 개념과 창의적 인재의 의미를 구체적으로 알아보도록 하자. 창의성은 경영학에서 다양한 방식으로 연구되어왔다. 일반적으로 개인의 창의성은 창의적 성과 및 산출물, 창의적 과정, 창의력이라는 세 가지로 구분할 수 있다.

첫째, 창의성을 창의적 성과 및 산출물로 본 대표적인 학자는 하버드대학 석좌교수 애머빌 Teresa M. Amabile이다. 그녀는 창의성을 개인 혹은 개인들이 모인 작은 집단에서 만들어진 새롭고 유용한 아이디어라고 정의했다.

둘째, 창의성을 산출물이 아닌 과정으로 본 것인데, 개인이 창의적 행동에 개입하는 것이라고 봤다. 즉 개인이 행동, 인지, 감정 등을 통해 창의적으로 산출물을 내려고 시도하는 과정을 의미하는 것이다.

셋째, 성과 자체보다는 개인이 수행한 문제 해결 과정에서 새로운 방법으로 해결하려는 사고의 융통성, 유연성을 말하고 있다.

정리해보면 조직의 구성원인 우리에게는 창의성을 성과물로 보는 관점이 가장 개연성이 있다. 즉 조직의 구성원이 만들어내는 새롭고 유용한 아이디어, 제품, 프로세스라고 정의하는 게 적합하다고 볼 수 있다.

그렇다면 창의적 인재는 어떻게 봐야 할까? 역시 조직 내에서의 창의적 인재는 세 가지의 관점에서 봐야 한다. 조직은 개인으로 구성되어 있고 집단을 형성하고 있으며 성과를 만들어내는 유기체이기 때문이다.

첫째, 개인의 창의성을 근거로 한다. 스스로 과업에 흥미를 느끼면서 관련 분야의 전문지식과 창의적 스킬을 바탕으로 창의적인 산출물을 내는 사람이라고 정의할 수 있다.

둘째, 집단의 창의성을 근거로 보는 관점인데, 타인과의 협업을 통해 새로운 아이디어를 만들어낼 줄 알고, 다양성을 높이며, 갈등을 효과적으로 관리할 줄 아는 사람이라고 볼 수 있다.

셋째, 리더십의 관점에서 볼 수 있는데, 창의적 산출물이 나올 수 있도록 조직 구조를 설계하고 전략을 수립하며, 필요자원을 확보할 수 있는 역량을 말한다. 또한 조직 구성원이 창의성을 발휘할 수 있도록 조직문화와 풍토를 마련해줄 수 있는 사람이다.

그렇다면 창의성의 주체인 개인들은 어떤 역량을 갖추어야 할까? 예일대학 심리학과 밀그램Stanley Milgram 교수는 개인의 창의성에 기여하는 다양한 능력을 네 개의 범주로 구분하였다.

첫째, 논리적으로 문제를 해결하고 추상적으로 사고하는 일반 지적 능력General intellectual ability

둘째, 수학이나 음악 같은 특정 분야에서의 능력인 특수 지적 능력Specific intellectual ability

셋째, 문제에 대해 독특하고도 훌륭한 해법을 찾아내는 일반 창의적 사고 능력general creative thinking abllity

넷째, 물리학이나 예술, 비즈니스 같은 특정 분야에서 새롭고도

유용한 산물을 생산해내는 특수 창의 능력 specific creative talent

또한 다양한 학자가 개인 창의성의 선행 요인을 분석하였는데 창의성은 개인 성격에 따라 달라진다는 것이다. 경험에 대한 개방성과 모호성에 대한 포용이 창의성에 가장 큰 영향을 미쳤다. 이는 해당 분야의 전문지식이 많을수록 창의적인 결과물을 낼 수 있다. 질문하기, 연결하기, 관찰하기, 실험하기, 네트워킹 등 창의성과 관련된 인지 스킬이 많은 역할을 한다는 것이다. 그리고 내적 동기부여를 언급하였는데, 과업 자체에 대한 흥미와 재미 때문에 과업을 더 열심히 하고자 의욕이 생긴다는 것이다. 그렇다면 창의적인 성과를 만들어낸 사람들은 어떤 특징을 가지고 있을까?

《리추얼 Daily Rituals》의 저자 메이슨 커리 Mason Currey 는 지난 400년간 가장 위대한 창조자로 언급되는 소설가, 예술가, 과학자, 영화감독 등 160여 명의 일상을 7년에 걸쳐 조사했다. 그 결과, 하루 24시간을 보내는 습관이 창조적 결과물을 만들도록 도와준다는 것을 알게 되었다. 예컨대 영국 최고의 소설가 찰스 디킨스는 매일 아침 7시에 일어나 아침을 먹고 9시부터 오후 2시까지 책상에 앉아 글을 썼다고 한다. 일본의 소설가 무라카미 하루키는 새벽 4시부터 6시간 동안 자신만의 글쓰기를 하고, 오후에는 달리기와 수영을 하고 책을 읽고 음악을 들었다고 한다. 차이콥스키는 매일 아침 45분간 산책을 하고, 점심 먹고 다시 2시간 동안 산책을 하면서 생각을 정리했다. 해리포터 작가 조앤 롤링은 매일 밤 차이콥스키의 바이올린 협주곡을 들으며 글을 쓴 것으로 유명하다. 이렇듯 창의적인 인재들은 늘 같은 시간에 책상에 있었고, 늘 같은 시간에 휴식과 여가를 즐겼다. 누구나 다 똑같은 24시간을 살지만, 남들보다 더 창의적이고 더 많은 것을 이뤄내는 사람들은 그들만의 특별한 습관을 갖고 있는 것이다. 그렇다면 창의성을 만들어낼 수 있는 습관에는 무엇이 있을까?

첫째, 습관은 관찰이다.

모든 기회와 해답은 관찰에서 나오기 때문이다. 그들은 복잡하거나 새로운 기술에서 문제의 답을 찾지 않는다. 단지 평범한 일상 속에서 남들이 보지 못하는 것을 찾아내는 능력이 뛰어날 뿐이다. 관찰하기 위해서는 입력 도구가 필요한데 카메라, 필기도구 휴대용 녹음기 등을 말한다. 어디에 갔는지, 누굴 만났는지 그들과 무슨 얘기를 나눴는지 끊임없이 기록하는 것이 중요하다.

그렇다면 무엇을 봐야 하는 걸까? 세계적인 디자인 컨설팅 그룹 프로그 Frog 의 얀 칩체이스 Jan Chipchase 는 '하는 것과 하지 않는 것'을 봐야 한다고 말한다. 그는 이것을 '한계치 threshold '라고 부르는데, 한계치를 관찰하면 사람들의 특정 행동을 이해할 수 있고 창의적인 아이디어를 생각해낼 수 있다는 것이다. 대표적인 사례가 아이디오 IDEO 가 만든 어린이용 칫솔이다. 어린이는 손에 힘이 없기 때문에 얇고 가벼운 칫솔을 만들어야 한다는 생각을 관찰을 통해 깨버린 것이다. 오히려 손에 힘이 없어 주먹을 쥐고 칫솔질을 하는 것을 보고 쉽게 잡을 수 있도록 손잡이를 더 두껍게 만든 것이다. 이렇듯 문제의 본질을 찾아내는 관찰은 창의적 인재에게 중요한 핵심역량이 된다. 그렇다면 관찰력을 높이기 위해서는 무엇을 하면 좋을까?

- 여유를 가지고 주변을 살펴보는 습관을 가져보자.
  창의성은 목표를 이루기 위해 집중하는 과정도 중요하지만 우리가 평소에 놓치는 것을 볼 수 있게 만들어주는 것도 필요하기 때문이다.
- 수평적 사고를 해보자. 인간의 뇌는 게으르다 보니 효율성을 따지도록 설계되어 있기 때문이다. 그러다 보니 경험에 의한 패턴이 생기고 고정관념을 만들게 된다.
- 느린 사고 Slow thinking 을 실천해본다. 꺼진 불도 다시 볼 필요가 있다는 말인데, 당연히 그런 것도 왜 그런지 한 번 더 생각해보는 습관을 가져보는 것이다.

둘째, 습관은 평소에 탐험을 즐기는 것이다.

아무것도 하지 않으면 아무것도 일어나지 않기 때문이다. 독일 태생의 작가 루이제 린저 Luise Rinser 는 이런 말을 했다. "우리는 나이를 먹을수록 고양이처럼 사는 것을 배운다. 점점 더 소리 내지 않고, 점점 더 조심스럽고 까탈스러워진다." 그녀는 누구나 나이를 먹는다고 말하면서 혹자는 병들어가는 고목으로 생각하지만, 혹자는 가치가 점점 더 빛나는 골동품으로 생각한다고 말한다. 이 생각의 차이가 창의성을 만들어내는 것이며, 이러한 생각의 차이를 만들어내는 힘은 끊임없이 세상을 탐험하고자 하는 정신에서 비롯된다는 것이다.

스탠퍼드대학 제임스 마치 James March 교수는 기업이 창의적인 혁신을 만들어내기 위해서 탐험 exploration 과 활용 exploitation 을 균형 있게 사용해야 한다고 말했다. 여기서 말하는 활용이란 빠르고 효율적으로 일을 처리해 예상 가능한 수준을 만들어내는 것이다. 반면 탐험은 새로운 아이디어를 찾아가는 과정으로, 위험을 동반하고 실패를 자주 만들어낸다는 것이다. 후대 학자들은 창의적 혁신을 이루려면 이 두 가지를 병행해야 한다고 강조하였는데, 20 대 80 정도가 적당하다고 말한다.

예를 들어 구글은 20퍼센트 타임제를 만들어 모든 직원이 자신이 원하는 창의적인 프로젝트에 20퍼센트의 업무시간을 활용하도록 했다. 3M은 15퍼센트 룰을 만들어 직원들의 탐험을 장려했다. 그리고 최근 빅테크 기업들은 주 3~4일제를 실시하며 자율성을 보장하고 있다. 어쩌면 이들의 성공은 조직 구성원들의 탐험을 장려하는 조직문화에 있다고 볼 수 있다.

그렇다면 우리의 일상에서 탐험가가 될 수 있는 방법은 없을까?

가장 쉬운 방법은 다양한 분야의 책을 통해 간접 체험해보는 것이다. 영화 〈아바타〉의 감독 제임스 카메론은 어렸을 때부터 독서광이었다고 하는데, 그의 상상력과 탐험 정신은 여기에서 시작한 것이라고 한다. 데일 카네기는 책이 좋아서 책방 점원이 된 적이 있었고, 뉴턴은 다락방에 숨어서 책을 보는 것을 즐겼다고 한다. 또한 세계적인 기업가 빌 게이츠는 지금의 자신을 만든 것은 동네 작은 도서관이라고 말했다. 스티브 잡스 역시 독서광이었다.

다음으로 다양한 미디어를 활용하는 방법도 좋다. 유튜브나 소셜 미디어를 활용해 자신이 좋아하는 분야를 간접 체험해보는 것이다. 물론 여행을 통한 다양한 경험도 빠질 수 없다. 여행은 자신의 안전지대를 떠나서 다양한 세상과 사람들을 만나고 깨달음을 주는 탐험의 과정이기 때문이다.

셋째, 습관은 연결이다.

전혀 상관없어 보이는 점들을 연결해보는 것이다. 최근 뇌 과학자들의 연구에 의하면 인간이 창의적인 생각을 할 때 특정 부위가 반응하는 것이 아니라, 평소에 상관없던 부위가 서로 연결되어 반응한다고 한다. 또한 창의적인 뇌는 일반인들의 뇌보다 더 촘촘히 뉴런들이 연결되어 있다고 했는데, 바로 임상실험을 통해 창의성과 연결의 인과 관계를 증명한 것이다.

그렇다면 기업에서는 연결을 어떻게 활용하고 있을까?

먼저 큐레이션 서비스 curation service, 인터넷에서 원하는 콘텐츠를 수집해 공유하고 가치를 부여해 다른 사람이 소비할 수 있도록 도와주는 서비스를 비즈니스 모델로 활용하는 방식인데, 다양한 정보들 중 각각 필요한 부분을 선별하고 가치를 부여해 연결하는 것이다. 이미 네이버, 구글, 아마존, Open AI 같은 빅테크 기업들은 AI와 빅데이터를 통해 수많은 정보를 선별해내고 가치를 부여한 뒤 큐레이션 서비스를 제공하고 있다.

다음은 플랫폼 네트워크 효과 반복적인 자기 강화 피드백으로, 플랫폼의 가치를 직간접적으로 만들어내는 힘인데, 판매자와 구매자를 연결해 부를 창출하는 방식을 말한다. 메타버스, 블록체인 등 다양한 디지털 기술들은 이러한 연결을 가속화하고 있고, O2O Online To Offline 방식의 다양한 서비스가 비즈니스 모델로 구현되고 있다. 마지막은 독특한 아이디어로 승부하는 촉매 기업이다. 플랫폼처럼 불특정 다수를 연결하는 것이 아니라, 전혀 상관없어 보이는 기업을 연결해주고 비즈니스를 성사시키는 역할을 하는 것이다.

예를 들면 TV 회사의 재고를 사들여 신축 호텔에 저렴하게 납품하고, 다시 그 호텔의 숙박권을 저렴하게 사들여 여행사에 판매하는 방식이다. 촉매 기업은 서로 필요하지만 만나기 어려운 집단을 발견하고 연결하여 돈을 버는 기업을 말한다. 그런데 어떻게 하면 창의적인 연결을 잘할 수 있을까?

스탠퍼드대학의 마틴 루프 Martin Ruef 교수는 자신만의 다양한 네트워크를 갖고 잘 관리하라고 말한다. 그의 연구에 따르면 다양한 네트워크를 보유한 사람이 비즈니스에 더 혁신적이라는 것이다. 기업인 766명의 인터뷰 결과 신제품 출시와 특허출원 수에서 3배나 높은 성과를 냈다는 것이다.

넷째, 습관은 질문이다.

질문은 새로운 생각을 이끌기 때문이다. 노벨물리학상을 수상한 컬럼비아대학 아이작 라비 Isidor Isaac Rabi 교수는 창조적 사고의 메커니즘은 질문에 있다고 했다. 만약 어렸을 때 자신의 어머니가 "학교에서 무엇을 질문했니?"라는 질문을 하지 않았다면 지금의 자신은 없었을 것이라고 말했는데, 뇌 과학자들의 연구 결과도 비슷했다. 우리가 하는 모든 생각과 행위는 우리의 뇌를 자극한다는 것이다. 특히, 창의적인 질문은 전두엽이라는 곳을 자극한다. 질문에 의해 창의적인 결과물을 만든 사례는 많다.

　대표적인 사례가 세계에서 가장 창의적인 기업 중 하나라고 칭송받는 영국의 다이슨이다. 이들은 100년 동안 아무런 의심 없이 달고 다니던 청소기의 먼지봉투를 "왜 청소기에 먼지봉투가 있어야 하지?"라는 단 하나의 질문으로 최초로 먼지봉투가 없는 청소기를 개발했다. 또한 "왜 선풍기에는 날개가 필요할까?"라는 엉뚱한 질문 하나로 날개 없는 선풍기를 개발했다. 이 제품은 2011년 〈타임〉지가 선정한 최고의 혁신 제품으로도 유명하다. 다이슨은 어떻게 만들지를 고민하지 않는다고 한다. 단지 '왜 그렇게 만들어야 할까?'를 고민한다는 것이다.

그렇다면 창의적 인재가 되기 위한 질문의 공식은 무엇일까?

- 자신이 모른다는 것을 인정하고 그것을 질문하는 습관을 갖는 것이다. 자신이 모른다는 것을 안다는 것은 수많은 의심과 질문을 통해 알 수 있기 때문이다.
- 전문가의 말을 그대로 받아들이지 말고 끊임없이 의심하라는 것이다. 행동경제학에서는 이것을 대표성 휴리스틱이라고 말하는데, 우리는 전문가이기 때문에 당연히 정답일 거라고 생각하며, 아무런 의심 없이 받아들인다는 것이다. 하지만 우리는 세상의 모든 것을 알 수 없다. 한 번쯤 의심하고 깊이 들여다본다면 우리의 창의력은 더욱 커져 있을 것이다.

다섯째, 습관은 몰입이다.

아이디어를 만들 수 있는 자신만의 시간과 공간을 만들어야 한다는 것이다. 심리학자 미하이 칙센트미하이 교수는 무엇인가 흠뻑 빠져 있는 심리 상태를 몰입^{flow}이라고 표현했다. 이 순간은 주위의 모든 잡념을 차단하고 한 곳에 정신을 집중할 수 있는 상태라는 것이다. 뇌 과학자들은 몰입 상태가 되면 시냅스의 도파민 분비로 안심과 쾌락을 느끼게 되고, 주로 이 상태에서 창조적인 결과물이 나온다는 것이다. 창의적인 업적을 달성한 위인들 역시 몰입을 통해 혁신을 만들어냈다고 한다.

아인슈타인은 "나는 몇 달이고 몇 년이고 생각하고 또 생각한다. 그러다 보면 99번은 틀리고 100번째가 돼서야 비로소 맞는 답을 얻어낸다"라고 하였다. 노벨상을 수상한 미국의 생물학자 루이스 이그나로 Louis Ignarro 는 "과학은 9시 출근, 4시 퇴근하는 일이 아니다. 매일 24시간 '왜? 어떻게?'가 머리를 떠나지 않아야 한다"라며 몰입의 중요성을 피력했다.

그렇다면 몰입을 위해서 무엇을 하면 좋을까? 미하이 칙센트미하이 교수는 몰입을 위한 다섯 가지 원칙을 제시하면서 훈련을 통해 습관화하라고 말한다.

첫째, 스스로 명확한 목표를 정해야 한다. 목표가 명확할 때 몰입이 쉬워지기 때문이다.

둘째, 적절한 난이도를 설정하여 도전적 스트레스를 만든다. 너무 쉬우면 몰입도가 떨어지고, 너무 어려우면 일찍 포기하기 때문이다.

셋째, 철저하게 일상의 규칙을 만들고 끊임없이 실행 여부를 체크한다. 자신이 방해받지 않고 몰입할 수 있는 공간과 시간을 정해놓는 것은 위대한 혁신가들도 습관처럼 해오던 방식이다.

넷째, 몰입을 방해하는 요소에서 멀리 떨어져야 한다. 그것이 사람이든 사물이든 몰입하는 동안에는 떨어뜨려 보는 것이다.

다섯째, 몰입을 극대화할 수 있는 자신만의 시간과 공간을 확보한다. 그곳이 회사이든 카페이든 상관없다. 편안하게 느끼는 공간에서 방해하는 사람이 없으면 된다.

뉴턴은 이렇게 말했다. "발명으로 가는 길은 부단한 노력에 있다. 끈질긴 집중이야말로 위대한 발견의 기초다. 나는 특별한 방법을 알고 있는 게 아니라 단지 뭔가에 대해 오랫동안 깊이 사고할 뿐이다."

여섯째, 습관은 실패이다.

어설픈 성공보다 확실한 실패가 창의적인 결과물에 더 가까이 갈 수 있도록 해주기 때문이다. 실패의 대명사 하면 누가 생각나는가? 바로 에디슨이다. 수많은 실패를 통해 인류에 기여한 혁신적인 제품을 만들어낸 장본인이기 때문이다. 백열전구를 발명할 때 1,200번이나 실패한 그를 보고 포기를 권유한 친구에게 이렇게 말했다. "나는 1,200번이나 실패한 것이 아니네. 1,200가지나 되는 안 되는 방법을 발견한 것뿐이네." 이 말은 실패의 바이블로 전해지고 있다.

실패에 대한 연구는 학계에서도 다양하게 연구되어 왔다. 학습과 지능에 대한 사람들의 신념이 중요하다는 연구를 해온 스탠퍼드대학 심리학과 교수인 캐럴 드웩 Carol Dweck 은 이에 대해 고정 마인드셋 fixed mindset 과 성장 마인드셋 growth mindset 으로 구분해서 설명하고 있다.

고정 마인드셋은 지능이나 성격 등 개인의 심리적 특성은 불변한다고 믿는 개념이다. 성장 마인드셋은 지능은 변할 수 있고, 학습을 통해 발달할 수 있다고 믿는 개념이다. 드웩의 연구에 의하면 고정 마인드셋을 가진 사람들은 실패를 어쩔 수 없는 자신의 능력 부족 때문이라고 생각하고 포기한다. 하지만 성장 마인드셋을 가진 사람들은 실패를 성장을 위한 과정이라고 받아들이며, 교육 기회로 삼고 배우려 노력한다는 것이다.

뇌 과학자들의 연구결과에 의하면 인간의 뇌는 본능적으로 실패를 통해 배우려는 메커니즘을 갖고 있다는 것이다. 그리고 지능이나 성격 등 심리적 특성이 학습을 통해 발달할 수 있다고 믿는 긍정적 태도가 실패를 성공으로 만드는 결정적 역할을 한다는 것이다. 어쩌면 전문가란 아주 작은 영역에서 그가 할 수 있는 모든 실수를 한 사람을 말하는 것일지도 모른다.

그렇다면 창의적인 결과물을 만들어내는 똑똑한 실패를 위해서는 무엇을 해야 할까?

- 실패에 대한 두려움을 없애야 한다. 실패는 부정적 이미지가 강하고 자신감이나 자존감 하락이라는 심리적 위축을 가져오기 때문이다.
- 실패를 감추지 말아야 한다. 실패하면 자신을 보호하기 위한 방어기제가 발동하고, 더 큰 실패를 가져올 수 있기 때문이다.

- 싸고 빠르게 실패를 반복한다. IBM의 토머스 왓슨 ^{Thomas Watson} 은 가장 빨리 성공하는 길은 실패를 많이 하는 것이라고 했다. 연구결과에서도 많이 실패할수록 창의적 성과가 더 빨리 나오는 것으로 밝혀졌다. 이를 위해 실패를 용인하는 문화를 만들어주는 것이 중요하다.

- 실패의 경험을 차근차근 축적해 놓는다. 경험이 쌓이다 보면 지식이 되고 노하우가 된다는 것이다. 하버드대학의 에이미 에드먼슨 ^{Amy Edmonson} 교수는 똑똑한 실패란 "지식 기반을 넓히거나 가능성을 조사하는 실험, 또는 정교한 실험을 통해 아이디어를 검증하는 실패"라고 말한다. 지금부터라도 똑똑한 실패를 습관화해보자.

일곱째, 습관은 기록이다.

인류에 공을 세운 위대한 천재들은 모두 다 지독한 메모광이었다. 역사상 천재로 불렸던 301명의 습관을 조사한 미국의 심리학자 캐서린 콕스 ^{Catherine Cox} 는 재미있는 연구 결과를 발표했다. 성격도 다르고 분야도 다른 이들의 한 가지 공통점이 메모였다. 이들은 자신의 머릿속에 떠오르는 생각을 종이에 기록하는 능력을 가지고 있었다. 아인슈타인, 뉴턴, 에이브러햄 링컨, 발명왕 에디슨 등 성공한 사람 대부분은 광적으로 메모하는 습관이 있었다.

그렇다면 메모에는 어떤 능력이 숨겨져 있을까?

메모의 이용 형태를 연구한 학자들에 의하면 메모는 기억의 보조, 장기적인 보관, 경험의 기록과 활용, 미적 또는 감성적 자극 등의 역할을 한다고 한다. 기억과 사고 과정에서 메모의 중요성을 말해주는 대목이다. 메모하는 사람들은 동기가 강한 사람들이다. 긍정적이고 열정적인 성향을 지니며 매사에 적극적이다 보니 뛰어난 능력을 발휘할 수밖에 없다. 최근의 연구에 의하면 인간의 뇌는 창의적인 생각을 할 때 서로 다른 영역이 충돌하면서 반응을 보인다고 한다. 여기에 메모는 가장 강력한 역할을 해왔다는 것이다. 창의적인 인재들은 메모를 습관화했고, 그 기록들을 노트로 만들었다. 그들은 메모를 통해 다양한 분야의 지식을 충돌시켰다. 이를 통해 생각의 융합이 일어나고 창의성이 시작된 것이다. 독일 속담에 '기억력이 좋은 머리보다 무딘 연필이 더 낫다'라는 말이 있다. 아무리 머리가 총명해도 메모를 열심히 하는 습관보다 못하다는 격언이다. 일상에서 늘 메모하는 습관을 들여보도록 하자.

데이터로 무장한

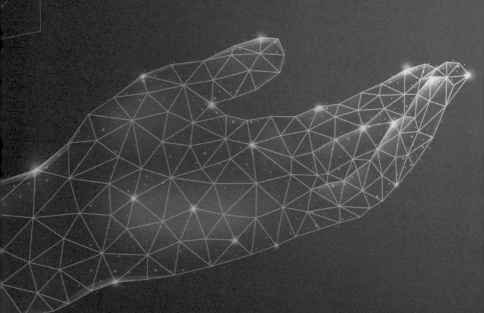

창의성

현대 경영에서 꼭 필요한
데이터 기반 의사결정

데이터에 기반한 의사결정은 현대 경영에서 꼭 필요한 요소가 되었다. 비즈니스에 대한 데이터가 폭발적으로 증가하고 있고, 분석을 위한 데이터 과학이 급속도로 발전되었기 때문이다. 활용만 잘한다면 비즈니스 의사결정에 결정적인 도움을 줄 수 있게 되었다. 이를 방증하듯 최근 〈포춘〉지에서 1,000대 기업을 대상으로 설문조사를 한 결과 90% 이상의 기업이 데이터 관련 인프라에 투자를 늘렸다고 한다. 데이터 활용을 위해서 기업들은 관련 인력을 충원하고, 인프라 구축에 돈을 쓰고 있다는 것이다. 그런데 한 가지 의문이 생긴다. 과연 비즈니스 의사결정에 있어서 데이터 분석이 모든 것을 해결해 줄 수 있을까?

런던시티대학 경영대학원 오구즈 아카르 Oguz A. Acar 교수는 그의 연구에서 데이터와 분석만을 중요시한다면 역효과가 날 수 있다고 주장했다. 그는 직관에 기반해서 세운 가설을 테스트하기 위해 122개의 기업으로부터 혁신 프로젝트에 관련된 데이터를 수집했다. 그리고 실행할 혁신 프로젝트를 결정하는 과정을 사례로 만들어 분석했다. 사례 분석은 의사결정 의존도를 데이터 분석, 직감, 휴리스틱 세 가지로 구분하여 진행했다. 그리고 다시 휴리스틱은 가장 많은 점수를 받은 결정, 가장 경험이 많은 팀원의 결정, 그리고 대다수의 사람이 원하는 옵션에 의한 결정으로 나누어 진행했다.

실험 결과는 놀라웠다. 대부분의 경영자가 데이터에 대한 관심은 높았지만 비즈니스 의사결정을 위한 활용도는 높지 않았다는 것이다. 심지어 직감이나 간단한 휴리스틱과 거의 비슷했다는 것이다. 또한 가장 많이 사용된 의사결정은 분석, 직감보다 휴리스틱이었고, 그 중에서도 가장 많은 점수를 받은 옵션이었다는 것이다.

이 결과는 무엇을 의미하는 것일까? 데이터 분석에 의한 의사결정이 효율적이지 않을 수 있다는 것이다. 그 이유는 정확도는 높을 수 있지만 느리기 때문이다. 또한 데이터는 많지만 분석에 대한 창의성이 떨어지거나, 쓸 만한 데이터가 없는 경우도 많았다는 것이다. 의외로 간단한 휴리스틱과 직감을 활용한 경영자들은 의사결정 속도는 훨씬 빨랐고, 정확성은 크게 차이 나지 않았다. 이 연구는 AI와 데이터가 핵심으로 부상하고 있는 디지털 트랜스포메이션 시대에 많은 시사점을 보여주고 있다. 데이터 분석이 만병통치약이 될 수는 없다. 때문에 서로의 단점을 상호보완하기 위해서는 창의성을 기반으로 한 통찰력이 선행되어야 한다.

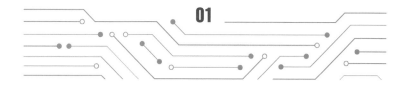

01

고정관념과
편견을 깨는 기술

한 초등학교의 미술 시간이었다. 선생님은 평소와 같이 도화지를 나눠주고 "여러분이 그리고 싶은 그림을 마음껏 그려보세요"라고 말했다. 어떤 아이는 화목한 가정의 모습을, 어떤 아이는 집에서 기르는 장수풍뎅이 그림을, 어떤 아이는 엄마 아빠와 놀러 갔던 기억을 더듬어 도화지를 채워 나가고 있었다. 그런데 평소에 엉뚱한 상상을 많이 하던 한 아이가 도화지를 온통 검은색으로 채워나가기 시작했다. 한 장, 두 장, 세 장… 계속해서 도화지에 검은색을 가득 칠하고 있는 아이를 보고 선생님은 당황했다. '이 아이가 도대체 왜 이러는 걸까?' 아무리 봐도 아이의 행동을 이해할 수 없었던 선생님은 동료 교사들에게 조언을 구했다. 그러나 돌아오는 것은 "병원에 가봐야 하지 않겠어?"라는 상투적인 답변들뿐이었다.

할 수 없이 선생님은 아이의 부모에게 이 사실을 알리고 치료를 권했다. 하지만 정신과 의사를 찾아간 아이의 부모는 의사로부터 속 시원한 대답을 듣지 못했다. 단지 더 큰 병원에 가보라는 말과 함께 진단서를 발급받았을 뿐이다. 결국 아이의 치료를 위해 최고의 정신과 의사들이 모였다. 그들은 아이의 상태를 진단해보고, 다양한 테스트를 진행하지만 아이는 말없이 도화지에 검은색을 칠하고 있을 뿐이었다.

그러던 어느 날 선생님은 그 아이의 책상 속에서 퍼즐 조각을 발견했다. 아이가 즐겨 하던 놀이였다. 그 순간 문득 떠오르는 생각에 아이가 입원하고 있는 병원으로 뛰어갔다. 그리고는 지금까지 아이가 칠해 놓은 검은색 도화지를 이리저리 퍼즐 조각처럼 맞추기 시작했다. 결국 퍼즐은 거대한 고래의 모습으로 나타났고, 어른들은 아무 말 없이 아이를 바라보았다.

이 광고는 일본 어린이재단이 제작한 것이다. 그들은 아이들의 창의성을 이해하지 못하는 기성세대를 비판하기 위해 이 광고를 제작했다. 어른들의 기준을 가지고 '사회적 통념'이라는 박스 안에 아이들의 사고를 가두고 있는 모습을 표현하고자 했던 것이다. 도화지는 박스를 의미한다. 도화지 안에서 그림이 표현되어야 칭찬을 받던 아이들은 점점 더 도화지라는 박스에 갇히게 되는 것이다. 스스로 부여한 한계는 더 강한 박스를 만들고 자신을 방해하는 트랩이 된다.

도화지 속에 나의 상상력을 가두는 것처럼 창의적 아이디어의 출발은 자신이 가지고 있는 사고의 박스를 깨는 것이고, 사회가 가지고 있는 통념의 박스를 깨는 것이다.

자, 그럼 근본적인 질문을 해보자. "창의적인 사고란 무엇일까? 어떻게 하면 창의적인 사고를 할 수 있을까?" 다양한 학자들에 의해서 정의된 개념들은 많지만 쉽게 설명하면 우리 자신이 만들어낸 무수히 많은 사고의 박스를 깨버리는 것이다. 우리가 알고 있는 편견, 고정관념, 사고의 한계들이 바로 그것이다. 정리해보면 우리가 가지고 있는 박스를 세 가지로 설명할 수 있다.

뇌를 게으른 상태로 두지 마라: 패턴 박스 pattern box

...

인간의 뇌는 게으르다. 늘 편안한 것을 추구한다. 눈에 익은 환경과 일을 기본적으로 선호하기 때문에 패턴 pattern 이 생기는 것이다. 그렇다면 패턴 박스는 무엇을 말하는 것일까? 패턴은 '인식의 틀'이라고 할 수 있다. 사고의 효율을 갖게 해주는 역할을 한다. 다시 말해 우리의 뇌는 효율적인 사고를 위해 늘 하던 대로 사고하도록 작동한다는 것이다. 이러한 인간의 인식은 때론 매우 부정확한데, 이 잘못된 인식의 틀이 사고의 한계를 만드는 것이다.

하버드대학 교육학과 데이비드 퍼킨스 David N. Perkins 교수는 잘못된 사고 가운데 90퍼센트가 '논리의 잘못이 아니라 인식의 잘못'에서 비롯된다고 말한다. 인식이 잘못되면 논리가 아무리 훌륭해도 해답은 쓰레기와 같다고 한 것이다. 이것을 '눈먼 어리석음의 메커니즘'이라고 부르는데, 그는 사람들의 사고 과정은 대개 그럴듯한 증거를 찾아내면 생각을 멈추는 형태를 취한다는 것이다. 그리고 어떤 입장을 취하면 그것을 지지하는 증거를 찾고 우리가 취한 입장을 지지해 줄 만한 '이치에 맞는' 증거를 발견하면 생각을 멈춘다는 것이다.

이렇게 사람은 자기가 선호하거나 고수하려는 견해에 부합되는 첫 번째 주장이 나오면 그것을 채택하고, 더 이상 생각하지 않는 경향이 있다. 심리학에서는 이를 '말이 된다 make sense 규칙'이라고도 한다.

그런데 왜 사람들은 이런 규칙을 사용하는 것일까? 그것은 우리가 어떤 자극에 대해 우선적으로 감정에 반응부터 하고 나서 그 후에 판단이나 추론을 하기 때문이다. 그렇다면 이러한 '눈먼 어리석음의 메커니즘'에서 벗어나기 위해선 무엇을 해야 할까? 몇 가지 사례를 살펴보자.

세계적인 곤충학자 파브르는 원형쇄기벌레라는 곤충을 가장 좋아했다. 이 곤충의 특징은 맨 앞에서 기어가는 리더가 실 같은 자국을 남기면 벌레들이 일렬로 그 뒤를 따라간다는 것이다. 호기심이 발동한 그는 재미있는 실험을 진행했다. 만약 선두를 따르는 것이 쇄

기벌레들의 본능이라면 이 녀석들을 원형으로 놓으면 어떨까? 결과는 끔찍했다. 무려 6일 동안 먹지도 않고 자국을 따라 뱅뱅 돈 것이다. 사람으로 따지면 마라톤 풀 코스를 3.5회 왕복한 것과 같은 거리다. 결국 대다수가 지쳐서 죽고 한두 마리가 남자 대형을 깨고 먹이 쪽으로 움직였다.

만약 이 녀석들 중 한 마리만 원형 틀에서 빼내었다면 대다수가 죽는 참사는 발행하지 않았을 것이다. 즉 외부 자극이 하나의 연속된 패턴을 깨는 가장 중요한 역할을 하는 것이다.

고정관념인 패턴 박스를 깨기 위해선 '느린 생각'을 해야 한다. 심리학자 대니얼 카너먼은 자신의 저서 《생각에 관한 생각》에서 사람들이 생각하는 방식은 두 생각 체계 system two 에서 나온다고 했다. 바로 '빠른 생각 system one'과 '느린 생각 system two'이다. 그는 사람들이 눈먼 어리석음의 메커니즘에서 벗어나지 못하는 이유는 '빠른 생각' 때문이라고 말한다. 이것은 본능적인 반응에 가까운 습관적, 직관적, 충동적인 사고체계의 산물이다. 바로 '패턴적 사고'에 의해서 나오는 것이다.

더 쉽게 이해하기 위해 '날개 없는 선풍기' 사례를 살펴보자. "선풍기에서 가장 중요한 부품이 무엇이냐는 질문을 받는다면 여러분은 어떤 대답을 하겠는가?" 아마도 거의 대부분이 '날개'라고 답할 것이다. 선풍기는 바람을 만들어내는 제품이고, 날개가 없으면 바람이 나오지 않기 때문이다. 바로 선풍기라는 '패턴 박스'에 갇힌 사고이다.

이 패턴을 깨고 날개 없는 선풍기를 만든 사람이 영국 다이슨사의 CEO 제임스 다이슨 James Dyson이다. 그는 화장실에 설치되어 있는 핸드 드라이기에서 아이디어를 얻어 날개 없는 선풍기를 개발하게 되었다. 선풍기는 날개가 있어야 한다는 '빠른 생각'을 한 것이 아니라 "왜 선풍기에 날개가 필요할까?"라는 '느린 생각'을 한 결과였다. 제품을 개발하는 데 4년이라는 시간이 걸렸고, 결국 출시하자마자 대박을 터뜨리는 상품이 되었다. 그는 초기의 아이디어는 단순했지만 이것을 실현시키는 데 투자한 노력은 정말로 힘들고 어려웠다고 말한다.

말과 행동을 통해 뇌를 지배하라: 경험 박스 experience box

• • •

일반적으로 뇌는 말과 행동을 통해 지배를 받는다. 뇌가 명령해서 몸이 움직이는 것이 아니다. 몸이 움직여야 뇌는 생각을 하고, 활성화하는 특징을 가지고 있다. 따라서 우리는 경험에서 얻어진 지식에 의해 사고하게 되는 '경험 박스'가 생길 수밖에 없는 것이다.

서커스단에서 코끼리를 조련시키는 사례를 살펴보자. 맹수들도 함부로 접근하지 못하는 포유류 중 가장 큰 코끼리. 그는 작은 말뚝에 묶인 채 허공만을 바라보고 있다. 코끼리의 괴력으로 쉽게 뽑힐 듯한 말뚝이지만 빠져나올 생각을 하지 않는다.

→ 학습된 무기력에 빠진 서커스단 코끼리

이해가 가지 않는 상황이다. 코끼리는 왜 그러는 걸까?

미국 긍정심리학자 마틴 셀리그만 Martin Seligman 의 실험을 통해서 이 궁금증을 해소할 수 있다. 그는 이 현상을 '학습된 무기력 Learned Helplessness'이라고 표현한다. 또 다른 실험에서 이 현상을 설명하고 있는데 방법은 간단하다. 박스에 전기충격장치를 설치하고 박스 안의 개가 탈출을 시도하려고 할 때마다 전기충격을 가했다. 얼마 후 그 박스에 전기충격을 피해서 외부로 나가는 길이 있음에도 불구하고 개는 가만히 앉아 있었다. 탈출할 수 없는 박스라는 인식을 갖게 된 것이다.

코끼리의 사례도 마찬가지다. 새끼 때부터 말뚝에 매여 훈련을 받는 코끼리는 말뚝을 벗어나려고 시도할 때마다 조련사에게 체벌을 받았다. 그리고 더 큰 말뚝에 묶이게 된 것이다. 이것이 반복되면서 성인이 된 코끼리는 '이 말뚝은 탈출할 수 없는 것'이라는 학습된 무기력을 갖게 된다. 큰 말뚝을 쑥 뽑아버릴 수 있는 힘이 있는데도 여전히 말뚝을 벗어나지 못한다. 이러한 사례는 한 광고 캠페인에서도 찾아볼 수 있다.

스웨덴 스톡홀름의 한 지하철 역사. 사람들은 늘 그래 왔듯 계단을 옆에 두고 에스컬레이터를 이용하고 있다. 에스컬레이터의 편리함을 잘 알고 있는 사람들의 행동은 당연한 것이다. 그런데 여러분에게 "사람들이 에스컬레이터가 아닌 계단을 이용하게 만들어라!"는 과제가 주어진다면 어떻게 하겠는가? 물론 가장 간단한 방법은 에스컬레이터를 고장 내거나 없애는 것이다. 하지만 스스로 그들의 행동을 변화시키기 위해선 다른 방법을 써야 한다. 이것을 '넛지 효과 Nudge effect, 어떤 결과를 강제 수단을 사용하지 않고 은근하게 유도하는 행위 혹은 스스로 참여하게 만들어서 반감을 줄이고 자연스레 받아들일 수 있게 하는 것'라고 부른다. 폭스바겐은 넛지 효과를 만들어내기 위해 '펀 fun'이라는 요소를 사용했다. 친환경 엔진기술인 블루모션 blue motion에 대한 관심을 유도하고 인지도를 높이고자 했던 그들은 '피아노 계단 Piano stair'이라는 솔루션을 제시했다. 이 캠페인은 2010년 칸 광고제 사이버 부문에서 그랑프리를 수상했을 정도로 그 파급 효과가 컸다.

방법은 의외로 간단했다. 우리가 기존에 가지고 있던 경험의 패턴을 깨버린 것이다. 사람들이 모두 다 잠든 야심한 밤, 그들은 지하철 역사 계단을 피아노 건반으로 만들었다. 밟으면 소리가 나도록 센서를 설치한 것이다. 다음 날 아침 에스컬레이터를 타려고 이동하던 사람들이 바로 옆 계단에서 나는 피아노 소리를 듣고 신기한 듯 몰려들었다. 그러고는 계단을 올라가기 시작했다. 어느새 사람들은 피아노를 연주하듯 계단을 오르내리며 그 상황을 즐기고 있었다. 자연스럽게 전보다 계단을 이용하는 사람들의 수는 66퍼센트나 늘었고, 건강과 에너지 절약이라는 두 마리의 토끼를 얻을 수 있게 되었다. 사람들의 입소문을 통해 이곳은 관광명소가 되었다.

사람들은 수많은 지식을 경험에서 얻는다. 하지만 그 경험은 사고를 경직되게 만들고 직관적으로 문제를 바라보는 나쁜 습관을 갖게 한다. 늘 익숙하고, 편안하고, 안전한 곳을 찾아가도록 만드는 것이다. 우리는 이곳을 '안전지대 comfort zone'라고 말한다. 단지 습관에 의해 직관적 사고만을 하게 되는 곳이다. 창의적인 아이디어가 나오기 힘든 곳이다. 창의적인 아이디어를 촉진 시키려면 조금은 낯설고, 불편하고, 다소 위험한 곳을 넘나들 필요가 있다. '창의지대 creative zone'라고 불리는 곳이다. 이곳은 우리에게 익숙한 공간, 시간, 생각을 벗어나도록 도움을 주는 도전에 의해 생성된 곳이다. 우리에게 익숙한 안전지대가 경험 박스를 만드는 것이다.

부정적인 뇌의 속삭임에 속지 마라: 부정 박스^{negative box}

• • •

인간의 뇌는 생각의 힘을 받아들이고, 정리하고, 특별하게 만들어서 표출하기 위해 만들어졌다. 따라서 누군가가 자신의 뇌를 긍정적이고 창조적인 생각을 표출하는 데 사용하지 않으면, 자연스레 부정적인 생각을 떠올리도록 유도해 뇌의 공간을 채워 넣는다고 한다.

1996년 미국 경영학자 개리 해멀^{Gary Hamel}과 경제학자 프라할라드^{Prahalad}는 원숭이를 이용해 재미있는 실험을 했다. 우리 안에 몇 마리의 원숭이를 넣고 천장에 달콤한 바나나를 매달아 놓았다. 원숭이들은 굶주려 있었고, 충분히 천장으로 이동해 바나나를 먹을 수 있는 조건이었다. 바나나를 보자마자 원숭이들은 천장으로 이동했다. 그런데 그때마다 원숭이들에게 소방 호수로 차가운 물세례를 퍼부었다. 당황한 원숭이들은 한 번, 두 번 시도하다가 결국 포기하고 말았다. 그리고 단 한 마리도 천장에 매달려 있는 바나나를 탐하지 않았다. 물세례를 맞고 싶지 않았던 것이다.

얼마 후 무리 중 한 마리의 원숭이를 빼고 새로운 원숭이를 우리 안에 넣었다. 배가 고팠던 신입 원숭이는 천장에 매달려 있는 바나나를 보자 잠시 눈치를 보더니 천장으로 올라가려고 시도했다. 그러자 기존 무리의 우두머리 원숭이는 새로 들어온 원숭이의 행동을 제지했다. 마치 "저 바나나를 먹으러 올라가면 차가운 물세례를 맞는다"고 경고하듯이 말이다. 결국 신입 원숭이도 천장에 매달린 바나나를 포기하게 되었다. 한 마리, 두 마리 원숭이를 교체할 때마다 이 현상은 반복되었다. 결국 모든 원숭이가 교체되었다. 그런데 재미있는 현상이 벌어졌다. 실제로 물세례를 맞거나 그것을 본 원숭이가 없었음에도 불구하고 어느 원숭이도 천장의 바나나를 탐하지 않던 것이다. 원숭이들의 나쁜 경험이 '경험 박스'를 만들어내고, 이것이 만성화되어 원숭이 무리 전체에 '부정 박스'를 만들어낸 것이다. 한마디로 조직의 만성화된 부정적 태도와 무기력이 얼마나 무서운 결과를 만들어내는지 보여주는 실험이었다.

여러분은 하루 동안 몇 퍼센트 정도의 긍정적인 생각을 하는가? 결과는 생각보다 참혹하다. 우리의 뇌는 하루에 단지 17퍼센트 정도만 긍정적인 말을 하고, 또 듣는다고 한다. 하루에 83퍼센트를 부정적인 말을 하거나 듣는 데 사용한다니 어처구니없다. 하지만 사실이라고 학자들은 말한다. 결국 내 머릿속의 부정적인 생각들이 '부정 박스'를 만들어내는 것이다.

편견을 깨고 기존의 틀을 바꿔라: 수평적 사고 기법

• • •

'고정관념'이라는 단어를 모르는 사람은 없다. 단지 어디서 생겨나는 것인지 인지하지 못할 뿐이다. 많은 사람이 고정관념을 깨는 것이 창의적인 아이디어의 지름길이라고 말한다. 하지만 어떻게 깨야 할지 잘 모른다. 자, 지금부터 고정관념이 어떻게 생겨나는지, 그리고 어떻게 깨야 하는지 알아보도록 하자.

앞에서도 언급했듯이 인간의 뇌는 어처구니없이 게으른 존재이다. 자신이 편한 대로 생각하고 다양한 정보를 본인 뜻대로 일반화하는 나쁜 버릇을 가지고 있다. 이것을 학자들은 '자기 조직화 이론Theory of Self-organization'이라고 부른다. 우리의 두뇌는 경험과 지식을 통해 형성된 채널로 세상을 바라본다. 그래서 어떤 패턴에 따라 정보화가 스스로 조직된다는 것이다. 그러다 보니 지금까지 살펴본 세 가지의 대표적인 박스가 '고정관념'으로 고착화하는 것이다.

영국의 창의력 대가인 에드워드 드 보노Edward de Bono 박사는 이러한 고정관념을 깨는 데 '수평적 사고 기법'을 활용하라고 말한다. 기존 인식의 틀, 생각의 틀, 채널을 깨는 적극적 사고 행위가 수평적 사고라고 볼 수 있다. 그렇다면 '수직적 사고'와 '수평적 사고'는 어떻게 다른 것일까?

'수직적 사고'는 기존의 지식과 경험으로 판단, 평가, 분석하는 사고이다. 우리가 평소에 하는 일반적인 사고 행위가 이것이다. 단지 '예스/노'가 중요하며 판단과 이분법을 사용한다. 그러나 '수평적 사고'는 '예스/노'가 아닌 '개발과 수정'을 중시하고, '창조와 변화'에 더 큰 비중을 둔다. 예를 들어 '자동차에 바퀴가 없다'라는 말에 수직적 사고는 '틀렸다'라고 단정 지을 수 있지만, 수평적 사고에서는 '그럴 수도 있다'가 되는 것이다. 정리하자면 두뇌의 자기 조직화 시스템에서 입력된 정보는 고정화된 패턴을 형성한다. 이것을 깨뜨리고 기존 개념과 인식을 변화시키는 사고 기법이 수평적 사고인 것이다. 쉽게 말해 '생각의 틀'을 깨는 것이다.

그렇다면 편견을 깨고 기존의 틀을 바꾸기 위한 수평적 사고를 잘하려면 무엇을 하면 좋을까? 심리학자 카우프만Kauffman은 자존감이 높은 사람들은 긍정적 성향이 강하다고 했다. 부정적 분위기에서 긍정적인 사고나 생각을 한다는 것이다. 자존감self-esteem이란 말 그대로 자신을 존중하고 사랑하는 마음이다. 자신의 능력과 한계에 대한 생각이며, 일종의 자기 확신으로 스스로 가치 있는 존재라는 믿음이다. 다시 말해 어떤 성과를 이루어낼 만한 유능한 사람이라고 믿는 마음이다. 자존감이 잘 형성된 사람은 자신을 소중히 여기고 타인과 긍정적인 관계를 유지한다. 이를 통해 인생의 역경을 잘 극복하며 유연하게 대처한다는 것이다.

자존감이 높은 사람들은 부정적 사건을 경험했을 때 자신에 대한 영향력을 최소화하는 능동적인 전략을 취한다는 것이다. 그래서 자존감이 높은 사람은 무한 긍정의 힘을 가지고 있다. 자기 인생의 주인은 자신이라는 굳건한 믿음이 있기 때문이다. 자존감이 높은 사람은 수평적 사고를 잘할 수밖에 없다. 자신에 대한 만족도가 높아 모든 일에 적극적이기 때문이다. 자신의 인생에 비전이 있고 꿈을 향해 항상 전진한다. 도전하는 것을 좋아하고, 두려움을 피하지 않는다. 정성을 다해 맞이하고 대응한다. 그래서 자존감은 무한 긍정의 힘을 만들어내며, 수평적 사고를 가능하게 하는 것이다.

데이터 자본주의 시대의 아웃오브 박스

* * *

"미래는 이미 우리 곁에 와 있다. 다만 모두에게 골고루 배분되지 않았을 뿐이다."

미래학자 윌리엄 깁슨 William Gibson 의 말이다. 우리는 수많은 미디어를 통해 디지털 트랜스포메이션의 핵심 기술을 익숙하게 듣고 있다. AI, 빅데이터, 블록체인, NFT, 메타버스 등 수많은 용어가 난무하고 있는 세상에 살고 있는 것이다. 하지만 구글, 아마존, 테슬라, 마이크로소프트, 애플 같은 빅테크 기업들은 그들의 플랫폼을 통해 획득한 엄청난 규모의 빅데이터를 독점하고, 이것들을 활용해 기업의 지속 성장을 해나가고 있다. 바로 미래학자 윌리암 깁슨이 "모두에게 골고루 배분되지 않았다"는 표현을 의미하는 대목이다.

그렇다면 빅데이터는 어떤 의미를 지니고 있을까?

국가정보화전략위원회는 '대용량 데이터를 활용, 분석하여 가치 있는 정보를 추출하고, 생성된 지식을 바탕으로 능동적 대응을 하거나 변화를 예측하기 위한 정보화 기술'이라고 정의하고 있다. 여기서 중요한 키워드는 '분석을 통해 가치 있는 정보를 추출'한다는 것과 '생성된 지식을 바탕으로 능동적 대응을 하거나 변화를 예측'한다는 것이다. 그 범위를 살펴보면 정치, 사회, 경제, 과학기술 등 전 영역에 걸쳐서 활용할 수 있고, 사회와 인류, 기업에 가치 있는 정보를 제공한다는 것이다.

그렇다면 빅데이터와 창의성은 무슨 관계가 있는 것일까?

AI 알고리즘의 진화는 빅데이터 분석을 쉽고 빠르게 해주고 있는데 말이다. 결론부터 얘기하면 우리 사고의 한계가 빅데이터 분석의 한계를 만든다는 것이다. 생각해보면 우리 주변에는 무수히 많은 데이터가 존재한다. 우리가 살고 있는 세상이 정보이고 데이터이기 때문이다. 마음만 먹으면 내가 얻고 싶은 데이터를 어떤 경로를 통해서든 수집할 수 있다. 하지만 우리 사고의 한계가 아는 만큼 보이고, 보이는 만큼 행동하게 만드는 것이다. 디지털 트랜스포메이션 시대에 창의적인 기업과 그렇지 못한 기업의 기준은 명확하다.

- 우리에게 필요한 데이터를 확보할 수 있는가?
- 이 데이터에서 고객과 시장에 대한 인사이트를 추출할 수 있는 역량을 갖추었는가?

- 데이터로부터 추출한 인사이트를 기업의 성과를 높이는 방향으로 의사결정을 해나갈 수 있는 시스템을 갖추고 있는가?

여기서 시스템이란 기업 내 조직문화, 보상 시스템, 의사결정 프로세스 등을 말하는 것이다. 수많은 기업이 데이터 자체를 분석할 수 있는 인력과 솔루션을 갖추고 있다. 그런데 왜 디지털 트랜스포메이션에 실패하는 것일까? 데이터가 확보되지 않아서일까? 그렇지 않다. 창의성이 없는 데이터 분석은 무용지물일 수밖에 없기 때문이다. 데이터 분석이 창의성의 원천인 이유는 창의적인 사고를 통해 그 범위나 영역이 확장되기 때문이다. 이를 위해 빅데이터 분석은 창의적인 가설로 승부해야 한다.

이런 과정에서 나오는 것이 인사이트이며, 기업을 지속 성장시킬 아이디어로 연결되기 때문이다. 예를 들어보자. 뉴욕관광청은 2022년 연간 방문객을 5,640만 명이라고 발표했다. 만약에 우리가 뉴욕에서 관광객들에게 상품을 제작해 판매한다고 가정해보자. 그리고 이들에게서 수집한 빅데이터를 확보할 수 있다면 어떤 가설을 설정해야 할까?

일반적인 방법이라면 뉴욕에 방문한 관광객들이 가장 많이 방문하는 관광지나 음식점, 가장 많이 구입하는 상품, 지출비용 등과 인종, 연령, 성별 등을 조사해 상관관계 분석을 진행할 것이다. 그리고 가장 일반적인 상품을 개발해 기존 상품과 레드오션에서 경쟁하지 않을까? 아마도 주요 관광지 사진, 열쇠고리, 엽서 등 우리가 알고 있는 상품에서 크게 벗어나지 못할 것이다.

그런데 가설을 조금 엉뚱하게 만든다면 결과는 어떻게 변할까?

"사람들은 왜 뉴욕에 오는 것일까? 그리고 이들은 이곳에서 무엇을 하고 싶은 걸까?"

이렇게 창의적인 데이터 분석은 질문에서부터 시작하는 것이다. 그래서 탄생한 것이 'Garbage of New York City 뉴욕시 쓰레기' 기념품이다.

시작은 저스틴 기넥스 Justine Gignac 라는 젊은 아티스트의 엉뚱한 가설이었다. 뉴욕과 관련된 수많은 데이터를 보고 유독 눈에 들어왔던 키워드가 'I Love New York'이 새겨진 기념품과 쓰레기로 몸살을 앓고 있다는 뉴스였다. 늘 시끄럽고 냄새나는 거리에 365일 북적이는 관광객! '사람들은 왜 뉴욕에 오는 것일까?'를 생각하던 그는 사람들은 뉴욕 자체를 좋아하는 것이 아니라, 뉴욕에서의 추억과 이야기를 그리워한다는 사실을 알게 되었다.

예상은 적중했다. 방문객들은 영화 속에 등장하는 뉴욕커들의 삶을 동경했고, 그들이 거닐고, 먹고, 마시는 일상을 경험해보고 싶다는 욕망을 갖고 있었던 것이다. 그리고 여행을 마치고 뉴욕을 떠나는 사람들이 아쉬움을 달래기 위해 특별한 기념품을 찾는다는 것도 알게 되었다. 이 쓰레기 기념품은 투명한 플라스틱 큐브에 누군가 길에 버린 찌그러진 스타벅스 컵, 메트로 카드, 브로드웨이 공연 티켓,

영수증, 사탕 봉지 등 뉴욕 일상의 이야기를 담고 있다.

뉴욕 이야기가 담겨 있는 이 특별한 쓰레기 기념품은 사람들에게 그 자체만으로도 가치 있게 인식되었다. 이렇듯 새로운 것을 원할수록 엉뚱하고 창의적으로 가설을 세워야 한다. 이를 위해 기존 사고의 한계를 깨기 위해 아웃오브 박스를 해야 한다. 사고의 아웃오브 박스는 데이터로부터 가설 검증에 필요한 창의적인 변수를 만들어 낼 수 있는 원천이 되기 때문이다. 데이터 시대 사고의 한계는 분석의 한계를 만든다는 것을 명심하자.

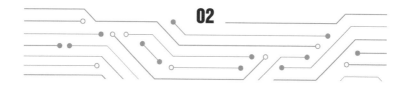

02

이기는 게임을
만드는 방법

전미 리더십포럼의 창시자 조셉 자워스키는 앞으로 리더가 배양해야 할 핵심역량을 '빠르고 정확하게 판세를 읽는 힘'이라고 말하면서, "위대한 리더와 평범한 리더의 차이는 게임의 규칙과 성격을 파악하는 능력!"이라고 하였다. 바로 센스 메이킹 sense making 이다.

그렇다면 센스 메이킹을 무엇을 뜻하는 것일까? 미시간대학 경영대학 칼 에드워드 웨익 Karl Edward Weick 석좌교수는 "환경의 여러 불확실한 요인들을 파악하고, 이해한 뒤에 그런 이해를 바탕으로 자신이 취할 행동을 결정하는 것"이라고 하였다. MIT 슬론 데보라 안코나 Debora Ancona 교수는 센스 메이킹이 가장 필요한 순간은 우리가 알고 있는 세상이 우리가 이해할 수 없는 방향으로 움직일 때, 즉 바로 지금이라는 것이다.

최근 디지털 트랜스포메이션 시대 기업의 상황은 기술의 끊임없는 발전과 새로운 세대의 출현, 그리고 디지털 기술로 인한 업무 방식의 변화로 기존 시장은 몰락하고 새로운 시장이 탄생하는 불확실성에 직면해 있다. 또한 레드어소시에이츠의 CEO 크리스티안 마두스베르크 Christian Madsbjerg는 센스 메이킹이란 사람들의 문화를 분석하고 맥락을 파악한 뒤 인과관계를 통해 사람들의 행동 패턴을 찾아내는 과정으로, 컨슈머 인사이트 소비자의 행동 양식과 가치관을 꿰뚫어 보고 이를 제품과 서비스에 반영하는 일와 비슷한 개념으로 정의하고 있다.

정리해보면 센스 메이킹이란 고객이 원하는 니즈를 데이터로 판단하기 어려운 상황에서 눈에 보이지 않는 현상이나 사물을 통해 판단하고 즉각 대처할 수 있는 능력을 말하는 것이다. 끊임없이 변화하는 상황 속에서 개인이 만들어내는 주관적 지각 직관, 의견, 생각, 질문 등이 어떻게 변화하고 의미를 형성해가는지 관찰함으로써 그 사람의 행위를 이해하려는 방법론이라고 볼 수 있다.

센스 메이킹의 개념은 오아이오주립대학 커뮤니케이션 교수인 브렌다 더빈 Brenda Dervin이 처음으로 제시하였다. 그녀는 현실은 고정된 것이 아니고, 끊임없는 불연속 상태이자 변화하는 존재이며, 이러한 불연속은 현실 속 존재들이 지속적으로 변하기 때문에 생긴다고 하였다. 또한 이것은 인간의 삶에 있어서 필수적으로 일어나는 현상이고, 자신과 문화, 사회, 조직 간에 존재하는 지식과 정보를 의미한다고 하였다. 결국 센스 메이킹이란 끊임없이 변화하는 불확실한 환경에서 전체적인 맥락을 파악하고, 청사진을 제시한 후 다양한 데이터 분석을 통해 최선의 의사결정을 도출하는 과정이라고 할 수 있다. 그녀는 센스메이킹의 과정을 3단계로 제시하였다.

- 1단계_ 상황 situation : 이는 우리의 삶에서 어떠한 차이가 발생해 질문이 생기고 그에 대한 답변이 필요한 상태이다.
- 2단계_ 차이 gap : 사람들이 마주하는 불확실성이나 혼돈 등 차이를 좁히기 위해 지식과 정보를 활용해 다리를 놓는 과정이다. 이때 우리는 다양한 주변의 데이터를 분석해서 활용할 수 있다.
- 3단계_ 사용 및 도움: 제기된 질문에 대한 답변이 생겨서 사람들이 앞으로 나아갈 수 있도록 해주는 과정이다. 바로 데이터 분석을 통해 의사결정을 하는 단계이다.

리더의 센스 메이킹은 그들의 아이디어, 인식, 생각, 태도, 신념, 가치, 느낌, 감정, 직관, 기억, 이야기, 서사 등 다양한 형태의 데이터를 활용해 사람들 간의 차이 gap 에 다리 bridge 를 놓는 과정이라고 볼 수 있다.

센스 메이킹을 통해 변화와 혁신을 만들어내는 방법

* * *

그렇다면 센스 메이킹의 대표적인 사례는 무엇이 있을까? 데보라 안 코나 교수는 선행연구를 통해 다섯 가지로 분류해서 설명하고 있다.

첫째, 현재진행형으로 정보를 업데이트하라.

우리가 사는 세상은 현재진행형 On going 이기 때문이다. 하지만 대부분의 사람은 실시간의 데이터를 통해 세상을 바라보지 못하고 일정 기간 동안 수집된 데이터를 통해 의미를 파악하고 있다. 즉 분석된 데이터 패턴에 의미를 부여하고 이해하여 예측하기 위해선 정지된 사진이 아닌 진행되는 상황을 봐야 한다는 것이다. 너무나 당연하지만 많은 기업은 이러한 상황을 잘 판단하지 못한다는 것이다.

대표적인 사례가 2007년 아이폰의 등장이다. 스티브 잡스가 발표한 아이폰은 MP3 플레이어 아이팟과 비슷하게 생긴 물건인데, 전화, 이메일, 웹서핑, 메시지, 아이튠즈 등이 들어간 PDA Personal Digital Assistant 의 유사품이었다. 당시 그는 멋진 프레젠테이션과 함께 2008년 말까지 전 세계 휴대폰 시장의 1퍼센트를 점유하는 게 목표라고 포부를 밝혔다. 그런데 이 작은 시작이 세상의 모든 것을 변화시키는 여정의 출발이었다.

그로부터 3년이 지난 2010년 6월 스티브 잡스는 아이패드를 출시하며 더 충격적인 예언을 했다. 바로 PC 시장의 종말을 단언한 것이다. 당시 PC 시장의 선두에 있던 리더들은 코웃음을 쳤다. 이들에게 아이패드는 그저 아이폰의 화면을 키운 것과 다를 게 없어 보였기 때문이다. 당시 PC 업계 제왕으로 군림하던 마이크로소프트 CEO 스티브 발머는 아이폰 발매 후 "500달러 플랜에 가입하면 보조금 지급이라고? 아마도 세상에서 가장 비싼 전화기일 듯한데! 게다가 자판이 없으니 그다지 좋은 이메일 기기는 되지 못할 것이다"라며, 그저 일부 얼리어답터들의 전유물로 끝날 것이라고 폄하했다. 그러면서 만약 아이폰이 성공을 거두고 아이패드가 출시된다고 하더라도 PC 시장은 계속 성장할 것이라고 장담했다.

그 이유는 IT 업계의 발전 속도는 계속될 것이며, 제3세계의 많은 가정에는 아직까지 PC가 없는 곳이 많다는 데이터를 근거로 한 주장이었다. 하지만 사람들은 PC보다 더 편리한 모바일 디바이스로 이동했고, 마이크로소프트는 이후 10년간 나락의 길을 걸어야만 했다. 스티브 발머가 오판한 것은 시장에 대한 잘못된 데이터의 분석이 아니다. 단지 현실을 현재 진행형이 아닌 스냅숏으로 보고 데이터 근거한 의사결정을 내렸기 때문이다.

둘째, 정보의 소스를 다양한 관점에서 바라봐야 한다.
왜냐하면 같은 사건이라도 다른 시각을 통해 전혀 다른 해석과 결론을 만들어낼 수 있기 때문이다. 〈세 명의 눈먼 사람과 코끼리〉라는 우화를 통해 그 의미를 알아보자. 어느 날 앞이 보이지 않는 세 사람이 코끼리를 만나게 되었다. 그들은 앞에 있는 거대한 물체가 무엇인지 궁금했고, 한 번씩 만져보고 의견을 나누기로 했다. 첫 번째 사람이 나서서 만진 곳은 코끼리의 코였다. 길고, 물컹물컹한 느낌이 꼭 뱀을 만지는 느낌이었다. 그리고는 이렇게 말을 했다. "이건 뱀이네." 두 번째 사람이 앞으로 나서서 만진 것은 코끼리의 다리였다. 단단하고 굵직한 것이 커다란 기둥같아 이렇게 말했다. "뱀이 아니라 기둥인데 뭘." 그리고 마지막 사람이 만진 부위는 코끼리의 꼬리였다. 가늘고 탄력성 있는 느낌이 기다란 로프 같았다. 그리고는 이렇게 말했다. "무슨 소리야, 기다란 로프 같은데." 과연 누구의 말이 맞는 것일까? 각자 본 것은 모두 다 진실이었다. 하지만 코끼리라는 거대한 동물을 이해하는 데에는 불충분했던 것이다. 각자에게 주어진 정보를 다양한 관점에서 바라보지 못하고 자신이 바라본 시각에서 정보를 판단했기 때문이다.

그렇다면 왜 다양한 소스를 참고하고, 다양한 관점에서 바라보아야 할까? 바로 인간의 두뇌가 가지고 있는 제한의 합리성인 편향 bias 때문이다. 인간의 두뇌는 자신에게 입력된 정보를 기반으로 판단하고 자신의 판단이 맞다는 것으로 강화하기 위해 비슷한 정보만을 받아들이기 때문이다.

셋째, 고객 접점의 현장에서 직접 체험하고 봐야 한다.

데보라 안코나 교수는 이에 대한 핵심역량은 바로 관찰력과 공감력이라고 말한다. 이를 가장 잘 실천하고 있는 기업이 세계적인 디자인 컨설팅 회사 아이디오 IDEO다. 관찰력은 고객 접점의 현장에서 직접 체험하기 위한 가장 기본적인 단계이며, 핵심이 된다. 이 단계의 주요 역할은 소비자를 철저하게 관찰하는 것이다. 그리고 수집된 다양한 데이터로부터

→ 아이디오 창립자 데이비드 켈리
(출처: Jonathan Chen, CC BY 2.0
⟨https://creativecommons.org/licenses/by/2.0⟩, via
Wikimedia Commons)

인사이트를 찾아내는 것이다. 관찰은 사람들이 무슨 일을 하는지, 어떻게 행동하는지 지켜보는 과정이다. 많은 기업이 체계적이고 과학적인 관찰을 통해 깊고 풍부한 통찰력을 얻기 위해 노력한다. 이것을 토대로 소비자 중심의 상품을 개발하기 위해서이다. 우리는 이것을 '관찰법 observational method'이라고 부른다. 아이디오의 디자이너들은 사람들의 행동을 집요하게 관찰하면서 다양한 아이디어를 얻는 것으로 유명하다. 대표적인 사례가 병원 응급실의 디자인 프로젝트였다.

아이디오는 한 병원의 응급실을 디자인해달라는 의뢰를 받았다. 이를 위해 응급실 담당자들과 간호사, 의사들과 심도 있는 인터뷰를

진행했고, 늘 환자와 함께 응급에 찾아오는 911 대원들과 사고 현장 부터 응급실 입구, 심지어 동선까지 체크하며 현장을 관찰했다. 그런 데 이상한 건 응급실에 실려오는 환자들의 입장은 들어볼 수 없다 는 것이었다. 그들은 응급실에 들어오면서부터 의식이 없는 경우가 많기 때문에 그 어떤 불편함이나 니즈를 물어볼 수 없었다. 궁리 끝 에 그들은 응급실에 실려오는 환자의 이마에 그들 보호자의 허가를 받고 초소형 카메라는 부착했다. 그런데 놀라운 건 10시간 정도 촬 영된 영상은 단지 병원 응급실의 천장만 찍혀 있을 뿐이었다. 어쩌 면 당연한 결과이지만 응급실 환자의 입장에서 바라보지 않았다면 전혀 생각하지 못할 내용이었다. 이를 통해 아이디오 디자이너들은 응급실의 천장을 활용하여 다양한 시각적 정보를 보여줄 수 있는 디자인을 구성하게 되었다.

두 번째 도구는 공감력인데, 공감은 철저하게 소비자의 입장에서 생각하고 느끼는 과정이다. 공감이 중요한 이유는 관찰하는 대상과 진심 어린 교감이 없다면 가치 있는 데이터를 얻어낼 수 없기 때문 이다. 사람들과 어울리면서 느끼는 공통의 감정을 공감이라고 하는 데, 논리적이고 냉정한 조사보다는 관찰 대상과 끊임없는 교감을 통 해 적극적인 공감을 해야 한다.

주방용품 제조업체 옥소OXO는 제품을 개발할 때 소비자들과의 공감을 가장 중시한다. 일반 가정에서 요리할 때 많이 사용하는 것

중 하나가 계량컵인데 정확한 혼합비율을 맞춰야 할 때 꼭 필요한 용기 중 하나이다. 그런데 계량을 위한 눈금이 용기의 옆면에 있다 보니 늘 몇 번씩 허리를 숙여야 하는 어려움이 있었다. 특히 노인들은 허리의 통증을 호소하는 사례도 많았다.

→ 옥소 계량컵
(출처: https://www.oxouk.com)

이 상황을 관찰하던 옥소는 그들의 불편함을 해결하기 위해 컵 안에 동그란 테두리가 사선으로 누워 있는 계량컵을 개발했다. 허리를 숙일 필요 없이 곧게 선 상태에서 정확한 측정이 가능하게 된 것이다. 앞에서 언급한 것처럼 사람들은 자신의 행동을 무의식적으로 반복한다. 이런 속성 때문에 수십 년 동안 일반 계량컵을 쓰면서 불편함을 참아왔다. 어느 누구도 이것에 대한 이견이나 불만이 없었던 것이다.

명심해야 할 것은 단지 단순한 관찰을 통해서는 이런 제품을 고안해내기 힘들다는 것이다. 소비자들과 공감을 통해서, 특히 일반 소비자들이 아닌 불편함을 절실히 호소하는 대상 남녀노소, 장애인, 비장애인,

왼손잡이, 오른손잡이 등에 대한 공감이 있어야 한다. 이를 일컬어 '유니버설 디자인'이라고 하는데, 옥소는 이처럼 단순하지만 명쾌한 답을 소비자와의 공감을 통해 만들어내고 있는 것이다.

유니버설 디자인 연구자이자 디자이너인 패트리샤 무어몸이 불편한 사람도 사용할 수 있는 주방용품 옥소 디자인에 참여는 2년 동안 노인 분장을 하고 캐나다와 미국 전 지역을 돌아다니며 노인들과 어울렸다고 한다. 그들의 생활을 밀착하게 관찰하며 그들과의 공감을 만들어내기 위한 작업이었다. 소비자들을 공감하기 위한 옥소의 노력은 세계적인 가정용품 기업으로 성장시킨 원천이다.

넷째, 공감을 통한 팀워크를 만들기 위해 신뢰를 기반으로 한 조직문화를 만들어라.

기업의 센스 메이킹은 대부분의 경우 개인 차원이 아닌 집단 차원에서 이루어지기 때문이다. 특히 기술이 복잡해지고 환경이 빠르게 변하는 상황에서, 리더 혼자 비즈니스에 관한 모든 것을 이해하는 것은 더욱 불가능해졌다. 특히, 센스 메이킹은 리더에게만 필요한 역량이 아니라는 것이다. 팀원들과 함께 만들어나갈 때 그 효과는 더욱 커진다고 한다. 이를 위해 데보라 안코나 교수는 엑스팀X-Team을 활용하라고 말한다.

엑스팀은 기업이 관료주의적 조직문화를 더 민첩한 형태로 바꾸고자 할 때 그러한 변화를 추진하는 수단 역할을 하는 팀을 의미한다. 자, 그렇다면 엑스팀의 모범 사례로 꼽히는 마이크로소프트로 가보자. 2007년 아이폰의 등장으로 시작된 모바일의 혁명은 마이크로소프트에게는 대형 악재였다. 캐시카우였던 PC 시장의 하락이 본격화되었기 때문이다. 여기에 2008년 마이크로소프트의 수장 빌 게이츠가 은퇴를 선언하고 그 뒤를 이어 스티브 발머가 회장으로 내정되었다. 하지만 그는 폭풍처럼 다가오고 있는 모바일 시장에는 전혀 관심이 없었다. 스티브 잡스가 아이폰을 발표했을 때도 500달러짜리 키보드 없는 이메일 기기라며 혹평을 가했다. 결국 2011년 정점으로 2017년까지 하락을 이어갔던 마이크로소프트는 사람들의 머릿속에서 점점 잊히기 시작했다.

난장이가 쏘아올린 작은 공 '애플의 아이폰'으로 인해 철옹성 같았던 PC 기반 산업은 나락으로 떨어지기 시작한 것이다. 하지만 이대로 무너질 마이크로소프트가 아니었다. 그들에게는 사티아 나델라 Satya Narayana Nadella라는 구원투수가 있었다.

그는 어떻게 마이크로소프트를 부활시킬 수 있었을까? 2014년 회장직을 물려받은 사티아 나델라는 2011년 아마존에 한참 뒤처진 클라우드 사업부를 맡으면서 향후 이 분야의 성장성을 예견했다. 시대의 흐름을 정확히 파악했고, 지금의 마이크로소프트의 현실을 직시했던 것이다. 그는 주변 사람들의 만류에도 불구하고 일찍이 AI와 클라우드 컴퓨팅 기술에 매진했다. 곧 일반화할 것이라고 확신했기 때문이다. 하지만 혼자만의 노력으로 해결될 문제는 아니었다.

그는 기존 서버 사업에 안주하며 집착하는 구성원들을 설득하기 시작했다. 혁신 저항·Innovation trap 의 함정에 빠져 있는 조직의 모습이었다. 이들에게 신뢰를 얻기 위해 일상적인 정보를 공유하고, 그들과 공감대를 형성해나갔다. 개별적으로 면담을 시도했으며, 상황을 인지할 수 있도록 질문을 던지고 경청했다. 나델라는 왜 클라우드가 비즈니스의 중심이 되어야 하는지 구성원들과 센스 메이킹을 했던 것이다.

하지만 이 과정에서 더욱 중요한 역할을 한 것은 성과관리 방법과 기준 변경을 통한 조직문화의 변화였다. 이를 위해 나델라는 경쟁과 사일로 현상을 부추기는 상대평가 시스템 스택 랭킹 Stack Ranking 을 과감히 버렸다. 그는 구성원 간의 협업을 강조하는 코넥츠 connects 를 통해 성과관리 시스템을 절대평가로 바꾸었다. 한마디로 경쟁을 부추기는 평가 방법을 팀원 간 협업을 우선으로 하는 방법으로 전환한 것이다.

또한 2018년부터 비판이라는 뉘앙스가 강한 '피드백' 용어 대신 '퍼스펙티브 perspective, 관점'라는 동료들 간의 관계를 지표로 만들어 팀원들의 아이디어와 제안을 어떻게 활용했다. 내가 팀원들의 업무에 어떤 기여를 했는지를 평가한 것이다. 바로 팀원들의 심리적 안정감 psychological safety 을 주어 서로에 대한 공감을 이끌어낸 것이다.

그렇다면 심리적 안정감이란 무엇을 말하는 것인가? 하버드 경영대학원 에이미 에드먼슨 교수는 그의 저서 《두려움 없는 조직》에서 조직 구성원이 업무와 관련해 그 어떤 의견을 제기해도 처벌을 받거나 보복당하지 않을 거라고 믿는 조직환경이라고 정의했다. 구글은 조직 성과 요인을 밝혀내기 위해 4년간 '아리스토텔레스 프로젝트'를 진행했다. 구글 안에서 특별히 높은 성과를 내는 팀의 특성을 파악하기 위해 심리학자, 사회학자, 통계학자가 참여하여 구글에 근무하는 3만 7,000명의 직원을 면밀히 조사하고 분석한 것이다. 결과는 놀라웠다. 당연히 능력이 뛰어난 팀원들이 모인 조직이 더 높은 성과를 낼 것이라는 예상을 뒤엎은 것이다.

구글에서 찾아낸 효과적인 팀이 가지고 있는 다섯 가지 공통점은 팀원이 제시간에 일을 마칠 수 있다거나, 구글의 탁월함에 관한 높은 기준을 충족시킬 수 있다는 믿음을 주는 신뢰도 dependability, 팀원들의 명확한 역할, 계획, 목표를 갖는 것을 의미하는 구조와 투명성 structure & clarity, 일이 팀원 개인들에게 중요하다고 느껴지는 의미 meaning, 자신의 일은 중요하며 세상의 변화를 만든다고 생각하는 영향력 impact 이라고 하였다. 여기서 눈여겨봐야 할 것이 심리적 안정감인데 효과적인 팀을 만드는 첫 번째 요인이자, 다른 네 가지 요인의 원천이라고 표현했다. 인간관계의 위험으로부터 근무환경이 안전하다는 믿음은 신뢰를 기반으로 하는 조직문화를 만들고 성과를 만들어내고 있는 것이다.

구글의 아리스토텔레스 프로젝트

1. 신뢰성: 팀 구성원은 자신의 일을 정해진 시간 내에 끝낸다.

2. 구조와 투명성: 팀 구성원은 명확한 역할, 계획, 목표를 가지고 있다.

3. 의미: 자신이 하는 일을 개인적으로도 의미 있는 일이라고 느낀다.

4. 영향: 팀 구성원은 자신의 일에 큰 의미가 있으며, 사회 전체의 이익에 긍정적인 영향을 미칠 것으로 믿고 있다.

5. 심리적 안정: 자신이 무능한 인간으로 보일 것을 두려워해 질문하거나 아이디어를 제시하는 데 주저하지 않는다.

다섯째, 100퍼센트 확신이 아니라 그럴듯한 가능성에 베팅하라.

우리가 아는 현실은 100퍼센트 정확한 것이 아니라, 비교적 정확한 것이기 때문에 상황에 따라 그럴듯한 가능성에 베팅하는 것이 예측 가능성을 높일 수 있다는 것이다. 이 실험을 진행한 사람은 펜실베 이니아대학 필립 테틀록Philip Tetlock 석좌교수이다. 그는 연구진과 함께 1984년부터 2004년까지 284명의 소위 경제, 정치 컨설팅 전문 가들을 대상으로 예측의 정확성에 근거한 토너먼트 실험을 진행했다. 놀라운 것은 예측의 결과가 전문가 집단과 비전문가 집단에서 차이를 보이지 않았고, 사회적으로 유명한 전문가의 예측이 오히려 틀릴 가능이 컸다는 것이었다.

2011년 이후 동료 학자들과 진행한 예측력과 판단력을 높이기 위한 프로젝트 Good Judgement Project 의 진행 결과는 신중한 태도를 가진 그룹이 미래에 대해 자신만의 확신을 가진 그룹보다 훨씬 더 예측 정확도가 높았다. 그 원인을 살펴보면 이 신중파들은 상세한 정보를 모았고, 자기와 다른 시각에 대해 개방적이었으며, 지속적으로 정보를 업데이트하였다. 또한 자신의 접근이 틀렸다고 생각했을 때 방향을 바꾸는 것에 망설임이 없었다.

그들은 100퍼센트의 확신보다는 자신들의 정보를 십분 활용해 확률에 따라 그럴 가능성이 큰 것에 베팅하는 사람들이었던 것이다. 이 실험 결과를 뒷받침해주는 것이 인지심리학에서 말하고 있는 확증편향 confirmation bias 현상이다. 한마디로 '사람은 보고 싶은 것만 본다'는 의미인데, 한 분야의 전문가일수록 자신이 원래 가지고 있는 생각이나 믿고 있는 신념을 확인하려는 경향이 강하다는 것이다. 사람들은 일반적으로 새로운 증거나 정보를 얻게 되면 기존의 믿음을 강화하거나, 유지하거나, 약화시키거나, 혹은 기존의 믿음을 버리고 새로운 믿음을 갖게 된다. 여기서 다양한 종류의 편향이 나타나는 것이다. 이 중 확증편향은 자신이 믿고 있는 현상이 틀렸다는 것을 보여주는 정보보다 그것이 맞았다는 정보를 비대칭적으로 선호하는 경향을 말한다.

예를 들어 우리가 사람의 성향을 구분하는 혈액형이나 MBTI 유형이 그것이다. A형은 소심하고 꼼꼼하다고 생각하는 '혈액형-성격

연관 이론'을 믿는 사람일수록 대범한 A형을 만난 숫자와 소심한 A형을 만난 숫자가 같더라도 소심한 A형에 가중치를 두어 대범한 A형은 예외사항이라고 치부한다는 것이다.

실제로 이러한 현상은 주식시장에서 개인들이 겪고 있는 현상이기도 하다. 내가 산 주식이 오를 것이라는 확신 때문에 긍정적인 재료가 되는 정보를 접하면 그 믿음이 더욱 강해지지만, 부정적인 재료가 되는 정보를 접했을 경우 거짓 정보로 치부하거나, 애써 외면하려는 경향이 강해지는 것이다. 변동이 강한 주식시장에서 개인이 수익을 보지 못하는 이유는 확증편향에서 확인할 수 있다. 이렇듯 센스 메이킹의 핵심인 정보 탐색과 해석 과정에서 확증편향은 새로운 정보를 거부하고 기존의 믿음을 강화함으로써 잘못된 의사결정을 낳을 수 있다. 확증편향은 특정 그룹의 구성원들에게 집단사고를 일으켜 구성원 간 갈등을 만들기도 한다. 응집력이 높은 집단일수록 집단의 화합과 일체성을 강조하여 반론 제기나 대안적 해법의 제시가 억압되는 것이다.

그렇다면 확증편향을 극복하기 위해서는 무엇을 해야 할까? 조직의 리더는 확증편향 현상의 메커니즘을 이해함으로써 확증편향의 덫에 빠지지 않을 수 있는데, 다음 세 가지 정도로 구분해볼 수 있다.

- 가능한 여러 가지 가설 중에서 어느 특정 가설에 너무 빨리

함몰되지 않는 것이다. 이를 위해서 다양한 정보를 충분히 수집하고 여러 가설의 타당성을 검증해야 한다. 또한 정량적인 데이터 분석을 통해 경험에 의한 휴리스틱을 경계하는 것이다. 결국 데이터를 기반으로 한 분석적 사고와 경험에 의한 직관적 사고를 적절하게 활용해야 한다.

- 한 가지 가설을 받아들이더라도 항상 '나의 믿음이 틀렸을 수도 있다'는 열린 마음을 가지는 것이다. 객관적이고 중립적 시각으로 새로운 정보를 처리하는 습관이 필요하다. 여기서 데이터 리더십이 발휘될 수 있는데, 조직 내 데이터를 기반으로 사고하는 문화를 만들어보는 것이다.

- 집단사고의 편향을 완화하기 위해 '악마의 변호인 devil's advocate'을 활용하자는 것이다. 'Why?'라는 질문을 스스럼없이 하는 악마의 변호인은 타인이 될 수도 있고, 자신이 될 수도 있다. Why라는 질문 한마디가 경험에 의한 추론적 사고 휴리스틱을 막아주고 확증편향으로 고정관념에 빠지는 어리석음에서 벗어나게 해줄 것이다.

급변하는 경영환경 속 조직의 방향을 보여줄 지도를 작성하라

• • •

MIT 슬론 경영대학원의 데보라 안코나 교수는 센스 메이킹을 다음과 같이 정의하고 있다. "지금 당신 회사에 무슨 일이 벌어지고 있나요?"라는 질문에 답을 찾아가는 과정이고, 이를 위해 모든 조직 구성원이 길을 안내할 지도를 작성하는 과정이라는 것이다.

점점 더 불확실해지는 디지털 경영환경에서 조직 구성원들에게 메이크 센스 make sense 를 제시해야 하는 리더에게 센스 메이킹은 핵심역량이 되고 있는 것이다. 그녀는 완벽한 리더십은 환상에 불과하며, 진정한 리더십은 오히려 리더 개인의 불완전성을 인정하고 다른 사람과 협력함으로써 약점을 보완하는 불완전한 리더십 incomplete leadership 에서 출발해야 한다고 말한다. 시시각각 변화하는 경영의 환경 속에서 완벽한 리더십은 있을 수 없고, 리더의 독단이 오히려 화를 불러올 수 있다는 것이다. 결국 조직 내부뿐 아니라 외부와도 협력해 책임과 임무를 공유하는 '분배적 리더십 distributed leadership'을 주창하고 있다. 즉 기업의 낯선 상황을 지도화 mapping 하여 미래에 대한 불안감을 떨쳐내는 것이 리더십이라는 것이다.

조직의 성과를 창출하기 위한 리더십에 정답이 없듯이 지도에는 정답이 없다. 정보의 수집과 해석에 따라 방향이 달라지고, 그에 따라 행동한 결과에 기반하여 지도를 수정해나가야 더 빠른 길을 찾을 수 있다. 이 과정에서 필요한 것은 팀원 모두가 데이터를 수집하고, 소통하고, 경험함으로써 더 포괄적인 그림을 그려낼 수 있도록 밖에서 벌어지는 일들에 대한 공통의 지도를 공유하고 협력해야 한다는 것이다. 이를 위해 조직의 리더는 네 가지의 역량이 필요한데 센스 메이킹 ^{sens making}, 관계 맺기 ^{relating}, 비전 제시하기 ^{visioning}, 새로운 것을 발명하기 ^{inventing}가 그것이다.

- **센스 메이킹**

급변하는 디지털 시대 우리의 나가야 할 방향을 정하기 위해 그럴듯한 지도를 만드는 과정이다. 지도를 만들기 위해서는 다양한 영역의 데이터가 필요한데, 조직 내 위아래, 타 부서와의 소통과 신뢰가 기본이 되어야 한다. 그리고 외부 이해관계자, 전문가, 해당 분야 마케터, 엔지니어, 과학자 등 이들과의 소통이 중심이 되어야 한다. 이것이 독단적인 리더십이 아닌 진정성과 공유를 기반으로 한 분배적 리더십이 필요한 이유다.

이때 중요한 것은 데이터를 위한 데이터를 모아서는 안 된다는 것이다. 우리가 처해 있는 비즈니스의 문제를 명확히 파악하고 정의한 후 키맨이 될 수 있는 데이터를 확보해야 한다.

- **관계 맺기**

집단활동을 위해 필요한 조직 내·외부 핵심인력들과의 관계 발전을 통해 다양한 아이디어 발상은 물론, 조직 구성원들의 헌신과 몰입을 이끌어내기 위함이다. 특히 최근 MZ세대를 중심으로 개인주의 성향이 강해진 조직에 신뢰와 개인의 역량을 배양할 수 있는 기회를 제공함으로써 다양한 형태의 관계 맺기를 추진할 필요가 있다.

- **비전 제시하기**

센스 메이킹의 목적지를 설정하는 과정이다. 센스 메이킹이 우리가 가야 할 길을 찾는 과정이라면, 다가올 미래 우리 조직은 어디로 가야 하는지 미래에 대한 설득력 있는 그림이라고 볼 수 있다. 목적지가 정해져 있지 않으면 가야 할 동력을 잃듯이, 비전을 제시하고 조직 구성원들의 행동 기준을 마련하는 것이 무엇보다 중요하다.

- **새로운 것을 발견하기**

조직의 비전을 실현하기 위해 일하는 방식과 생각하는 방식의 혁신을 만들어내는 능력을 말한다. 혁신에는 혁신 저항이 생기게 마련이다. 이를 극복하는 방식이 일하는 방식에 변화를 주는 것인데 조직의 문화와 시스템을 디지털 시대 적합한 구조로 변경함으로써 비전에 다가갈 수 있는 동력이 될 수 있다.

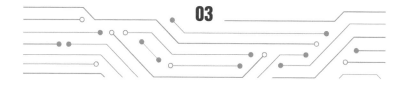

창의적
데이터 분석이란?

"고객들의 숨겨진 욕구를 찾기 위한 소비자 인사이트^{consumer Insight} 경영이 국내 기업의 화두로 떠오르고 있다."

10여 년 전에 국내 한 일간지의 기사 제목이다. 당시 국내외 기업들은 소비자를 이해하기 위해 심리학이나 인류학 전공자를 채용하고, 새로운 조직을 신설하는 데 열을 올리고 있었다. 그렇다면 여기서 언급한 '소비자 인사이트'는 무엇을 말하는 것일까?

소비자 인사이트의 개념은 2000년대 초 국내에 처음으로 소개되었다. 당시 기업들이 신성장 동력을 찾기 위해 트렌드처럼 도입한 개념이다. 이 단어의 의미는 '밖으로 드러나지 않는 소비자의 숨겨진 욕구와 행동의 자극 포인트'라고 말할 수 있는데, 소비자들을 행동하게 만드는 이유이자, 메커니즘을 파악하는 과정이라고 볼 수 있다.

많은 심리학자가 이에 대해 문제의 본질을 꿰뚫어보는 것이라고 말한다. 즉 사물이나 현상의 특징 혹은 관계를 명백하게 파악하는 심리적인 능력이라고 표현하는데, 쉽게 설명하자면 '어떤 행동에 대한 원인을 파악하는 능력'인 것이다.

"왜 사람들이 그런 행동을 하는 것일까?"를 궁금해했던 적이 있는가? 그것을 알아내는 것이 소비자 인사이트다. 다양한 분야에 널려 있는 정보들을 꿰어서 하나의 결과물을 만드는 '맥락적 사고'라고 볼 수 있다. 글자를 나눠보면 더 쉬워진다. 'in안+sight보다', '안을 들여다보는 행위'로 누구나 다 아는 상식이 아닌 다른 생각을 알아내는 과정이다. 안을 들여다보는 것, 상식을 뒤엎는 것, 상식 아래의 마음을 발견하는 것, 무엇what이 아니라 왜why를 알아내는 과정이라고 보면 된다.

소비자 인사이트는 인간의 경험을 연구하는 '휴먼 인사이트human insight'에서 나오는데, 보통 3단계로 구분한다.

· 1단계

SNS, 인터넷, 소셜 플랫폼 수준의 일상생활 경험들이다. 가장 접근하기 쉬운 단계이기도 하다. 최근 소셜미디어의 진화는 소비자의 개념을 바꾸어 놓았는데, 단순히 물건을 구매하는 객체가 아니라 데이터를 끊임없이 만들어내는 주체로 바꾸어 놓은 것이다. 이들은 자신이 좋든 싫든 소셜미디어 플랫폼을 통해 데이터를 만들어낸다. 하루에 3~4시간 접속해 있는 플랫폼을 통해 취향을 보이고, 온라인 사이트의 구매 데이터를 통해 구매 성향을 보인다. 심지어 웹서핑을 통한 자신의 관심 영역과 구매후기를 통해 제품 판매에 영향을 미치기도 한다. 소비자들이 만들어내는 데이터는 AI라는 분석도구를 통해 이들의 생각과 행동을 파악하기 용이하게 만들고 있는 것이다.

• 2단계

TV, 영화, 라디오, 공연 등의 대중문화로 트렌드라는 표현을 쓰기도 한다. 소비자 리서치가 이 단계에서 시행된다. 고객의 형태는 그들에 의해 생성되는 다양한 데이터로 많은 것을 파악할 수 있지만 비합리적인 행동으로 인해 현상을 왜곡하는 경우가 많다. 이것을 편향이라고 부르는데, 인간은 합리적인 의사결정을 할 것 같지만 그렇지 않다는 것이다. 따라서 현장에서 고객을 직접 만나 인터뷰를 진행하거나, 심도 있는 관찰을 통해 소비자의 행태를 분석하는 과정이라고 보면 된다.

• 3단계

예술, 과학, 종교, 인문학 등 흔히 문사철이라고 불리는 영역으로 가장 높은 수준을 요구한다. 이 영역은 고도로 훈련되지 않으면 습관화된 일부분의 인사이트만 끌어낼 수 있어서, 대부분의 사람은 대중문화 혹은 일상생활 수준에서 인사이트를 도출해낸다. 이러한 상위 레벨 수준을 우리는 '에스노그라피 Ethnography, 민족지학'라고 한다. 과거 사람들이 만들어낸 다양한 발자취들을 탐구하고 현대적 관점으로 재해석하는 것을 말한다.

에스노그라피는 어떤 하나의 문화를 기준으로 묶일 수 있는 민족 집단에 참여하여 그들이 경험하는 일상의 의미를 생생하게 해석하는 연구 방법론이다. 여기서 가장 중요한 것은 그 집단이 가지고 있는 문화적 맥락 context 를 이해하는 것이다. 예를 들어보자.

"사람들은 왜 차를 마시는가?"라는 질문을 받는다면 무엇이 가장 먼저 떠오르는가? 일상생활 수준에서 사람들의 행동 패턴을 보면 단지 웰빙 정도의 개념이 가장 먼저 떠오른다. '건강을 가장 먼저 생각하는 현대인들의 트렌드' 정도 수준일 것이다. 그런데 그 집단의 컨텍스트로 들어가면 차 문화 Tea culture 를 논하며, '사회 저변에 확대되어 있는 문화적 현상'으로 설명할 것이다. 그리고 '차 문화의 발전과 역사적 유래를 논하면서 인간이 차를 마시게 된 현상'을 이해하고 차를 마시는 행위가 단순히 건강을 위한 트렌드를 넘어서 인간의 삶을 풍요롭게 해주는 매개체로 인지하게 된다.

그렇다면 왜 디지털 시대 소비자 인사이트에 집중해야 하는가? 첫 번째 이유는 인간의 행동은 문화라는 맥락에 기초하기 때문이고, 두 번째 이유는 그 대상이 디지털 트랜스포메이션을 주도하고 있는 디지털 네이티브라는 것이다. 특히 기술의 발달은 수많은 데이터를 수집할 수 있게 되었고, 그 데이터를 분석할 수 있는 AI의 비약적인 성장과 함께, 결국 그 핵심은 사람이기 때문이다.

사람은 변하지 않는다, 단지 환경에 적응해갈 뿐이다

• • •

"백화점 남성휴게소 속속 등장"

2005년 국내 한 신문의 타이틀이다. '백화점들이 부인이나 여자 친구를 따라 마지못해 쇼핑에 나선 남성들을 위한 전용 휴게소를 속속 마련하고 있다. 이 같은 시설은 남성에게는 휴식의 장을, 여성에게는 여유 있게 쇼핑할 기회를 제공한다는 점에서 호응이 좋다' 라는 내용도 함께 실었는데, 백화점에 왜 이런 시설이 생기게 된 것일까?

2017년 국내 한 신문에는 '남녀의 쇼핑 습관 차이'라는 기사가 올라왔다. 남녀의 쇼핑에 차이가 있다는 것인데, 결론은 남녀의 쇼핑 행동 차이는 전 지구적인 현상이라는 것이다. 예를 들어 청바지를 구입할 때 남녀의 쇼핑 행동 차이는 무엇일까? 먼저 여성들은 대개 백화점에 있는 청바지 매장을 다 돌아보고, 한 매장 안에서도 모든 종류의 청바지를 다 훑어본다고 한다. 마음에 드는 옷은 반드시 입어보지만, 그렇다고 곧바로 사지는 않는다는 것이다. 그것도 부족해 백화점 근처에 있는 청바지 숍이나 근처 다른 백화점을 둘러보는 수고도 마다하지 않는다고 한다.

그러면 남성은 어떨까? 백화점 남성 코너로 곧바로 올라간 후, 평소 자주 가는 브랜드 매장에 가서 "32-36 주세요"라고 말한 후 대개 입어보지도 않고 산다고 한다. 세일이라도 하면 좋겠지만, 굳이 백화점 세일을 챙겨가며 쇼핑을 하는 남성은 드물다고 한다. 평소 몸이 좀 불었다고 느껴지면 피팅룸에서 입어보는 정도가 남성이 옷을 구입하기 위해 들이는 최고의 노력이라는 것이다. 즉 남성은 구매 목적지로 직진하며, 여성은 진열대를 샅샅이 훑으면서 제일 나중에 구매 목적지로 간다.

이 기사를 방증하는 실험이 2003년 미국의 한 의류회사에 진행되었다. 실험의 내용은 간단했다. 남성과 여성에게 동일한 미션을 주고 그 미션을 수행하는 데까지 얼마의 시간이 소요되는지 측정한 것이다. 미션의 제목은 백화점에 들어가서 갭 Gap 매장에서 바지 한 벌을 사 가지고 오라는 것이었다. 참가자들은 모두 백화점 내 갭 매장이 어디에 위치되어 있는지 숙지되어 있었고, 쇼핑하는 데 어떠한 제약도 없이 그냥 사 가지고 오면 된다는 미션이었다.

결과는 어떻게 되었을까? 놀랍게도 남성들이 미션을 수행하는 데 걸린 시간은 평균 6분이었는데, 여성들이 미션을 수행하는 데 걸린 시간은 무려 평균 3시간 26분이었다는 것이다. 사실 결과는 중요하지 않다. 대부분 예측이 가능한 시간대였기 때문이다. 여기서 주목해야 할 부분은 20년 전이나 지금이나 동양이나 서양이나 남녀의 소비 행동은 동일한 패턴을 보인다는 것이다.

그래서인지 2013년 호주의 이케아 매장에 맨스랜드 Mans Land 라는 남성 휴게소가 생겼다. 그리고 2016년부터 중국의 백화점에 남성 휴게소가 급속도로 증가하기 시작했다. 이러한 현상은 디지털 미디어의 발달로 인해 더욱 가속화하고 있는 추세이다.

이제는 문화의 차이에 의한 행동의 차이도 점점 없어지는 추세다. 바로 유튜버 같은 소셜미디어가 인터넷 접속이 가능한 온 지구를 하나의 문화권으로 만들어 놓았기 때문이다. 따라서 디지털 트랜스포메이션의 주도자인 디지털 네이티브의 등장과 민족지학이라는 학문적 바탕은 우리가 소비자 인사이트에 관심을 갖을 수밖에 없도록 만들고 있다.

인문학에서 디지털 트랜스포메이션 시대를 바라보다

• • •

미시건주립대학에서 재미있는 연구를 진행했다. 연구진들은 노벨상을 수상하는 학자들이 동일 전공의 학자들과 어떤 차이점이 있을지 궁금했다. 연구 결과에 의하면 노벨상 수상자들과 그 밖에 과학자들이 예술 활동을 하는 비율을 비교했을 때 악기 연주, 작곡, 지휘 등의 취미를 지닌 과학자들이 그렇지 않은 과학자들보다 노벨상 수상 확률이 2배가 높았다. 그리고 스케치, 유화, 판화, 조각 등의 미술은 7배, 목공, 기계, 전기, 유리 등의 공예는 7.5배, 시, 희곡, 소설, 에세

이, 대중서 등의 글쓰기는 12배, 무용, 마술, 연극 등의 공연은 22배나 높게 수상을 했다고 한다. 특히 미국 성인을 대상으로 한 연구 결과에서도 비슷한 결과가 나왔는데, 창업을 하거나 특허 출원을 많이 한 사람들은 스케치, 유화, 건축, 조각, 문학 등과 관련된 취미를 갖고 있었다. 결국 이러한 사람들과의 관계가 심층적 경험과 폭넓은 경험이라는 독특한 조합을 만들어내어 창의력을 증진한다는 것이다.

이 연구가 의미하는 바는 무엇일까? 조직 내에서 일을 잘하기 위해선 무엇보다 자신의 영역에 대한 전문성이 가장 중요하다. 하지만 조직 내에서 창의적인 아이디어로 혁신을 만들어내기 위해선 해당 분야의 전문성만 가지고는 힘들다는 것이다. 바로 사람을 다루는 학문인 인문학이 뒷받침되어야 한다는 것이다. 바로 소비자 인사이트를 얻기 위한 사전작업인 셈이다.

이를 방증하듯 2007년 말, 《인문의 숲에서 경영을 만나다》라는 책이 발간되면서 경영계에 인문학 열풍이 불기 시작했다. 그 당시 많은 기업에서 인문학에 관심을 보이기 시작했는데, 21세기 초 경쟁 시대에 인문학적 상상력이 없으면 결코 경쟁에서 승리할 수 없다고 강조했다. 또한 철학과 윤리적 기반이 없으면 기업의 지속 성장을 보장할 수 없다고 한 것이다.

그런데 왜 이런 현상이 발생했을까? 돌이켜보면 당시 기업 경영자들은 리더십의 영역을 넘어서 인간 본연의 모습에 관심을 갖기 시작했다. '문사철'이라는 인문학에서부터 음악, 미술, 과학 등 예술 분야에서까지 리더십을 논했고, 창의성을 찾기에 혈안이 되어 있었다. 그 당시 우리가 인문학에 주목했던 이유는 '통찰의 힘'을 키우기 위해서였다. '통찰'은 예리한 관찰력으로 사물을 꿰뚫어보는 것이고, 처음부터 끝까지 모두 훑어 두루 살피는 것이라는 의미이다. 결국 인사이트와 같은 의미로 사용되고 있다. 특히 4차 산업혁명의 패러다임이 시작된 이후로 대부분의 기업이 사람 중심이 아닌 기술 중심으로 전략을 수정하고 있다. AI, 빅데이터, 스마트팩토리, 플랫폼만 있으면 디지털 트랜스포메이션이 가능하고, 새로운 시대 지속 성장이 가능할 것이라는 착각에 빠지지 말아야 한다.

그렇다면 무엇부터 해야 할까? 인문학적인 식견에서 인사이트를 키우기 위해서는 휴먼 인사이트, 즉 '인간에 대한 이해'부터 시작해야 한다. 여기서 우리가 주목해야 할 첫 번째 개념이 바로 자아 self 이다. 자아의 개념은 한 인간의 행동을 움직이는 핵심적인 특징을 말한다. 심리학에서는 그 사람이 선택한 심리적 특성으로 보고, 그 사람이 보인 특성에 맞는 것을 선택하는 과정이라고 설명한다. 또한 현상학 Phenomenology 에서는 자아의 개념을 환경과 자신에 대한 의식적인 자각이며, 개인이 과거와 현재의 경험에 의해서 자아 행동에 영향을 준다고 했다. 사회과학 분야에서는 다른 사람의 지각 perception 에 의한 것 혹은 인간의 내적 본성 혹은 내적 잠재력으로 보았는데, 개인의 행동을 설명하기 위한 핵심적인 개념으로 본 것이다.

이렇듯 자아 개념이 중요한 이유는 사람들은 자아 개념과 일치하는 것이 개인에게 가치 있는 것이라고 생각하며, 자아 개념을 보호하고 강화하려는 방향으로 행동하기 때문이다. 일반적으로 인간에 대한 영역을 얘기할 때 크게 세 가지로 분류한다.

인간에 대한 영역

- 성취, 야망, 부, 존경, 권력, 명예, 영향력 등을 말하는 '인간과 사회의 영역'이다. 버지니아 공대 조셉 서지 Joseph Sirgy 교수는 이 영역을 사회적 자아 일치성 social self congruity 이라고 표현하고 있다. 사람들은 사회적 자아 개념과 일치하는 소비를 통해 사회집단들 간의 동질성 및 소속감을 느끼려고 한다는 것이다. 이런 요소들은 마케팅에서 많이 활용되고 있다. 대표적인 소비행위로는 자신을 과시하고 싶어서 비싼 명품을 사들이는 '베블런 효과 Veblen effect', 유행에 민감하고 적극적으로 동참하려는 심리가 소비 행위로 나타나는 '밴드웨건 효과 Bandwagon effect', 반대로 다수의 소비자가 구매하는 제품을 꺼리는 구매심리로 제품을 구매할 때 남과 다른 자신만의 주관이나 개성을 추구하는 방식으로 의사결정을 내리는 '스놉 효과 Snob effect'가 있다.
- 건강, 사랑, 유대감, 공감, 감정, 갈등, 부부, 친구 등을 말하는 '인간과 정서의 영역'이다.
- 행복, 오감, 체험, 본능, 유희, 흥미, 새로움 등을 말하는 '인간과 재미'의 영역이다. 이 영역의 요소들은 마케팅에서도 가장 많이

활용되는 아이템이다. 소비심리에서는 이상적 자아 일치성 Idea self congruity 이라고 말하는데, 소비자들은 이상적 자아 개념과 부합하는 소비 형태를 취함으로써 자아 이미지를 향상하려는 경향을 갖는다는 것이다. 이들은 이상적인 라이프 스타일이나 소비 형태에 대한 이상적 자아 개념을 가지고 자신의 이상적 자아 이미지와 부합하는 제품 및 브랜드에 대해 높은 선호도와 충성도를 갖는다. 대표적인 사례가《트렌드코리아》키워드로 선정된 디깅 모멘텀 Digging momentum 이다.

한 분야에 빠진 덕후들이 세상을 바꾼다

• • •

"꽂히면 무조건 산다! MZ세대의 디깅 소비"

뉴스의 한 장면에 소개되었던 문구다. 매장이 문을 열기 전에 길게 늘어선 줄은 매장문이 열리자마자 뛰기 시작하는 사람들로 혼잡을 이루는 장면이었다. 어느 한 브랜드의 신발을 사기 위해 벌어진 해프닝이었다. 이는 샤넬 등의 명품매장에서도 흔히 볼 수 있는 풍경이 되었다. 한정판이라면 웃돈을 주고서라도 구매에 열을 올리는 사람들 바로 오타쿠, 덕질이라고 불리는 디깅 Digging 소비자들을 말한다.

디깅 소비란 무엇을 말하는 것일까?《트렌드코리아》에 소개된 이 개념은 자신이 좋아하는 영역을 깊게 파고들며 관련된 제품을 구매하는 소비를 말한다. 디깅 소비의 핵심은 바로 이상적 자아 일치성이다. 내가 이상적으로 동경하는 SNS 셀럽들과 연예인들의 착용으로 유명세를 얻은 테니스화들, 한정판 스니커즈, 콜라보 운동화 등 제품이 표현하는 이미지들은 그들에게 중요한 가치가 되기 때문이다.

이러한 현상은 코로나 팬데믹으로 위축된 자신이 삶과 점점 심화하는 양극화의 사회적 갈등 그리고 경기침체로 인한 사회적 불안들을 극복하고 자신만의 행복 전환점을 찾으려는 시도로부터 시작되었다. 현실은 그렇지 않지만 잠시라도 내가 정말 좋아하는 것에 몰두함으로써 스트레스를 해소하고 행복을 느낄 수 있기 때문이다. 이들은 자기만족에 머무르지 않는다. 남들보다 더 전념해서 즐기고 있다는 것에 재미와 행복을 느끼고 이를 소통하며 자랑하기까지 한다.

《트렌드코리아》에서는 디깅 소비의 유형을 세 가지로 구분하고 있는데, 그 첫 번째가 콘셉트형 디깅이다. 이는 몰입의 재미를 위해 콘셉트에 열중한다는 의미로 함축적 이미지를 콘셉트로 삼고 집중하기 힘들 때 그 콘셉트를 적용하여 효율을 향상하는 방법이다.

두 번째는 관계형 디깅인데, 타인과 소통하며 특정 대상에 함께 몰입하는 방식이다. 대표적인 사례가 가수, 아이돌, 배우, 캐릭터에 몰입하는 팬덤 현상이다. 팬덤은 일반문화 소비자들에 비해 자신의 문화 취향을 보다 적극적으로 추구하는 사람들로 구성된 집단으로 팬덤 대상의 정보를 수집하고 이를 즐길 수 있는 공간을 쫓아다니며 열광적인 애정을 표시한다. 케이팝 스타들의 팬덤 현상이 대표적이다. 최근 넷플릭스 드라마를 통해 오징어게임이라는 캐릭터와 놀이에 대한 팬덤 현상도 대표적 관계형 디깅 현상이다.

세 번째는 특별한 물건이나 경험 수집으로 만족과 과시를 보이는 수집형 디깅이다. 이들은 크게 문화나 공연을 체험하는 경험형 디깅과 캐릭터나 물건을 수집하는 수집형 디깅으로 구분할 수 있다. 경험형 디깅은 클래식이나 뮤지컬 공연을 연 300회 이상 전국을 다니며 관람하고 인증사진을 찍어 공연평과 함께 인스타에 올린다. 얼마나 많은 공연을 관람했느냐가 이들에게 자랑거리이자 행복의 기준이 된다. 수집형 디깅의 경우 자신이 좋아하는 한정판을 모으거나 캐릭터 상품을 구입해 방 하나에 가득 진열해 놓고 과시하듯 사진을 올린다. 여기서 중요한 건 사는 행위에서 나아가 소셜미디어에 자랑질을 하면서 자신의 존재를 인정받고 싶어 한다는 것이다.

인간의 심리를 탐구하는 학문, 바보야! 문제는 사람이야

· · ·

인간에 대한 이해에서 두 번째로 주목해야 할 개념은 '인간은 우리가 생각하는 것처럼 합리적으로 생각하고 행동하지 않는다는 것'이다. "우리 인간은 정신이 없고, 약간 과체중인 경향이 있으며, 일을 미루고, 지나치게 자신감이 넘치는 것으로 유명하다. 결정적으로 인간이 오류를 범할 수 있는 존재라는 사실을 인정하고 나면 더 나은 결정을 내릴 수 있는 방법들을 알아낼 수 있을 것이다." 2017년 노벨경제학상을 받은 리처드 탈러 Richard Thaler 의 말이다. 그는 제한된 합리성 bounded rationality 에 기반한 경제학 분야인 행동경제학을 체계화해 학문적으로 확립했다는 공로로 노벨경제학상을 받았다. 그가 말한 제한된 합리성이란 인간은 해결해야 할 문제의 크기가 문제를 해결할 수 있는 능력보다 큰 경우 완벽하게 합리적일 수 없다는 것을 말한다.

그가 연구한 사례를 예로 들어보자. 두 가지 상황이 있다.

첫 번째 상황은 걸리면 일주일 내에 무조건 죽게 되는 무서운 질병이 있는데 당신이 걸릴 확률은 0.001퍼센트이다. 만약 이 병을 100퍼센트 예방할 수 있는 백신이 있다면 당신은 얼마에 사겠는가?

두 번째 상황은 건강한 당신이 0.001퍼센트의 확률로 죽을 수도 있는 의학 실험을 실시할 예정이다. 만약 당신이 이 실험에 참여하게 된다면 당신은 보상으로 얼마를 받아야 적당하다고 생각하는가?

두 상황에서 사람들은 각각 얼마의 돈을 제시했을까? 실험의 결과는 두 상황에서 제시한 금액의 차이가 생각보다 컸다. 첫 번째 상황에서는 평균 200달러를 불렀는데, 두 번째 상황에서는 평균 1만 달러가 넘는 돈을 불렀다는 것이다. 왜 이렇게 큰 차이가 나는 것일까? 어차피 죽을 확률은 같고, 확률은 아주 작은데 말이다. 핵심은 첫 번째 상황은 이득을 주는 반면에, 두 번째 상황은 손실을 준다는 데 있다. 위험은 동일한데도 불구하고 사람들은 이득과 손실 중 어느 방향으로 영향을 미치는지에 따라 다르게 반응한다는 것이다. 결국 사람들은 실패와 손해를 본능적으로 회피하려 하고 현재의 상태를 유지하길 바라면서 의사결정과 행동을 한다는 것이다. 이는 탈러가 실험한 손실회피 성향 loss aversion 에서도 잘 나타난다.

"만약 당신에게 한 사람이 다가와 게임 참가를 제안한다. 제안의 조건은 동전을 던져서 앞면이 나오면 5,000원을 그 사람에게 주면 되고, 만약 동전의 뒷면이 나오면 나에게 1만 원을 준다는 것이었다. 당신은 동전의 앞면이 나오게 되면 5,000원을 잃게 되지만, 운이 좋아 동전의 뒷면이 나오게 되면 1만 원의 돈을 받게 되는 것이다. 동전 던지기에서 뒷면이 나올 확률은 정확히 5:5이다. 당신은 어떤 선택을 하겠는가?"

실험 결과 이 제안을 받은 사람들 중 8~9명은 제안 자체를 거절했다고 한다. 확률적으로 따지면 2,500원을 따는 게임인데도 말이다. 행동경제학들에 의하면 인간은 불확실한 이익보다는 확실한 손해를 더 크게 체감한다는 것이다. 바로 손실회피 성향을 말하는 것이다. 얻는 것에 대한 만족감보다 잃는 것에 대한 박탈감이 적어도 2배 이상 민감하다는 것이 손실회피 성향에 대한 사람들의 반응이다. 손실회피 성향을 보이는 가장 대표적인 원인 중 하나가 바로 리처드 탈러에 의해 제기된 '보유 효과 Endowment effect'다.

보유 효과가 발생할 때 우리 뇌를 살펴보면 그 이유가 좀 더 명확해진다. 우리 뇌는 손실과 이득을 서로 다른 부위에서 관장한다. 이득은 이성적 사고와 관련된 쾌락 중추인 측좌핵과 보상을 기대하는 내측 전전두엽에서, 손실은 본능적 사고와 관련된 고통과 손실을 예상하는 뇌섬엽에서 관장한다. 예를 들어 우리가 위험한 투자를 결정할 때 측좌핵과 뇌섬엽이 동시에 작동하는데, 일반적으로 이성보다는 본능이 우세하게 작동한다. 손실을 더 크게 생각한다는 의미다.

2008년 스탠퍼드대학 브라이언 넛슨 B. Knutson 은 24명의 남녀 뇌에서 전두엽에 자리 잡은 측좌핵 등을 기능성 자기공명영상 fMRI 장치로 들여다보는 실험을 통해 손실에 대한 두려움이 보유 효과의 핵심 요인임을 밝혀냈다. 결국 보유 효과는 아끼는 물건에 대한 애착이 아닌, 단지 자신의 소유물을 남에게 넘기는 것을 손실로 여기는 심리 상태라고 보면 된다. 행동경제학은 심리학, 사회학, 문화학 등 다양한 학문의 관점에서 인간의 행동을 해석하는 경제학의 한 분야이다. 전통적인 경제학은 인간을 합리적인 존재로 보았다. 인간은 자신의 욕구를 충족하기 위해 이기심을 갖고 있으며, 늘 합리적으로 행동하고, 알고 있는 정보도 완벽하다고 가정하였다. 또한 상황이 반복되더라도 같은 선택을 한다는 이론을 펼쳐나간 것이다.

이들은 일부 개인들은 비합리적일 수 있지만, 많은 사람이 참여하는 시장에서는 장기적으로 합리적인 결과가 나타나며, 만약 비합리적인 결과가 나타난다면 그것은 외부 환경에 의해 영향을 받기 때문이라고 보았다. 하지만 행동경제학자들은 인간은 제한된 합리성에서 적당한 대안을 선택하고, 인지 능력 한계로 지나치게 많은 정보가 주어지면 합리적 판단을 포기하는 경향도 있다는 것을 실험으로 실증한 것이다.

그렇다면 행동경제학자들이 실험을 통해 주장하는 대표적인 편향들에는 어떤 것들이 있을까?

첫째, 현상유지 편향 status quo bias

리처드 탈러 교수와 동료들은 실험을 통해서 사람들은 물건에 대한 소유를 포기하는 것을 손실로 받아들인다는 것을 알아냈다. 그리고 대체로 이익보다 손실을 더 크게 느끼고, 본능적으로 이를 회피하려고 한다는 것을 밝혀낸 것이다. 즉 지금 내가 가지고 있는 것은 괜찮은 것이기 때문에, 쓸데없이 바꿨다가는 손해 볼 것이라는 두려움이 생겨 현상유지 편향을 만든다는 것이다. 이것은 혁신 저항의 이유이자, 변화를 근본적으로 싫어하는 태생적 이유이기도 하다.

둘째, 똑똑한 사람이 어리석은 선택을 하게 만드는 심적 회계 mental accounting

심적 회계는 똑똑한 사람들이 어리석은 선택을 하게 만든다. 심적 회계는 돈에 붙은 이름표라고도 하는데, 사람들은 돈을 구분해서 생각한다는 의미다. 옛말에 쉽게 번 돈은 쉽게 나간다는 속담이 있다. 같은 돈이라도 쉽게 벌면 어렵게 번 돈에 비해 가치가 떨어져 쉽게 써버린다는 말이다. 왜 이런 행동을 하는 것일까?

자신도 모르게 꼬리표가 붙은 심리적 계좌 때문에 인지 오류를 만드는 것이다. 그런데 더 놀라운 것은 사람들 대부분은 너무 직관적이고 감정적이어서 자신이 왜 그런 행동을 했는지 인지하지 못한다는 것이다. 가끔 언론상에 로또 복권에 당첨된 사람들이 몇 년 만에 재산을 탕진했다는 기사들이 여기에 해당한다.

셋째, 재앙을 부르는 판단의 함정 소유 효과 Endowment effect

행동경제학자 탈러와 커너먼은 재미있는 실험을 진행했다. 실험 참가자를 두 집단으로 나누고 한 집단에게는 머그컵을, 다른 집단에게는 현금을 제공했다. 그리고 머그컵을 받은 집단에게 이 컵을 얼마에 판매하고 싶은지 물었고, 현금을 받은 집단에게는 그 머그컵을 얼마에 구매하고 싶은지 물었다. 결과는 어떻게 되었을까? 현금을 받은 집단의 지불 의사는 평균 2.75달러였는데, 머그컵을 받은 집단의 판매금액은 평균 5.25달러였다. 머그컵을 갖고 있지 않은 집단보다 머그컵을 소유하고 있는 집단이 자신의 머그컵 가치를 2배나 높게 평가한 것이다. 실제 자신의 머그컵이 아닌데도 소유 효과가 작동하고 있다는 것을 실증한 셈이다. 이러한 소유 효과는 손실회피 성향을 거쳐 현상유지 편향으로 이어진다.

마음을 정확하게 측정하려면 무엇이 필요한가?

• • •

심리학은 눈에 보이지 않는 인간의 마음을 측정하여 인간과 사회를 좀 더 잘 이해하려는 학문이다. 그런데 눈에 보이지 않는 인간의 마음을 어떻게 측정할 수 있을까? 지금부터 인간의 마음을 측정하는 방법을 알아보자. 심리학에서 인간을 보는 관점은 과학기술의 발전에 따라 변화되어왔다. 최근에는 디지털 컴퓨터에 영향을 받은 정보처리론적 접근법에 의해 인간을 정보처리 기계로 보고 있는데, 이 관점은 현 심리학의 이론적 틀을 형성하고 있는 접근법이다. 이는 다양한 인지 과정에서 정보의 입력과 출력이 발생하고, 그 결과로 행동의 변화가 일어나는 과정을 모형화한 것이다.

그런데 이런 자료들은 심리학에서 실험 조작을 통해 측정하게 된다. 이 경우에는 설계된 실험 조건만 관찰하면 되므로 자료가 많이 필요하지도 않고, 측정도 어렵지 않다. 심리학에서 마음을 측정하는 또 다른 방법에는 다양한 심리검사가 있다. 심리검사는 인간의 마음을 측정할 수 있게 하는 모든 종류의 논리, 방법, 절차, 도구를 의미한다. 주요 변수들 간에 관계를 비교하여 인간을 이해하려는 방법론인 것이다. 예컨대, 우울증을 갖고 있는 사람들이 술을 더 많이 마시는지, 감성 지능이 높을수록 리더십을 더 발휘하는지, 디지털 역량이 높을수록 업무 몰입도가 높아지는지 등 변수들 간에 상관관계를 분석해서 의미 있는 결과를 도출해내는 것이다.

이 방법은 실험법에 비해 엄격하지는 않지만, 연구자는 창의성을 발휘해서 연구 모형을 설계하고 설문지를 구성하며, 대상자를 선정해야 하는 번거로운 절차를 거쳐야 한다. 이 역시 수집되는 자료가 많지 않다는 특징이 있지만, 눈에 보이지 않는 인간의 마음을 측정하기에 정확도가 떨어진다는 단점을 가지고 있다. 또한, 측정에서 오는 오차가 발생할 수 있고, 오차의 종류도 케이스에 따라 다양하게 발생할 수 있어 최근에는 측정의 오류를 최소화하기 위해 데이터 분석과 디지털 기술을 활용해 검사를 개발하기도 한다.

검사 대상의 성격과 특성에 적합한 질문이 생성되는 맞춤형 검사도 개발되었고, 빅데이터를 활용하여 감정 분석 인공지능을 이용한 심리 분석과 플랫폼을 개발하는 소프트웨어 전문회사도 생겼다. 그렇다면 이들의 검사 결과가 타당성을 담보할 수 있을까? 문제는 과학적으로 타당하다는 증거는 어디서도 찾아볼 수 없다는 것이다. 우리가 인간의 행동을 탐구하는 심리학과 행동경제학에 주목하는 이유가 바로 여기에 있다. 디지털 시대에 살고 있는 우리는 다양한 장소에 우리의 마음을 저장시키고 있다. 아마존과 같은 포털 사이트를 통해 소비에 대한 정보를 저장하고, 넷플릭스를 통해 개인 취향을 저장하기도 한다. 개인의 성향이나 생각, 태도를 페이스북이나 인스타, 트위터 등에 기록하고, 구글을 통해 평소에 어디에 가는지, 무엇에 관심이 있는지를 표출하고 있는 것이다.

빅데이터라고 불리는 이러한 자료는 실험실이 아닌 실생활에서 발생성되었기에 정제되어 있지 않지만, 본인의 마음을 정확히 대변하고 있다는 장점을 가지고 있다. 하지만 이 데이터를 분석하는 인공지능과 빅데이터 분석 도구는 만능이 아니기 때문에 우리에게 인사이트를 주는 데 한계가 있다. 전형적으로 너무 모호해서 누구에게나 적용 가능한 설명을 특정한 개인에게 적용되는 것처럼 받아들이는 바넘 효과 Barnum effect, 사람들이 일반적으로 가지고 있는 성격이나 심리적 특징을 자신만의 특성이라고 무비판적으로 받아들이는 심리적 경향가 나타날 수 있기 때문이다. 쉽게 말하면 코에 걸면 코걸이, 귀에 걸면 귀걸이인 식으로 해석이 가능한 것이다.

이를 보완해 분석 결과의 타당성을 높이기 위해서는 관찰, 공감, 통찰을 통해 얻은 소비자 인사이트가 기반이 되어야 한다. 인공지능과 빅데이터 분석은 인간의 마음을 측정할 수 있는 훌륭한 도구이다. 하지만 간과하지 말아야 할 것이 있다. 새로운 도구를 가지고 예측한 결과가 타당한지 검증하는 과정이 있어야 한다는 것이다. 모든 것이 완벽할 수 없지만 인간 본연의 행동을 연구하는 인문학, 철학, 예술, 역사에 기반한 소비자 인사이트가 대안이 될 것이다.

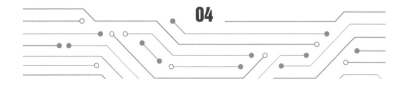

감각을
데이터화하다

"수십 마리로 출발했던 그들은 약속한 듯 수천, 수만, 수십 마리가 되어 초원을 온통 검게 물들인다. 북쪽으로 북쪽으로 걸어온 지 벌써 4개월째다. 녀석들은 이제 탄자니아와 케냐의 접경지대인 마라강 앞까지 다다랐다. 마라강 건너가 바로 이들의 최종 목적지다. 그러나 그들에게는 아직 마지막 관문이 남아있다. 강폭이 30m가 넘는 험난한 마라 강을 헤엄쳐 건너가야 하는 것이다. 그들이 만들어내는 검은 파도는 순식간에 강변으로 밀려온다. 거센 물소리가 용기를 꺽지만 이 힘든 여정을 여기서 포기할 수는 없는 노릇이다.

대장이 먼저 앞장을 섰다. 그는 물살과 강폭을 가늠해 본다. 선발대가 앞에서 주춤하는 사이 뒤편에서는 또 다른 녀석들이 거침없이 몰려들고 있다. 대장은 다시 한번 용기를 내어 최대한 강폭이 좁을

곳을 찾아본다. 드디어 대장이 용기를 내었다. 하지만 차가운 강물이 몸에 닿자마자 용기는 쉽게 사그라지고 만다. 무리는 그저 대장이 먼저 강물로 뛰어들어 주기만을 바라는 눈치다. 세 번째 도전 끝에 대장이 헤엄을 치기 시작했다. 첫 물꼬가 터지자마자 그들은 걷잡을 수 없는 홍수처럼 뛰어들기 시작한다. 그들은 250만 년 동안 피 속에 전해 내려오는 본능에 따라 수천 킬로미터를 이동해 거센 물살에 도전한다."

이들은 누구일까? 무엇 때문에 목숨을 걸고 이런 대이동을 하는 것일까? 궁금해진다. 이들은 지구상 가장 경이로운 장면을 연출해낸다는 아프리카 최고의 여행자 '누 Gnu'들이다. 탄자니아 세렝게티 초원에서 둥지를 틀고 살다가 건기가 시작되는 5~6월에 이동을 시작한다. 목적지는 케냐의 마사이 마라 Masai Mara이다. 수백만 마리가 단지 본능에 의해 움직이는 이유는 생존을 위해서이다. 세렝게티는 유네스코 세계유산으로 등재될 정도로 중요한 자연의 보고이다. 수많은 동물이 이곳의 쾌적한 환경과 더불어 살고 있는 것이다. 바로 안락한 안전지대인 셈이다.

하지만 이곳에 건기가 찾아오면 여지없이 목초가 메말라 끼니 걱정을 해야 하는 황량한 곳으로 바뀐다. 누 떼들은 이 사실을 알고 있다. 물론 몇 개월에 해당하는 긴 이주 여행은 위험과 고난이 가득하다. 특히 마라 강을 건너는 과정은 그동안의 피로와 독수리, 악어 떼 등의 포식자로 인해 자칫 잘못하면 죽음을 맞이한다. 그러기에 세렝게티의 안락한 안전지대에 남아 있거나, 중간에 강 건너기를 포기하고 돌아가는 누 떼들은 죽음만이 기다리고 있을 뿐이다. 오직 생존을 보장하는 창의지대 creative zone 는 마사이 마라뿐인 것이다.

　그런데 더욱 아이러니한 것은 어느 누구도 마라 강을 선뜻 건너려 하지 않는다는 것이다. 대장 누 First Gnu 가 물속으로 뛰어들어야 비로소 나머지 누들도 물속으로 뛰어든다. 지구상에서 가장 경이로운 장면을 연출해내는 그들의 여정은 진정한 무버 mover 인 것이다.

자신이 만든 '경험의 덫 experience trap'에서 벗어나라!

● ● ●

사람들은 수많은 지식을 경험에서 얻는다. 경험에 의한 추론적 사고, 즉 휴리스틱 heuristic 에 의해 의사결정을 한다고 학자들은 말한다. 휴리스틱은 빠른 의사결정에 도움을 주지만, 때로는 사고를 경직되게 만들고 직관적으로 문제를 바라보는 나쁜 습관을 갖게 한다. 늘 익숙하고, 편안하고, 안전한 곳을 찾아가도록 만드는 것이다. 우리는 이곳을 안전지대라고 말한다. 단지 습관에 의해 직관적 사고만을 하게 되는 곳이다. 새로운 시도를 할 필요가 없다. 개선도 없고, 혁신도 없다. 단지 박스 안에서 정해진 룰만 지키면 크게 문제가 없다. 창의적인 아이디어가 나오기 힘든 곳이다.

하지만 창의적인 아이디어를 촉진하려면 조금은 낯설고, 불편하고, 다소 위험한 곳을 넘나들 필요가 있다. 창의지대라고 불리는 곳이다. 낯설고 불편하면 개선을 생각한다. 더 나아가 혁신을 꿈꾸게 되는 것이다. 이곳은 우리에게 익숙한 공간, 시간, 생각을 벗어나도록 도움을 주는 도전에 의해 생성된 곳이다. 명심하자, 우리에게 익숙한 안전지대가 경험 박스를 만드는 것이다.

그렇다면 안전지대를 벗어나 창의지대로 가려면 무엇을 해야 할까? 바로 자신이 만든 '경험의 덫'에서 벗어나는 것이다. 그리고 데이터를 기반으로 자신의 경험을 다시 한번 검증하는 것이다.

2002년 월드컵의 함성을 기억하는가? 아마 당연한 말일 것이다. 당시 온 나라가 축구의 열기로 뜨거운 여름을 보냈다. 당시 대한민국 축구 대표팀의 1등 공신은 누구였을까? 바로 위대한 경영자로 이름을 올렸던 거스 히딩크 감독일 것이다. 그는 그동안 한국 축구가 가지고 있는 경험의 덫을 과감히 벗어던진 사람이었다. 무엇이 그것을 가능하게 했을까? 바로 최고의 축구 선수 출신 감독들이 가지고 있는 정형화된 틀을 과감히 벗어던진 것이다.

그는 먼저 한국 축구팀을 데이터를 통해 분석했다. 그동안 기술 중심으로 축구팀을 이끌고 왔던 터라, 선수들의 체력과 스피드가 썩 좋지 않다는 것을 발견한 것이다. 그렇다고 기술이 뛰어난 상태도 아니었다. 히딩크 이전의 한국 대표팀 감독은 스타플레이어 출신이며,

카리스마를 지닌 유능한 기능인이었다. 축구란 그저 엄하고 잘 가르치면 된다는 생각 때문이었다. 감독들조차 그렇게 배웠고, 본인들도 한국의 스타플레이어였기에 경험의 덫이 걸려 있었던 것이었다.

그런데 히딩크는 달랐다. 선수들에게 기능을 가르치지 않고, 최고의 퍼포먼스를 낼 수 있는 팀을 만들기 위해 데이터를 기반으로 경영했다. 기술은 짧은 시간에 배양될 수 있는 게 아니었고, 축구는 혼자 잘해서는 이길 수 없는 경기였기 때문이었다. 애매한 개인기에 의존하던 한국 축구를 기본 체력과 스피드로 바꿔나갔다. 11명 베스트 플레이어의 팀워크를 강조하던 기존 전략을 23명이 골고루 투입하는 퍼포먼스 중심의 팀으로 재편했다.

이유는 간단했다. 축구를 바라보는 시각이 달랐기 때문이다. 그는 축구를 스포츠가 아니라 격투기라고 표현했다. 따라서 한 경기가 끝나면 부상당하는 선수가 1~2명 이상 나올 수밖에 없다는 것을 알고 있었다. 따라서 23명의 선수들이 기량이 비슷해야 하며, 늘 어느 선수가 기용될지 모르니 긴장해야 한다는 것을 강조했다. 당시 그의 결정은 파격적이었다. 한국 축구의 스타플레이어 선수들을 대거 탈락시키고 새로운 선수들을 기용했다. 결국 당시 깜짝 등장한 박지성, 이영표 등의 선수들은 지금 한국 최고의 축구 스타가 되었다. 그의 결정이 옳았다는 것을 방증한 셈이다.

히딩크 감독이 대부분의 축구 감독이 겪는 경험의 덫에 빠지지 않은 이유는 그의 선수 시절 전력 덕분이었다. 그는 현역 시절 두각을 나타내지 못했다. 그리 유명하지 않은 네덜란드의 더 흐라프스합 De Graafschap에서 선수생활을 시작했다. 네덜란드 최고의 클럽 PSV 에인트호번에 입단했지만 주전으로 발탁되지 못하는 아픔도 겪었다. 고국에 정착하지 못한 그는 북부의 축구리그에서 활동하다 다시 고국으로 돌아와 은퇴했다. 자신이 유명 스타플레이어가 아니었기 때문에 늘 선수들의 입장이 되려고 했고, 그것이 그를 경험의 덫에서 벗어나게 만든 힘이었다.

그는 탁월한 축구 경영자였다. 23명의 축구선수들을 하나로 만들어 최고의 힘을 발휘하게 만드는 능력이 있었던 것이었다. 그는 한국 축구의 경험의 덫에 대해 이렇게 말했다. "한국 사람들은 규정하는 것을 너무 좋아한다. 4-4-2와 3-5-2 포메이션에 대한 논쟁이 왜 필요한가? 규칙에 얽매이다 보면 창의적 사고나 플레이어를 할 수 없다. 23명 선수들의 몸 상태에 따라 최고의 전략으로 대응하면 되는 것이다."

경험의 덫에서 벗어나는 3가지 방법

• • •

우리는 생각보다 훨씬 많이 자신의 과거 경험에 사로잡혀 있다. 나이가 들수록 과거 성공 경험에 의존하는 정도는 더욱 심해진다. 개인이건 기업이건 마찬가지이다. 경험이 많은 사람일수록, 그로 인해 성공해왔던 사람일수록 이 현상은 더욱 심해지기 마련이다. 어쩌면 당연한 현상이다. 기존의 성공 공식은 못해도 중간은 가지만, 새로운 시도는 잘해야 본전이기 때문이다. 왠지 모르게 그로 인한 정신적, 물질적 투입이 만만치 않을 것 같다는 생각이 든다. 변화가 빠르지 않은 시대에는 기존의 성공 경험이 통했다. 하지만 변화와 혁신의 시대에서는 오히려 독이 되고 있는 것이다.

기업에서는 경험이 많은 경영자를 영입하는 경우가 많다. 그들의 폭넓은 경험은 기업 입장에서 매우 중요한 자산이 되기 때문이다. 그러나 환경이 빠르게 변하면 과거의 경험에 의존하는 것이 오히려 위험해진다는 것이다. 프랑스 철학자 앙리 베르그송 Bergson 은 "경험을 통해 터득한 법칙은 그것이 성립되었을 때의 조건이 갖춰지지 않으면 오히려 해가 된다"라고 지적한다. 어쩌면 지금이 그런 상황일지도 모른다. 실제 많은 시장에서 벌어지고 있기 때문이다.

왜 이런 현상이 벌어지는 것일까? 신경과학 분야에서는 두 가지 요인을 언급하고 있다. '패턴 인식 pattern recognition'과 '감정 태깅 emotional tagging'이다. 연구에 의하면 이 요소들은 의사결정에 중요한 영향을 미친다고 한다.

첫째, 패턴 인식

뇌가 정보를 받아서 통합하는 과정을 말한다. 그런데 과거의 경험과 판단이 결정적인 역할을 하는 것이다. 예를 들어 새로운 상황이 주어지면 과거의 경험에 비추어 패턴을 인식하고, 판단한 다음 의사결정을 하는 과정이다. 상당히 빠르고, 효율적이며, 합리적인 시스템이다. 하지만 때론 경험의 덫에 빠지는 편향을 만들어낸다. 인간의 사고는 늘 불완전하기 때문이다.

둘째, 감정 태깅

의사결정을 할 때 사람들의 기억장치 속에 저장된 경험이나 생각들에 감정적인 정보를 갖다 붙이는 것을 말한다. 미국 오리건대학 심리학자 폴 슬로빅 Paul Slovic 은 감정이 여러 형태의 판단이나 의사결정에 정신적 지름길로 작용한다고 주장하면서 이를 '감정 휴리스틱 affect heuristic '이라고 명명했다. 사람들은 합리적이고 이성적으로 판단한다고 말한다. 하지만 감정에 따라 판단하는 일이 많다는 것이다. 그리고 그 판단의 경험에 감정의 꼬리표 emotional tag 가 붙어 추후 비슷한 상황의 의사결정에 영향을 주는 것이다. 또 다른 경험의 덫인 것이다.

경험의 덫으로 무너진 대표적인 기업은 코닥이다. 필름카메라 시장에서 성공 경험을 고수하다 디지털이라는 새로운 환경에 대처하지 못해 처절하게 무너진 것이다. 핸드폰 시장의 최고 강자였던 노키아의 몰락도 마찬가지다. 스마트폰에 대응하지 못한 이유는 바로 그들의 성공 경험을 고집했기 때문이다. 비아그라로 큰 수익을 올리던 한국화이자는 한미약품 등 후발주자들이 내놓은 유사 제품으로 고전하고 있고, 세계의 많은 항공사는 사우스웨스트 항공이나 라이언에어 같은 저가 항공사로 인해 힘들어하고 있다. 전통적인 ATL 매체사 TV, 신문, 라디오, 잡지들은 네이버, 구글, SNS 등 다양한 디지털 매체로 인해 고통받고 있다. 또 아마존, 알리바바, 텐센트, 카카오 등은 유통시장의 판도를 완전히 바꿔 놓았다.

PC 시장의 절대 강자였던 마이크로소프트가 모바일 시장에서 대패한 것도 성공 경험의 덫에 걸린 셈이다. 많은 회사의 경영자가 이러한 시장의 변화를 인지하지 못하고 과거의 방식으로만 대처하려고 한다. 그들은 경험의 포로가 된 것이다. 지금까지의 성공이 그들의 눈을 멀게 하고 변화를 가로막았던 것이다. 《창조적 파괴》의 저자 리처드 포스터 Richard Foster는 "오늘날 시장 지배 기업은 내일의 잠재적인 패자"라고 말했다. 그래서 성공은 변화의 가장 큰 적이고, 기업의 세계에서는 성공이 실패의 어머니가 될 수 있다는 것이다.

그렇다면 경험의 덫에서 벗어나기 위해서는 무엇을 해야 할까?
첫째, 기존의 성공 모델을 과감히 잊어버려야 한다. 지금의 환경에서 과거의 성공 경험은 무의미하기 때문이다. 끊임없이 훔치고, 베끼고, 창조해야 한다.
둘째, 오래된 경험과 고정관념에서 벗어나 객관적인 데이터를 보고 의사결정을 하는 분석적 사고가 필요하다. 그렇다고 직관적 사고가 필요 없다는 것은 절대 아니다. 두 가지를 적절하게 혼용해서 활용해야 한다. 이 방법은 경험에서 발생할 수 있는 잘못된 휴리스틱을 막아줄 수 있을 것이다.

셋째, 오픈 마인드와 다양한 사람과의 협업을 통해 다채로운 경험을 해야 한다. 전문가일수록 경험의 덫에 빠질 가능성이 크기에 늘 의심하고 열린 시각을 가져야 한다.

끊임없이 이동하는 자만이 살아남는다: 노마디즘 nomadism

• • •

"성을 쌓고 사는 자는 반드시 망할 것이며, 끊임없이 이동하는 자만이 살아남는다."

이는 돌궐의 영웅이었던 톤유쿡 Tonyukuk 의 비문에 새겨져 있는 말이다. 더욱 놀라운 것은 1500여 년 전의 일이라는 것이다. 지금보다 변화의 속도가 수천, 아니 수만 배로 느렸던 당시에도 끊임없는 이동의 중요성을 알고 있다는 것이다. 역사적으로 변화의 중요성을 방증한 인물은 칭기즈칸이다. 그는 노마디즘 nomadism 을 바탕으로 인류 역사상 가장 넓은 영토를 정복한 위대한 리더로 알려져 있다. 그들은 특정한 방식이나 삶의 가치관에 얽매이지 않고, 끊임없이 새로운 자아를 찾아가는 것을 미덕으로 삼았다. 이것이 성공의 원동력이 된 것이다.

이 개념은 후대 프랑스의 철학자 질 들뢰즈 Gilles Deleuze 에 의해서 재정의되었다. 그는 자신의 저서 《차이와 반복》에서 노마드의 세계를 '시각이 돌아다니는 세계'로 묘사했다. 기존의 가치나 철학을 부정하고 새로운 것을 끊임없이 찾는 것을 뜻하며 학문적으로 여러 분야를 넘나들며 탐구하는 것을 뜻한다.

영어권에서도 불확실성을 감수하고 용감하게 도전하는 선구자를 '퍼스트 펭귄 first penguin'이라는 관용어로 표현한다. 펭귄에게 있어 바다는 생生과 사死의 공동 구역이다. 먹잇감을 구해야 하는 삶의 터전이자, 펭귄들의 천적이 기다리는 위험한 공간이기 때문이다. 하지만 펭귄들은 빙하 위의 안전지대에만 머무를 수 없다. 바다라는 창의지대로 이동해야만 살아남을 수 있기 때문이다.

기업에서도 비슷한 표현이 있다. '퍼스트 무버 first mover'와 '패스트 팔로어 fast follower'가 그것이다. 퍼스트 무버는 산업의 변화를 주도하고 새로운 분야를 개척하는 창의적인 선도자를 말한다. 반면 패스트 팔로어는 새로운 제품이나 기술을 빠르게 따라가는 전략 또는 기업을 칭하는 것이다. 끊임없이 새로운 곳으로 이동한다는 본질은 같다. 하지만 패스트 팔로어는 안전지대 내에서만 이동한다는 것이다. 퍼스트 펭귄이 바닷속으로 뛰어든 다음 뒤따라 뛰어드는 펭귄과 같은 것이다. 이들은 시장을 주도할 수 있는 능력이 없다. 단지 따라다닐 뿐이다. 그러다 보니 늘 후발 주자에게 따라잡히기 일쑤다.

바로 우리 기업들의 현실이다. 한국의 기업들은 지금까지 패스트 팔로어였다. 지금까지 우리 산업은 중국의 가격에 밀리고, 일본의 기술력에 밀려 샌드위치 신세라고 표현했다. 하지만 이제는 중국과 일본 모두에게 기술력과 가격 모두가 뒤지고 있다는 분석이 나오고 있다. 그런데 세상이 또다시 변하고 있다. 21세기 변화와 창조의 시대에서는 누가 퍼스트 무버인지, 패스트 팔로어인지 알 수 없다. 무엇이 더 좋은지 가늠하기도 힘든 상황이 되어버린 것이다. 하지만 진리는 변하지 않는다. 그가 어떤 상황이든지 간에 무조건 이동하는 자만이 살아남는다는 것이다. 이것만큼은 시대가 변해도 절대 변하지 않는 진리이다. 그렇다면 무엇을 해야 할까? 일상에서 시도해볼 수 있는 일들을 살펴보자.

직관의 오류를 벗어나기 위한 사고법

• • •

인간의 지적 능력을 다양하게 바라보는 시각으로 인간의 다양한 능력을 제대로 평가하고 계발하고자 1970년대부터 IQ Intelligence Quotient, 지능지수와 EQ Emotional Quotient, 감성지수의 단점을 극복하기 위해 학문적으로 체계화한 것이 다중지능 이론 Theory of Multiple Intelligence 이다.

하버드대학 인지교육학 교수인 하워드 가드너 Howard Gardner 에 의해 제안된 다중지능은 '한 문화권 혹은 여러 문화권에서 가치 있게 인정되는 문제를 해결하고 산물을 창조하는 능력'이라고 정의했다. 그는 인간은 누구나 환경, 기회, 개인의 선택에 기초하여 자신의 강점과 능력을 향상할 수 있다고 주장한 것이다. 선행연구들에 의하면 창의성과 관련된 지능 분야는 언어 지능, 시각공간 지능, 신체운동 지능, 인간친화 지능과 자연친화 지능을 언급하고 있다. 이를 바탕으로 디자인 싱킹에서는 직관의 오류를 벗어나기 위한 사고법을 다음 네 가지 정도로 나누고 있다.

첫째, 시각적 사고

시각적 사고는 시각적 이미지를 사용하여 정보를 처리하는 인지적 과정이다. 머릿속으로 이미지를 만들어내거나 떠올려 그것을 조작하고, 덮어씌우고, 해석하기도 한다. 때로는 유사한 형태와 연관 짓기도 하고, 회전시키고, 왜곡하거나 하나의 익숙한 이미지에서 다른 이미지로 변형하는 사고방식이라고 할 수 있다. 이를 위해 가드너는 장소와 건물 등 사물과 인물을 연상해 기억하는 습관을 들이거나 정보나 도표 혹은 다이어그램을 이해해 타인에서 설명하는 방식도 좋다고 한다.

둘째, 촉각적 사고

신체지각 body perception 이라고 표현되며, 가드너의 다중이론에 의하면 신체 운동지능이라고 정의되어 있다. 여기서 지각이란 의식, 집중, 그리고 무의식을 의식으로 끌어들이는 개인의 능력을 말한다. 따라서 신체지각이란 개인이 신체 각 부분을 움직이는 동안 자신의 신체 내부에서 일어나는 일련의 반응에 의도적으로 집중하여 크고 작은 변화를 느끼는 것이다. 촉각적 사고를 위해서는 다소 복잡한 동작과 기술을 필요로 하는 레저스포츠를 익히거나 스트레칭 습관을 들이고, TV 속 연예인의 동작을 따라 하는 방식도 효과가 있다고 한다.

셋째, 체험적 사고

체험은 어떤 자극에 직접 반응하는 개인적인 사건을 의미하는 것으로, 가상이든 아니든 어떠한 자극이나 사건의 직접적 관찰과 참여로부터 일어나는 것을 말한다. 특히 인지 체험의 경우 사람들이 기존 인식과 기대를 다시 생각하도록 유도하기 때문에 사회의 주요한 패러다임의 변화를 이용하고 때로는 이를 인도할 수 있는 잠재력이 있다.

넷째, 스토리텔링 사고

인지심리학자 로저 생크 Roger Schank 는 그의 동료와의 연구에서 인간이 선천적으로 스토리를 이해하도록 만들어졌다고 주장했다. 그는 이야기는 지식 축적의 핵심이라고 발표했는데 중요한 정보는 이야기 형태로 저장된다는 것이다. 뇌 과학자들에 의하면 측두엽이 이야기를 저장하는 영역이라고 한다. 단순히 이름이나 얼굴을 기억하는 것 보다 기승전결이 있는 이야기를 더 오래 기억한다고 한다. 자, 그렇다면 어떻게 해야 경험의 덫을 벗어던지고 창의지대로 이동할 수 있을까?

창의지대로 이동하기 위해 트렌드 세터^{trend setter}가 되어보자

● ● ●

트렌드 세터라는 용어가 있다. 마케팅에서 자주 인용되는 단어로 '시대의 풍조나 유행 등을 조사하는 사람, 선동하는 사람'이란 뜻이다. 더 정확히 표현하면 의식주와 관련된 각종 유행을 창조하고 대중화하는 사람 혹은 기업을 일컫는다. 한마디로 라이프 스타일에 깊은 관심을 갖고 있는 사람들이다. 왜 갑자기 이들을 언급하는 것일까? 이들은 모든 사람의 공통 관심사인 사는 문제에 관심이 많다. 끊임없이 찾아다니고, 경험하고, 공유하며 다닌다. 그리고 세 가지 도구를 사용하는데, 관찰력과 공감력 그리고 통찰력이다.

첫째, 관찰력

사람들이 무슨 일을 하는지, 어떻게 행동하는지 지켜보는 과정을 말한다. 이를 위해 관찰법^{observational method}를 사용한다. 카메라는 특정 장소에 고정하고 소비자의 제품 사용 행태를 관찰하는 비디오 에스노그라피를 사용하거나, 그림자처럼 소비자를 따라다니며 관찰과 인터뷰를 병행하기도 한다. 피관찰자와 함께 쇼핑에 동참하여 쇼핑 과정을 관찰하거나 유동인구 밀집 지역에서 소비자를 관찰하는 타운 와칭^{젊은이들이 많이 모이는 거리나 그들의 생활을 자세히 살펴 마케팅에 참조하는 전략} 방법을 쓰기도 한다. 관찰은 경험의 덫에서 벗어나 창의지대로 이동하는 좋은 방법이다.

둘째, 공감력

철저하게 소비자의 입장에서 생각하고 느끼는 과정이다. 문제는 관찰하는 대상과 진심 어린 교감이 없다면 가치 있는 데이터를 얻어낼 수 없다는 것이다. 사람들과 어울리면서 느끼는 공통의 감정을 '공감'이라고 부르는데 이 부분이 '디자인적 사고'와 '학문적 사고'를 구분 짓는 가장 중요한 차이점이다. 논리적이고 냉정한 조사보다는 관찰 대상과 끊임없는 교감을 통해 적극적인 공감해야 한다. 이를 위해 일부 디자이너들은 직접 해보기 immerse를 진행한다. 실제로 노인들의 일상을 공감하기 위해 노인 분장을 하고 눈은 잘 안 보이며, 허리와 다리는 불편하게 하여 그들의 일상을 직접 경험해보기도 한다. 일상의 공감이 없으면 통찰이 생길 수 없기 때문이다.

셋째, 통찰력

통찰력은 관찰과 공감을 통해서 만들어낸다. 통찰은 철저하게 소비자의 삶을 통해서 배우는 단계다. 사람들이 날마다 하는 수많은 행위의 관계를 분석해나가는 작업이라고 할 수 있다. 단순히 필요 제품을 만드는 것이 아니라, 왜 그것이 필요한지를 파악하고, 사용하는 행위를 만들어주는 과정이라고 볼 수 있다. 이렇게 관찰과 공감을 통한 통찰은 시각적 사고, 체험적 사고, 촉각적 사고, 스토리텔링 사고와 더불어 우리가 경험의 덫을 벗어던지고 창의지대로 이동할수 있도록 도움을 줄 것이다. 그렇다면 이러한 방법들을 일상에서 실천해볼 수 있는 방법을 알아보자.

- '스트리트 아이데이터 street ideator'가 되어 보는 것이다.
라이프 스타일의 트렌드를 가장 잘 반영하는 곳이 거리의 상점들이기 때문이다. 뜨고 있는 거리, 뜨고 있는 상점을 둘러보는 것이다. 먹고, 마시고, 입는 상점은 소비자의 '원츠 wants'와 '니즈 needs'를 리드하기 때문에 좋은 배움터가 된다. 거리 트래킹을 통해 다양한 영감을 얻어보자.

- 다양한 문화를 접해보자.
특히 최근 진행되고 있는 공연, 전시회, 영화 등 사회적 이슈가 될 만한 것들은 꼭 경험해봐야 한다. 이것 역시 퍼스트 무버의 역할을 해보자. 개봉하는 영화를 가장 먼저 보고, SNS에 관람평을 올려보자. 특별한 공연을 보고 클리틱을 해보는 것이다. 독특한 전시회를 보고 사람들에게 자신의 의견을 피력해보자. 이런 습관들이 어느덧 자신을 트렌드 세터로 만들 것이다.

- 독서를 게을리하지 말고, 테마 여행을 구상해보는 것이다.
다양한 분야의 독서는 두말하면 잔소리다. 한 분야에 국한하지 말고 여러 분야를 읽어야 한다. 또한 테마를 선정해 여행을 다녀보자. 사전에 여행 루트를 짜고, 특이 사항을 체크하여 현지에서 보고 느껴보도록 하자. 무엇인가 계획하지 않으면 움직이지 않게 되고, 움직이지 않으면 실행이 불가능하기 때문이다.

- 내가 경험했던 부분들을 데이터를 통해 검증해보자.
길거리에서 체험했던 트렌드를 데이터화하고, 흐름의 변화를 숫자와 시각화로 구현해보자. 사람들이 왜 이런 행동을 하는지 데이터 기반의 자료를 검토해보자. 간단하게 내가 1년 동안 어떤 책을 읽고, 몇 권을 읽었는지, 여행을 다닌 곳은 어디고 그곳에서 무엇을 보았는지 관련된 데이터를 체크해보는 것이다. 데이터를 완벽하게 분석하지 않아도 개략적인 것들만 훑어보아도 판단할 수 있도록 직관과 분석을 병행하는 것이다. 이를 데이터 감각 data sense 라고 하는데 적절한 데이터를 반복적으로 접함으로써 쉽게 습득할 수 있는 역량을 말한다. 결국 인간의 직관 영역에 데이터를 추가함으로써 경험의 덫을 쉽게 벗어날 수 있게 된다.

성과를 내는

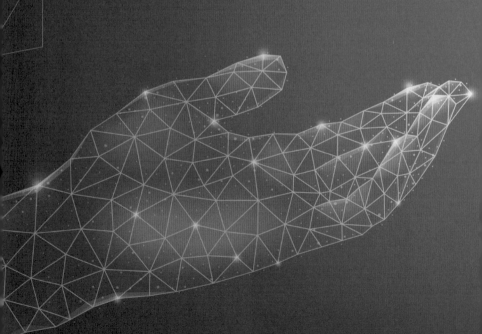

데이터 리더십

"21세기 권력의 핵심은
데이터이다!"

옥스퍼드대학의 빅토르 마이어 쇤베르거 Viktor Mayer Schonberger 교수의 말이다. 그는 "데이터가 금융을 대신하면서 자본주의를 바꾸고 있다"며 이를 '금융 자본주의'에서 '데이터 자본주의'로의 전환이라고 말한다. 이러한 현상은 디지털 기업의 동향을 살펴보면 명확하게 알 수 있다. 우리의 일상을 깊숙이 침투하고 있는 구글과 스포티파이는 개인화된 광고와 음악 추천 서비스를 통해 사용자의 선호를 파악하고 있다. 아마존은 우리가 원하는 상품을 평소 쇼핑 데이터를 기반으로 추천해주고 있고, 테슬라는 오토파일럿으로 수집한 개인의 운전습관 데이터를 활용해 자동차 보험에 적용하고 있다.

최근 핫 이슈로 떠오른 초거대 생성형 AI 챗GPT는 인터넷에 널려 있는 어마어마한 데이터를 학습하여 돈을 벌고 있다. 편리함과 효율성을 제공한다는 이유 때문이다. 챗GPT를 개발한 오픈AI는 마이크로소프트와 협약을 맺고 데이터를 학습한 AI를 활용해 엄청난 돈을 벌어들일 계획이다. 이렇듯 자본이 된 데이터는 기업은 물론 금융과 노동, 시장의 개념을 송두리째 바꿔 놓고 있는 것이다. 또한 이들 기업들은 데이터와 AI를 활용하여 인력을 줄이거나 최적의 팀을 구성하는 등 혁신적인 변화를 만들어나가고 있는데, 이러한 변화는 금융 자본주의에서 데이터 자본주의로의 전환을 더욱 실질적으로 만들어주고 있는 것이다. 예를 들어보자.

전통적인 시장체제는 어떠했는가? 제한적 정보인 가격을 중심으로 의사결정을 내렸다. 하지만 지금의 시장체제는 빅데이터를 활용해 다양한 정보를 기반으로 최적의 의사결정을 내리는 새로운 방식으로 변화하고 있다. 따라서 이제는 기업이나 개인이 빅데이터를 활용하고, 인공지능의 도움을 받아 다양한 정보를 분석하여 현명한 의사결정을 내릴 수 있는 시대가 온 것이다.

데이터 자본주의라는 새로운 경제 체제가 온 세상을 덮치고 있다고 단언할 수 있다. 이를 수용하고 변화하는 것이 미래의 성장을 위해 필수적인 요소임을 잊지 말아야 할 것이다. 그렇다면 기업의 리더들은 무엇을 해야 할까?

첫째, 데이터의 가치를 가늠할 수 있는 통찰력을 갖추어야 한다.

가치 있는 방대한 데이터의 활용은 경제 전반에 광범위한 영향을 미치고 있기 때문이다. 이는 의사결정 과정, 경제 활동, 심지어는 사회 및 정치적 구조까지 바꿀 수 있다.

둘째, 데이터 중심의 증거기반 의사결정 풍토를 만들어가야 한다.

이제 다양한 산업에서 기업이 데이터를 활용하여 제품 개발, 마케팅 전략, 고객 서비스 개선 등을 수행하는 사례들이 일반화되기 시작했기 때문이다.

셋째, 데이터와 AI의 적극적인 활용을 위해 데이터 리더십을 발휘해야 한다.

AI는 방대한 양의 데이터를 빠르고 정확하게 처리하며, 개인화된 서비스를 제공한다. 또한 효율적인 의사결정이 가능하게 만들어준다. 하지만 최종 의사결정을 내리는 주체는 조직의 리더이기 때문에 창조성을 기반으로 한 데이터 리더십이 무엇보다 중요한 시대가 된 것이다.

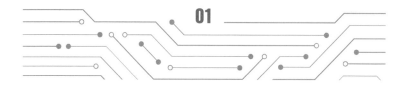

연결을 통한
데이터의 관점 전환

"데이터를 지배하는 자가 세상을 지배한다."

어느 한 일간지의 머리기사다. 무엇을 의미하는 것일까? 이 기사는 "이제는 데이터 경제가 주목받는 시대가 되었다"라고 강조하면서 이제 데이터는 경제 활동의 부산물이 아니라 화폐처럼 경제 활동의 중요한 축이 되었다고 말하고 있다. 그만큼 데이터가 중요하다는 것을 강조하고 있는 것이다.

그렇다면 데이터 경제는 무엇을 말하는 것일까?

단어의 의미 그대로 각종 데이터를 활용해 새로운 경제적 가치를 창출하는 것을 말한다. 예전에는 방대한 데이터를 수집해 분석하는 것이 어려웠다. 관련 도구와 분석 능력을 갖춘 일부 특정 집단이나 기업의 전유물이었던 것이다. 하지만 요즘은 인터넷 가상공간인 클라우드에 데이터를 모으고, 누구나 사용할 수 있는 AI를 통해 손쉽게 분석이 가능하게 되었다. 데이터 자체가 상품이 된 것이다. 그런데 누구나 데이터가 있으면 부를 거머쥘 수 있을까? 당연히 절대 그런일은 없을 것이다. 데이터를 모으고 분석하는 것이 중요한 게 아니라 그 과정에서 전혀 상관없어 보이는 것들과 연결하고 창의적인 아이디어를 만들어내는 것이 핵심이기 때문이다.

그렇다면 디지털 트랜스포메이션 시대 창의성의 근간이 되고 있는 데이터란 무엇을 말하는 것일까? 일반적으로 빅데이터라고도 하는데 기존 데이터베이스 관리도구의 능력을 넘어서는 대량의 정형 혹은 비정형 데이터를 말하기도 하고, 기존의 방법으로는 처리하기 어려울 정도의 방대한 양의 데이터를 말하기도 한다. 생성량도 많고, 생성주기도 짧고, 형태도 숫자, 문자, 영상, 이미지 등을 모두 포함하기 때문에 기존의 방법으로는 수집, 저장, 분석이 불가능하다고 말하는 것이다. 그렇다면 빅데이터는 어떤 특징을 가지고 있을까? 크게 세 가지로 구분할 수 있다.

첫째, 크기 Volume
데이터의 물리적 크기를 말하는 것이다. 기본 데이터와는 비교도 할 수 없을 만큼의 크기를 자랑하기 때문이다.

둘째, 다양성 Variety

숫자, 이미지, 문자, 영상 등 데이터 형태의 다양성, 연산 가능 여부에 따라 정형 데이터, 비정형 데이터 등 생각지도 못한 다양성을 가지고 있다.

셋째, 속도 Velocity

ICT 기술의 발전과 모바일 시대로의 전환으로 어마어마한 양의 데이터가 실시간으로 모이게 되었다. 따라서 이를 처리하는 속도가 중요하게 된 것이다. 즉 빠르게 분석하고 처리하는 능력을 말한다. 여기에 최근에는 정확성 veracity, 가변성 variability, 가치 value, 시각화 visualization 등의 속성이 추가되기도 한다.

2021년부터 본격적으로 시행되는 디지털 뉴딜의 성공적인 정착도 바로 빅데이터에 있다고 볼 수 있다. 국민 생활과 밀접한 분야의 데이터를 구축하고, 개방하며 활용할 수 있도록 하기 위해 데이터 댐을 만드는 게 10대 대표 과제 중 첫 번째이다. 데이터를 수집·가공·거래·활용 기반을 강화하여 데이터 경제를 가속화한다는 것이다. 이렇듯 우리가 사용하는 스마트 기기들, 앱, 소셜미디어까지 스마트 인프라가 구축되면서 교육, 의료, 교통, 공공 분야까지 빅데이터의 활용 영역은 점점 더 넓어지고 있고, 앞으로도 그 가능성은 무궁무진할 것으로 예상된다.

창의성을 원한다면 분석하고 또 분석하라!

...

자, 그렇다면 빅데이터 분석이란 무엇을 말하는 것일까? 바로 대량의 데이터로부터 숨겨진 패턴과 알려지지 않은 정보를 찾아내기 위한 과정이라고 보면 된다. 이는 창의성을 '존재하지 않는 관계를 보는 능력'이라고 정의했던 통계학자 토머스 디시의 말과 맥을 같이 한다. 데이터 분석의 관점에서 보면 '존재하지 않는다'는 말은 이 세상에 없다는 것이 아니라, '우리가 아직 그 의미를 파악하지 못했다'라고 볼 수 있다. 또한 '관계'란 단어는 통계학적인 관점에서 보면 변수들 혹은 데이터들 간에 인과관계를 말한다. 즉 자료 속에 숨어 있는 규칙적 패턴이나 관련성을 말하는 것이다.

결국 데이터 분석 관점에서 창의성이란 '수많은 데이터 속에서 우리가 찾아내지 못한 변수들 간의 인과관계를 찾아내어 새로운 가치를 창출해내는 과정'이라고 볼 수 있다. 룰 브레이커라고 불리는 세계 최고의 창의적인 기업도 데이터 분석을 통해 창의성을 극대화했다.

1998년 창업한 구글은 "다양한 구글 서비스들과 함께 전 세계의 모든 정보를 체계화하여 사용자들이 유익하게 사용할 수 있도록 한다"라는 사명으로 지금의 구글을 만들었다. 그들은 '좋은 논문은 많이 인용되는 논문'이라는 학계에서 인정한 패턴을 웹페이지에도 그대로 적용해, 특정 사이트가 다른 사이트로 연결되는 백링크를 알아내고 이것을 기본으로 웹페이지 랭킹을 매기는 페이지랭크를 구현했다. 이 페이지랭크는 유용한 정보를 빠르게 습득할 수 있게 함으로써 전 세계 검색엔진 시장을 장악했던 것이다.

아마존은 1994년 온라인으로 책을 팔기 시작하면서 고객들의 데이터를 모으기 시작했다. 그리고 1997년 제품라인을 확대하면서 온라인 전자상거래 시장을 장악했으며, 현재 전 세계 최고의 기술력을 자랑하는 IT 기업으로 성장했다. 아마존이 단순히 온라인 책방에서 클라우드 컴퓨팅, 전자상거래, 미디어, 하드웨어, 오프라인 유통 사업으로 확장할 수 있었던 것은 바로 온라인 전자상거래를 통해 확보한 고객들의 데이터에 있었다. 어마어마한 빅데이터를 분석하고 서로 다른 영역을 연결해가며 비즈니스 영역을 확장한 것이 지금의 아마존을 만든 것이다.

2003년 창업한 테슬라 역시 데이터로 성공한 기업이다. 우리는 단순히 전기자동차를 생산하는 기업으로 알고 있지만 내면을 살펴보면 수많은 데이터를 수집하고 이를 분석해 다양한 사업들을 전개해나가고 있다. 그 첫 번째가 자율주행 시스템이다. 일찍이 오픈AI라는 인공지능연구소를 만들어 테슬라의 자율주행 시스템과 연동을 시작했다. 이 자율주행 시스템은 물류를 운반할 상용 트럭에 적용해 현재 로지스틱 시장에 혁신을 만들어낼 예정이다. 휴식, 수면 없이 연속 운행이 가능한 덕분에 시간과 비용 절감에 큰 효과를 거둘 것이다. 승용 부분에서는 자율주행 시스템을 이용해서 주차공간의 효율화와 대중교통의 혁명을 가져올 전망이다. 만약 모든 차에 자율주행 시스템이 장착된다면 주차장이라는 공간이 필요 없게 되고, 나를 출근시킨 자동차는 대중교통 모드로 전환되어 내가 근무하는 동안 택시 역할을 할 수 있기 때문이다.

두 번째는 AI 머신러닝 기반 인슈어테크에 적용하기 시작했다. 테슬라는 운전자의 주행 습관 데이터를 분석해 보험료를 산정해주는 BBI Behavior-Based Insurance 상품을 개발했다. BBI보험은 성별이나 나이, 사고 이력 등이 아닌 오로지 운전 습관을 기준으로 보험료를 산정하는 것이 특징이다. 이를 위해 테슬라는 보험 관련 자회사를 만들고 지난해 10월 텍사스주를 시작으로 일부 지역에서 자사 고객을 대상으로 BBI 개념 상품을 출시했다. 테슬라의 오토파일럿 기능과 자율주행 시스템 AI가 운전자의 습관을 실시간으로 분석해줌으로써 보험뿐만 아니라, 다양한 비즈니스 모델을 창출해가고 있다.

이렇듯 세계적으로 성공한 기업들은 창의성을 데이터 분석과 융합하여 비즈니스 모델을 만들었다. 아마존 CEO 제프 베조스는 "이 세상의 미래 주인은 분석에 뛰어난 기업, 즉 사물들이 서로 관련됐다는 것을 알 뿐 아니라 왜, 그리고 어떤 패턴으로 관련됐는지를 아는 기업이 될 것이다"라고 말했다. 빅데이터 시대 기업의 창의성 원천은 데이터 분석과 창의적인 연결에 있다는 것을 예견하는 것이다.

창의성의 원천 데이터 분석, 어떻게 할 것이며 무엇을 해야 하는가?

... ...

빅데이터 분석에서 가장 중요한 단어를 꼽으라면 데이터마이닝 data mining 을 언급한다. 데이터 지식 발견이라고도 하며, 방대한 양의 데이터 세트에서 패턴 및 중요한 정보를 발견해가는 과정을 말한다. 즉 대규모 데이터베이스에서 귀중한 정보를 검색하고 광물을 채굴한다는 의미로 의미 있는 정보를 찾아낸다는 것이다.

그렇다면 데이터를 분석하기 위해서는 어떤 단계를 거쳐야 할까? 미국의 정보기술 연구 및 자문회사인 가트너사는 데이터 분석과 관련해 4단계로 구성된 분석 가치 에스컬레이터를 제공하고 있다.

- 1단계: 데이터 분석의 가장 기본적인 지표를 말하는 묘사 descriptive 분석이다. 과거에는 어떤 일이 일어났으며, 현재는 무슨 일이 일어나고 있는지 정확하게 살펴보는 것이다. 지난 1년간 지역별로 무슨 제품이 많이 팔렸는지, 언제 어떤 제품의 판매량이 높았는지, 고객 불만의 내용은 무엇이 있는지 등을 파악할 수 있다. 이 분석은 단순히 소비자의 반응이 '좋다'거나 '나쁘다'는 것을 파악하는 것이 아니라 무엇을 '좋아'하거나 '싫어'하는지까지 확인해야 한다.

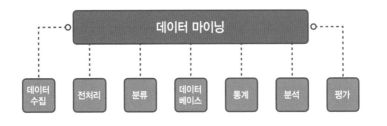

→ 데이터마이닝

- 2단계: 묘사 단계에서 찾아낸 분석 내용의 원인을 이해하는 과정인 진단 diagnostic 분석이다. A 제품이 왜 특정 지역에서 잘 혹은 안 팔렸는지, 분기별로 매출 차이가 발생한 이유는 무엇인지, 고객 불만이 최근 1년간 더 많이 발생했다면 그 이유는 무엇인지 등에 대해 데이터를 기반으로 확인하는 것이다.

- 3단계: 데이터를 통해 기업 혹은 조직의 미래, 고객의 행동 등을 예측하는 과정인 예측 predictive 단계이다. 이 단계에서 기업들은 사용자들의 단어 사용 패턴을 분석하여 특정 고객의 이탈 가능성을 확인하기도 하고, 특정 제품의 검색 또는 구매 이력을 토대로 구매 가능성이 높은 새 상품을 추천하기도 하는 단계이다.

- 4단계: 예측을 바탕으로 이루어지는 최적화 과정, 처방 prescriptive 단계이다. 어떤 시점에 어떤 액션을 취해야 고객의 이탈을 막을 수 있는지, 어떤 채널에 어느 정도의 예산을 배분해야 광고 효과를 최대화할 수 있는지, 어떤 종목에 비용을 투자해야 높은 수익률을 기대할 수 있는지 등이 여기에 해당하며, 가장 수준 높은 분석 단계라고 보면 된다.

그런데 이런 데이터를 잘 분석하기 위해서 무엇을 해야 할까?

첫째는 데이터 자체를 보는 눈! 바로 인사이트를 배양하는 것이고, 둘째는 데이터 분석을 위한 역량을 갖추는 것이다. 그렇다면 데이터 자체를 보는 눈은 왜 필요한 것일까? 다양한 방식으로 수집된 수많은 데이터를 정제하고, 분석을 위한 데이터로 변환, 삭제, 업데이트하기 위해서는 기술적인 관점보다 데이터와 비즈니스를 연결할 수 있는 안목이 필요하기 때문이다.

인간의 뇌는 단순하다. 그저 자신이 기억하고 싶은 것만 기억하려고 하기 때문이다. 바로 뇌를 효율적으로 사용하려고 하는 습성, 휴리스틱 때문이다. 아는 만큼 보이고, 보이는 만큼 사고하고 행동할 수 있기 때문에 탐색적 데이터 분석 과정을 통해 데이터를 표현할 수 있는 최적의 모형을 설계하거나 분석을 위한 최적의 데이터를 생성해내기 위해서는 데이터를 넓고 깊게 보는 인사이트가 필요한 것이다.

또한 똑같은 데이터를 대상으로도 빅데이터 분석가가 가지고 있는 지식 또는 기술에 따라 분석 결과가 달라질 수 있다. 따라서, 최상의 창의적인 아이디어를 만들어내기 위해선 우선 해당 비즈니스 영역에 대한 전문적 식견을 갖추어야 한다. 이를 기반으로 데이터를 해석하는 능력을 길러야 하며, 왜곡된 정보를 추출해내고, 중요한 정보는 가중치를 부여할 수 있어야 한다. 아무리 뛰어난 분석기술을 가지고 있어도 데이터의 특성을 모른다면 앙꼬 없는 찐빵과 같기 때문이다.

그렇다면 빅데이터 분석을 위해서는 어떠한 역량을 갖추어야 할까?

첫째, 빅데이터 분석을 위해서는 어떻게 데이터를 추출할지 결정해야 한다.
이는 분석가의 경험치와 스킬에 따라 달라지는데, 원하는 데이터를 추출하려면 데이터의 본질과 특성을 어느 정도 이해하고 있어야 한다. 또한 대상 데이터의 위치나 발생하는 곳을 알고 있더라도 데이터를 추출할 수 없다면 문제가 될 수 있다. 따라서 대상 데이터의 저장 방식을 이해하고 추출할 수 있는 방식을 알아야 한다.

둘째, 통계 지식은 기본이고 지속적으로 분석 기법을 습득해야 한다.
데이터의 복잡도와 크기가 방대해짐에 따라 그에 맞는 분석 기법이 새롭게 나오고 있다. 분석 분야도 다양해지고, 분석 방법 및 알고리즘도 점점 복잡해지고 있기 때문이다. 국내외 분석 사례를 탐구하여 트렌드를 이해하며, 전문가와 소통을 통해 지속적으로 이론과 경험을 습득해야 한다.

셋째, 분석 애플리케이션의 사용 능력을 키워야 한다.

이 부분 역시 다양한 데이터들의 등장으로 그에 상응하는 다양한 분석 도구들이 개발되고 있다. 가장 일반적으로 사용되는 빅데이터 분석 도구인 R이나 파이썬은 기본으로 익히고, 분석 전문기업에서 제공하는 도구들도 눈여겨보는 게 좋다.

넷째, 다양한 분야의 전문가들과 주기적으로 의사소통을 해야 한다.

방대하고 다양한 형태의 빅데이터일수록 우리가 알고자 하는 영역에 어떠한 변수가 영향을 미칠지 알 수 없기 때문이다. 조직 내에서도 사업부서, 마케팅, IT, 연구소, 경영지원이 하나의 문제를 바라보는 관점이 다르듯이, 기술적 측면이나 사회과학 영역에서도 인과관계를 맺고 있는 변수들은 전혀 다른 영역에서 나올 수 있기 때문이다. 따라서 각 조직 및 집단의 목소리와 관점을 최대한 반영하기 위해 다양한 영역과 의사소통은 그만큼 중요하다고 할 수 있다.

조직 내 데이터를 제대로 활용하기 위한 리더의 역할

...

최근 기업에서 업무에 데이터를 사용하고, 해석하고, 생성하는 일이 많아졌다. 디지털 네이티브의 등장으로 ICT 기술을 활용하는 것이 더욱 용이해진 것이다. 하지만 많은 기업에서 데이터를 관리하고 활용하는 데 어려움을 겪는다. 왜일까? 데이터에 대한 책임소재가 불분명하기 때문이다. 데이터 관리에 시간과 열정을 쏟는데도 데이터를 제대로 활용하지 못하기에 품질은 낮아지고, 직원들은 데이터를 신뢰하지 않게 되는 것이다.

조직 내 제대로 된 데이터를 생산하고 활용하기 위해서는 무엇을 해야 할까? 데이터 품질 솔루션의 토마스 레드먼 Thomas Redman 은 데이터 리더십을 발휘하기 위한 다섯 가지 가이드라인을 제시하고 있다.

첫째, 조직 구성원 모두를 참여시켜야 한다.

이유는 명확하다. 데이터를 다루는 업무의 대부분은 현장에 근무하는 일반직원들이 하기 때문이다. 그런데 대부분의 기업은 데이터 관련 부서를 지정해 놓고, 이들에게 데이터의 수집부터 품질 관리까지 전권을 위임하고 있다. 고객 접점의 현장 직원들은 데이터를 생성하고 해석한다. 고객을 만족시키기 위해 데이터를 사용하고, 전략을 수립한다. 하지만 항상 데이터를 수집하고 활용하기 위한 기획 단계에서 배제되기 일쑤이다. 코끼리 전체를 보지 못한 채 다리나 꼬리를 더듬으며 코끼리 형상을 상상하는 꼴이다.

이를 위해 리더들은 데이터에 대한 조직 구성원들의 역할과 책임을 명확히 명시해야 한다. 그리고 그들의 역할과 책임을 효과적으로 수행할 수 있도록 교육하고, 지원하고, 협업을 아끼지 말아야 한다.

둘째, 협업의 인프라를 구축하고 적극적으로 활용해야 한다.

데이터는 다양한 부서에서 사용될 때 가치가 높아지기 때문이다. 왜 일까? 기업은 밸류체인value chain으로 구성되어 있다. 가치사슬이라고 불리는 밸류체인은 기업이 제품 또는 서비스를 생산하기 위해 원재료, 노동력, 자본 등의 자원을 결합하는 과정에서 발생하는 부가가치 생태계를 뜻한다. 기업이 경쟁우위를 찾고 이를 강화하기 위한 기본적인 분석 도구이기도 하다. 그중에서 직접적인 가치 창출 영역인 구매, 제조, 물류, 판매, 서비스 등을 본원적 활동이라고 하고, 이를 지원하는 활동이 재무관리, 인적 자원관리, 연구개발, 조달 등이다. 이때 다양한 영역에서 발생하는 데이터는 아주 중요하다. 밸류체인을 타고 산소를 공급하는 적혈구와 같은 존재이기 때문이다. 그런데 조직 내 부서 이기주의나 사일로 현상이 데이터의 흐름을 막는다. 또한 데이터만 잘 흘러서는 시너지를 만들어낼 수 없다. 타 부서에서 사용할 수 있도록 지속적인 품질관리가 필요하다. 이를 위해 체계적으로 데이터의 흐름을 조정할 수 있는 인프라를 구축해야 한다.

셋째, 데이터 관리의 책임은 현장에 위임하고 IT 부서는 이를 지원할 수 있는 기술에 집중해야 한다.

IT 부서는 데이터를 생성하는 않는다. 그러다 보니 데이터의 출처와 의미는 더더욱 모른다. 이들은 데이터가 잘 활용되고 흘러갈 수 있도록 인프라를 구축하는 데 힘을 쏟아야 한다.

넷째, 코칭과 조정이 필요하다면 전문 데이터팀을 활용하는 것이 더욱 효율적이다.

우리 팀의 데이터 문제는 다양한 주제에 대해 전문지식을 보유한 데이터팀과 협업해야 한다. 데이터팀은 데이터 분석가, 현장 전문가, HR 전문가, 재무 담당자, 제조 및 연구개발 담당자 등 기업의 밸류체인에 속해 있는 다양한 영역의 전문가로 구성해야 한다. 기업에서 생성되는 다양한 분야의 데이터에 대한 일상적인 작업을 수행하고 책임져야 하기 때문이다. 이 팀의 절반은 일반 직원들이 데이터를 잘 활용할 수 있도록 교육을 지원하고, 인프라 구축을 주도해야 한다.

또한 데이터 표준화를 통해 데이터의 공용어를 만들어야 한다. 데이터의 모델링 개발을 통해 효율적인 데이터 활용을 선도하는 것도 이들의 몫이다. 마지막은 C 레벨의 임원 참여로 적극적인 지원을 아끼지 말라는 것이다. 기업이라는 거대한 생명체를 움직이는 원동력은 자본과 인력이기 때문이다.

고위급 임원들의 지원이 없다면 혁신은 딜레마에 빠지게 된다. 조직은 태생적으로 편안하고 익숙한 환경을 좋아하기 때문이다. 지금까지 데이터 과학은 기업의 성장에 많은 기여를 해왔다. 고객에 대한 통찰력을 제공했을 뿐만 아니라, 일하는 방식의 효율을 통해 비용을 절감하고, 다양한 비즈니스 모델을 만드는 데 아이디어를 제공했다. 하지만 아직까지 우리는 디지털 네이티브 기업에 국한된 방식이라고 생각한다. 익숙하지도 않고, 새로운 것을 시도하는 게 두렵기 때문이다.

이를 극복하기 위해 리더들은 두 가지에 집중해야 한다.

하나는 주변에 있는 다양한 데이터와 비즈니스 문제를 연결해보아야 한다. 연결은 창의성을 창발시키는 촉매제가 되기 때문이다. 또하나는 문제 해결에 필요한 인적 역량을 구축해야 한다. 새로운 인재를 선발하는 것도 좋고, 내부에 열정이 넘치는 인재를 양성하는 것도 좋다.

너와 나의 연결고리! 네트워크를 통해 세상을 바라보자

• • •

1960년대 말 하버드대학 사회심리학 교수인 스탠리 밀그램은 좁은 세상 실험 Small World Experiment 을 진행했다. '세상이 얼마나 좁을까?'라는 의문에서부터 시작된 이 실험은 간단했다. 무작위로 사람을 선택하고 그들로부터 출발한 편지가 지정된 사람에게 도착할 때까지 몇 명의 사람을 거치게 되는지 그 수를 세는 것이었다.

미국 사회의 연결성을 알아보기 위해 충분히 멀리 있는 사람들로 실험을 설계했다. 출발점은 미국 중부지역에 거주하는 사람들이었고, 도착점은 미국 동부 끝자락에 살고 있는 사람으로 설정한 것이다. 규칙 또한 간단했다. 만약 편지를 받은 사람이 최종 수령자를 알고 있다면 그에게 직접 편지를 전달하거나, 우편으로 보내면 되고, 만약 그를 모른다면 그를 알 수 있을 거라고 생각되는 사람에게 전달하는 것이다. 그리고 편지를 중간에 받은 사람들은 자신의 이름을 적게 하여 총 몇 명을 거쳐서 최종 수령자에게 전달되는지 알아본 것이다.

결과는 놀라웠다. 출발점에서 출발한 총 160개의 편지는 42개만이 성공적으로 도착했는데, 그 편지들을 전달한 사람들은 평균 5.5명이 나왔다. 미 대륙을 가로지르는 거리를 생각해보면 6명만 거치면 내가 아는 사람이 나온다는 것은 놀라운 일이었다. 밀그램은 이 현상을 '여섯 단계의 분리 Six Degrees of Separation'라고 명명했다.

이렇게 세상의 모든 것은 연결되어 있다고 보는 시각을 복잡계 네트워크 이론이라고 하는데, 21세기 초에 태동한 이 학문은 물리학, 생물학, 컴퓨터과학, 사회과학, 경제학 등 여러 분야에서 광범위하게 응용되고 있다. 복잡계는 자연계의 많은 구성 요소가 유기적인 협동으로 이루어진 복잡한 현상들의 집합체를 뜻한다. 완전한 질서도,

무질서도 보이지 않은 채 존재할 수 있으며, 관찰되지 않은 성질을 가지고 있다는 것이다. 이렇게 연결된 세상에서 문제의 본질을 파악하기 위해서 무엇을 해야 할까? 바로 다양한 데이터를 수집하고 분석하여 연결고리를 찾고 의미를 분석해야 한다. 그렇다면 어떻게 하면 창의적인 연결을 잘할 수 있을까?

첫째, 자신이 고민하고 있는 문제에 대해 다양한 해결책을 시도해보는 것이다. 내가 고민하는 만큼 다른 영역에 있던 힌트를 끌어당기기 때문이다. 여기에 쉽게 적용해볼 수 있는 방법이 연상 기법이다. 내 고민의 주제와 전혀 다른 일반적인 단어를 고른 뒤 그 단어와 연관된 단어들을 나열한다. 그리고 내가 고민하는 주제와 연결해 해결책을 찾아보는 것이다. 평소 이렇게 문제를 해결하는 습관을 갖는다면 창의적인 연결을 쉽게 할 수 있게 된다. 사실 우리 마음속에는 무한한 아이디어와 기억들이 있다. 그것들은 조건이 되면 나오는 우리 의식의 바깥에 숨어 있어서 그것들에게 인접 가능성의 문을 열어주면 새로운 방으로 들어가는 것과 같다. 연상 기법을 활용하여 새로운 연결고리를 찾아보도록 하자.

둘째, 현재 자신의 일과 전혀 상관없는 경험과 지식을 넓혀나가는 것이다. 혁신을 불러오는 창의적 연결은 지금 하고 있는 일과 전혀 상관이 없는 분야와 지금의 일이 연결되어 얻어지는 경우가 많기 때문이다.

따라서 새로운 경험과 지식을 넓히는 것은 창의적 연결자로서 필수 조건이라고 할 수 있다. 많은 위대한 인물의 공통점은 여러 분야에 관심이 많았다는 것이다. 영국의 진화론자 다윈은 진화론뿐만 아니라 생물학자이자 박물학자이며 철학자이기도 했다. 한때는 의학을 공부했고, 신부가 되기 위해 신학, 고전, 수학을 배우기도 했다. 지질학에 관심이 많았던 그는 산호초를 연구하고 비둘기를 기르기도 했다. 미국의 정치가이자 과학자인 벤저민 프랭클린은 난로를 개발하고, 피뢰침을 만들었으며, 인쇄업자이기도 했다. 이렇듯 다양한 분야의 관심과 경험은 창의적 연결을 통한 창의적 사고에 결정적인 역할을 한다.

셋째, 자신만의 다양한 네트워크를 갖고 관리하는 것이 중요하다.

스탠퍼드대학 마틴 루프 Martin Ruef 교수의 연구에 의하면 다양한 네트워크를 가진 사람이 비즈니스에서 더 혁신적이었다고 한다. 그는 기업가 766명을 인터뷰했다. 그 결과 넓은 사회적 네트워크를 갖고, 다양한 사람들과 꾸준한 관계를 갖는 사람들이 신제품 출시와 특허 출원 수 등에서 획일적이고 수직적인 네트워크를 갖고 있는 사람들보다 3배나 많았다고 한다. 집단 지성의 시대에 혼자서 다양한 경험과 지식을 갖추는 것은 불가능하다. 결국 다양한 네트워크를 관리하고 활용할 줄 알아야 한다.

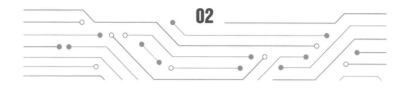

디지털 리더십을 통한
창조와 혁신

"전통적인 리더십 개발 접근 방식이 더 이상 조직이나 개인의 니즈를 충족하지 못한다."

하버드 비즈니스 리뷰의 한 아티클의 제목이다. 무엇을 말하고 싶은 것일까? 리더십은 사회 전반에서 다양한 의미로 사용되고 있다. 특히 기업에서의 리더십은 경영 전략과 조직행동론에서 시작되었는데, 한마디로 조직의 성과를 만들어내는 리더의 역할이라고 볼 수 있다. 다양한 학자들의 정의에서 공통점은 '조직의 목표 달성'이라는 키워드다. 이를 위해 개인 및 집단을 고취하는 활동 혹은 영향력을 말한다.

전통적으로 경영학자들은 그 시대 성공한 기업인들이나 정치인들을 분석해 그들의 공통점을 찾고, 그들에게 배울 점을 나열하는 방식으로 리더십을 연구해왔다. 그래서인지 시대에 따라 리더십의 키워드는 바뀌었고, 기업의 환경에 따라 다양한 역할들이 등장했다.

그렇다면 오늘날 기업의 환경은 어떠한가?

한마디로 불안정하고 불확실하고 복잡하고 모호하다. 여기서 조직의 목표를 달성하려면 과거의 리더십 역량으로는 불가능하다는 것이다. 지금의 환경에 적합한 다른 종류의 리더십 스킬과 조직역량이 필요하다는 것이다. 오랫동안 리더십 영역은 직관적인 소프트 스킬로 여겨져 왔다. 하지만 경영이나 관리 업무는 데이터를 중심으로 운영되어왔다.

리더와 관리자의 경계가 모호해진 것처럼 이제는 리더십의 개념이 바뀌어야 한다. 많은 리더가 데이터에 기반한 의사결정을 하고 있고, AI 시대 핵심인 메타버스, 클라우드, 빅데이터, 플랫폼에 의해 일하는 방식이 바뀌었기 때문이다. 데이터 중심의 AI 시대는 사람들의 행동양식을 변화시키고 있다. 새롭게 조직으로 진입하는 디지털네이티브에 의해 가속화된 이 현상은 산업과 사회, 문화, 정치에도 영향을 미치고 있다. 이들은 '정보에 기반한 직관'이라는 하이브리드 방식을 채택하고 있고, 사람과 관계에 대한 정보를 분석하기 위해 데이터를 처리하고 데이터 분석 도구를 사용하는 컴퓨팅 사회과학이 기업의 핵심이 된 것이다.

그렇다면 우리 기업들은 무엇을 해야 할까?

우선 조직의 핵심인 리더들의 리더십을 재정의해야 한다. 이를 위해서 시뮬레이션과 네트워크 분석, AI, 기타 데이터 기반 접근법을 사용해 리더십을 근본적으로 개선하도록 설계된 CLS Computational Leadership Science, 컴퓨팅 리더십 과학를 도입해야 한다. 그렇다면 CLS와 리더십은 어떤 관계일까? 하버드대학 국가준비 리더십 이니셔티브 연구원인 브라이언 스피삭 Brian Spisak 은 CLS를 "최첨단 과학과 잘 정리된 리더십 연구, 실무에서 얻은 귀중한 지식이 교차하는 지점에서 차세대 혁신을 이끌 기술"이라고 정의했다. 그는 기업은 CLS를 통해 급변하는 경영환경을 더 잘 예측할 수 있고, 문제를 해결할 수 있을 것이라고 했다. 왜냐하면 기존의 리더십은 리더의 경험과 직관에 의존해왔고, 이 행위가 리더의 편향과 독선을 만들어냈기 때문이다. 결국 모든 의사결정이 자신의 경험에 의한 것일 수밖에 없었다.

하지만 CLS를 사용하면 이러한 편향적 사고를 제거할 수 있다. 데이터에 기반한 합리적 의사결정을 할 수 있기 때문이다. 따라서 CLS는 일상적인 리더십의 일부가 되어야 한다. 다양한 데이터와 AI 분석 알고리즘으로 무장한 CLS는 조직 내 인간관계 관리부터 전략적 의사결정까지 리더십에 막대한 영향을 미칠 수 있다. 특히 리더십에서 디지털 트랜스포메이션을 받아들이는 것이 핵심이다. 용감한 리더는 두려움을 깨고 새로운 기술이나 낯선 곳으로의 여행을 즐기는 사람이기 때문이다.

그렇다면 조직의 리더들은 무엇을 시작해야 할까? 리더 자신의 근본적 변화와 데이터에 기반한 의사결정 조직문화는 만들어야 한다. 리더에게 필요한 것은 계획, 로드맵 그리고 목표를 향해나가는 용기이다.

데이터를 기반으로 사고하는 조직문화를 만들어라

• • •

21세기 가장 창의적인 경영자로 손꼽히는 스티브 잡스는 "고객은 우리가 무엇인가를 제공하기 전에 자신이 원하는 것을 알 수 없다"라고 했다. 통계학자 한스 로슬링 Hans Rosling 은 "대부분 기업의 문제는 필요한 데이터가 없는 게 아니라, 찾아내지 못하는 것이고, 더 큰 문제는 어떻게 분석해야 할지 모르는 것"이라고 했다. 전자는 고객에 대한 통찰력의 중요성을 강조한 말이고, 후자는 데이터 기반 의사결정을 위해 조직의 리더가 무엇을 해야 하는지 핵심을 말하고 있다.

우리 조직에 CLS를 리더십에 도입하기 위해서는 어떻게 해야 할까?

첫째, 조직의 리더들부터 데이터 기반 의사결정을 시작해야 한다.

자신의 경험이나 직관에 의한 의사결정을 줄이고 하이브리드 형태의 의사결정 시스템을 구축해야 하는 것이다. 경험주의 이론의 창시자 프란시스 베이컨 Francis Bacon 은 "인간의 심리는 일단 어떤 의견을 채택하고 나면, 그것이 외부에 의한 것인지 아니면 스스로 선택한 것인지와 상관없이 그 의견을 지켜내기 위해 모든 것을 동원한다. 그리고 그 의견이 아닌 다른 의견이 더 옳다는 것을 보여주는 수많은 유력한 증거가 새롭게 나타난다고 하더라도 그 증거를 무시하고 경멸하거나 단순한 예외로 치부하면서 받아들이기를 거부한다"고 하였다. 바로 조직 리더의 성공적 경험에 의한 편향을 말한 것이다.

대부분의 리더는 자신의 경험을 기반으로 한 직관에 의해 의사결정을 한다. 그 경험이 지금의 자리를 만들어주었기 때문이다. 하지만 급변하는 경영 환경은 그들의 경험으로는 극복할 수 없는 상황을 만들었다. 경험은 미래를 예측할 수 없기 때문이다. 따라서 디지털 혁신을 위해서는 리더부터 데이터에 근거한 의사결정을 해야 한다. 중요한 것은 데이터에 나타난 의미를 자신의 경험에 근거하여 창의적으로 해석하고 의사결정을 해야 한다.

둘째, 조직 구성원들에게 끊임없이 데이터를 요구하면서 일하는 방식을 바꿔나가야 한다.

생각보다 빠르게 AI와 빅데이터가 비즈니스 세계를 급격히 변화시키고 있기 때문이다. 그럼에도 불구하고 데이터를 관리하고 활용하는 데 어려움을 겪는 기업들은 점점 늘어나고 있다. 최근 업무에 데이터를 적용하여 해석하고 새로운 데이터를 생성하는 일이 많아졌다. 하지만 조직의 모든 분야에서 데이터를 활용하는 데 어려움을 겪고 있다. 데이터 품질이 낮아 신뢰가 떨어지고, 관리 도구가 불편하며,

데이터 기반의 커뮤니케이션 문화가 정착되지 않았기 때문이다.

리더가 일관되게 데이터를 요구하면 구성원들은 데이터 기반 사고를 할 수밖에 없다. 이는 데이터 기반 의사소통을 만들고 조직 내 확산을 통해 조직문화에 스며들 수 있기 때문이다. 이를 방증하듯 구글, 애플, 아마존, 마이크로소프트, 테슬라 등의 디지털 네이티브 기업들의 공통점은 데이터를 신뢰하고, 그 결과로 커뮤니케이션을 한다. 이들은 "우리는 신을 믿지만, 신이 아닌 우리 조직의 구성원들은 모두 근거가 되는 데이터를 제시해야 한다"라고 말한다. 이는 한 사람도 예외 없이 자신의 주장이나 제안을 할 때 데이터에 근거한 증거를 제시하라는 것을 의미한다.

셋째, 제시되는 데이터를 의심하고, 또 의심해야 한다.

바로 통계의 오류 때문이다. 통계의 오류란 통계 분석 결과의 객관성을 해치는 오류 또는 편향을 의미한다. 이를 이용해서 현실을 조작하고 대중을 현혹하는 수단으로 활용하기도 한다. 오죽하면 영국의 정치가 벤저민 디즈레일리는 "세상에는 세 가지 거짓말이 있다. 그럴듯한 거짓말, 새빨간 거짓말, 그리고 통계다"라는 명언을 남겼을까? 그만큼 통계의 오류는 발생하기 쉽다.

우리가 쉽게 경험할 수 있는 통계의 오류는 다음 다섯 가지 정도로 구분된다.

- **대표성 오류**

  우리는 표본의 크기에 상관없이 모집단과 유사하길 기대하거나 표본을 추출하는 과정이 무작위성이라고 가정한다. 예를 들어 야구에서 타율이 3할이라면 타석 3번 중 반드시 한 번은 안타를 칠 것으로 기대하는 오류를 범하는 것이다.

- **정보의 이용 가능성 오류**

  이는 우리가 개인적으로 이용할 수 있는 정보에 영향을 받는 것을 말한다. 예를 들어 최근 교통사고를 목격한 사람은 그렇지 않은 사람보다 교통사고가 일어날 확률을 더 높게 예측한다는 것이다.

- **조정과 고정의 오류**

  우리가 처음 접하는 초기 값에 의해 다른 결과를 예측하는 우를 범한다는 것이다. 예를 들어 두 집단에게 8부터 차례로 1까지 곱한 결괏값과 1부터 차례로 8까지 곱한 결괏값을 예상해보라고 하면 전혀 다른 결과가 나온다는 것이다. 정답은 40,320으로 같은 값이지만, 8부터 곱한 그룹은 평균 2,250이 나왔고, 1부터 곱한 그룹은 평균 512가 나왔다는 것이다.

- **중심 판단 오류**

  우리는 늘 중간값인 50퍼센트를 기준으로 예측하는 경향이 있다는 것이다. 예를 들어 비가 올 확률이 70퍼센트라면 반드시 비가 올 거라 생각하고, 30퍼센트라면 반드시 비가 오지 않을 거라고 생각한다는 것이다. 이는 50퍼센트를 기준으로 높으면 반드시 일 어나고, 낮으면 반드시 일어나지 않는다고 생각하는 것과 같다. 하지만 날씨 예보에서 비올 확률 70퍼센트는 과거 이와 비슷한 조건하에서 100일 중 70일이 비가 왔다는 의미이지, 반드시 비가 온다는 말은 아니다.

· **통계 오류**

통계 오류의 대표적 현상은 심슨의 역설이다. 이는 특정 모집단의 확률변수 사이에 성립된 관계가 그 모집단을 분할한 하위집단에서 반드시 성립하지 않는다는 이론이다. 예를 들어보자. 한 대학의 합격률이 여학생은 100명이 지원하여 60명이 합격했고, 남학생은 90명이 지원하여 50명이 합격했다. 이 경우 여학생의 합격률은 60퍼센트이고, 남학생의 경우 56퍼센트가 된다. 그런데 이들이 지원한 A학과와 B학과로 구분해보면 A학과는 여학생이 30명 지원해서 10명이 합격했고, 남학생은 50명 지원해서 20명이 합격했다. B학과의 경우 여학생이 70명 지원해서 50명이 합격했고, 남학생은 40명 지원해서 30명이 합격했다.

결과는 어떻게 달라졌을까? A학과 합격률은 여학생이 33퍼센트, 남학생이 40퍼센트이다. B학과의 경우 여학생이 71퍼센트, 남학생이 74퍼센트가 된다. 정리해보면 대학 전체로 보면 여학생이 남학생보다 합격률이 높은 것으로 나오지만 학과로 세분화해보면 A학과, B학과 모두 남학생이 합격률이 높게 나온 것이다. 이는 각 부분의 크기나 비율이 다른데도 불구하고 가중치를 두지 않아서 생기는 현상이다. 특히 이러한 오류를 피하기 위해서는 분석하는 데이터를 전반적으로 이해하고 변수에 영향을 주는 모든 요인을 경험에 근거하여 고려해봐야 한다.

넷째, 기업 내 전 구성원들이 데이터 기반 의사결정을 할 수 있도록 조직문화를 만들고 체계적인 역량을 배양해야 한다.

한 기업의 조직문화를 바꾸는 일은 어려운 일이다. 문화는 일정한 형태가 없고, 다른 방향으로 돌리는 직접적인 방법도 없기 때문이다. 그래서인지 조직문화의 변화를 선도하려 많은 리더가 잘못된 방법을 선택한다. 그렇다면 데이터 기반 의사결정 조직문화를 구축하기 위해 리더가 하지 말아야 할 것은 무엇인가? 가트너 그룹은 7,500여 명 직원과 200여 명의 HR 리더를 대상으로 설문조사와 심층 인터뷰를 진행했고, 이를 바탕으로 세 가지를 제시했다.

- **문화를 설명할 때 뻔한 수식어를 사용하지 않는다.**

리더들은 문화를 표현할 때 진부한 관용어에 의존하는 경향이 많다. 가트너는 이런 다양한 유행어가 목표수익 달성률에 어떠한 영향도 미치지 못한다는 것을 밝혀냈다. 그 이유는 기업이 선택한 유행어가 실제 운영방식과 다른 경우가 많고, 언행 격차를 불러오기 때문이다. 따라서 조직문화를 대변하는 문구는 중요한 긴장 관계를 직접적으로 표현하고 실제 사례를 분명히 보여주는 게 좋다. 그렇다면 어떤 문구가 좋을까?

"우리는 신을 믿는다. 그러나 신이 아닌 모든 사람은 근거가 되는 데이터를 제시해야 한다."
"우리는 일을 할 때 이렇게 질문한다. 그냥 그렇게 생각하는 것이냐, 아니면 데이터 분석을 통해 알아낸 것이냐?"
"우리 회사의 해고 사유는 세 가지이다. 절도, 성희롱 그리고 근거가 되는 데이터 없이 말하는 것이다."

이 세 가지 문구의 공통점은 긴장 관계를 명확히 보여주고, 이상과 현실의 교차점을 언급하고 현실에서 어떻게 해야 하는지를 보여주고 있다. 단지 '혁신적인 문화를 만들자'가 아니라 '데이터를 기반으로 사고하고 행동하는 문화를 만들자'를 강조하고 있다. 하지 않으면 해고까지 한다니 결연한 의지를 보여주고 있는 셈이다. 이 문구는 실제 최고의 글로벌 기업 CEO들의 표현들이다. 이런 확고한 의지가 없다면 조직문화는 쉽게 바뀌지 않기 때문이다.

- **조직문화를 바꾸기 위해서는 정책을 바꿔야 한다.**

대표적인 사례가 마이크로소프트의 CEO 사티나 나델라이다. 그는 PC 소프트웨어 중심의 회사를 데이터 기반의 모바일과 클라우드 중심으로 바꾸기 위해 성과관리 방법과 기준을 변경했다. 데이터가 공유되고 소통이 원활한 조직을 만들기 위해 부서 간 경쟁으로 사일로 Silo. 서로 소통하지 않고 고립되는 현상를 만들어내는 스택랭킹 시스템을 과감히 버렸다. 협업을 활발하게 만드는 절대평가 방식인 코넥츠 connects를 도입한 것이다. 현장 중심의 유연한 조직문화를 위해 기존 직무 영역별 팀제에서 고객 중심으로 바꾸었고, 현장 리더에게 대부분의 권한을 위임했다. 이처럼 변화를 이끌기 위해서 리더는 말, 행동, 프로세스, 예산 등 운영방식을 바꾸어야 한다.

- **데이터 기반의 사고가 정착될 수 있도록 교육 지원에 아끼지 말아야 한다.**

결국 기업의 모든 활동은 조직 구성원들에 의해 수행되기 때문이다. 그렇다면 조직 내 교육을 받아야 하는 집단은 누구이며, 어떤 교육 과정을 마련하는 것이 좋을까?

첫 번째 대상은 현장에서 실무적으로 다양한 데이터 활용을 수행하는 집단이다. 이들은 데이터를 가장 많이 활용하고 생성하는 집단이지만 기본적인 지식이 다소 부족한 대상이다. 따라서 데이터의 기본적 이해부터 분석, 활용까지 매뉴얼 방식으로 쉽게 사용할 수 있도록 프로그램화하는 것이 좋다. 기업 내부에서 구축된 빅데이터 시스템을 사용하는 집단이기 때문이다. 하지만 현장의 문제를 가장 잘 알고 있는 집단이기에 일부 인원에 대해서는 데이터에 대한 인사이트와 분석 역량도 함께 교육되어야 한다.

두 번째 대상은 기업 내 수집된 데이터를 관리하거나 필요하면 직접 데이터를 수집하여 분석하고 현장 인력들과 업무를 효율화할 알고리즘을 개발하여 조직에 적용하는 집단이다. 이들은 다양한 영역의 전문가로 구성되어 있다. 또한 통계학, 빅데이터 분석 알고리즘, AI 등 데이터 관련 다양한 기술을 이미 습득하고 있는 집단이다. 따라서 현장 인력과 함께 조직의 문제를 해결해줄 수 있도록 코치의 역할을 부여해야 한다. 새로운 기술을 습득할 수 있도록 해주고, 알고리즘을 개발하고 적용할 수 있는 다양한 툴을 습득할 수 있도록 해야 한다.

세 번째 대상은 조직이 데이터 중심으로 전환할 수 있도록 전략을 수립하고, 조직을 구성하며, 시스템과 문화를 개편하는 집단이다. 현재 조직 내 인력에 대한 데이터를 기반으로 기업의 전략과 부합되는 조직문화와 시스템을 만들기 위해 인력을 선발하고, 운영하며, 다양한 보상 시스템을 만들기 위해 데이터 분석과 관련된 기본적인 소양을 갖출 수 있도록 지원해주어야 한다.

고객의 데이터로 경쟁우위를 확보하라

· · ·

"데이터는 21세기 원유다. 그리고 데이터 분석은 그것을 연소하는 엔진이다."

가트너 수석부회장을 역임했던 피터 손더가드 Peter Sondergaard 의 말이다. 그리고는 "데이터는 그 자체만으로는 전혀 의미가 없고, 데이터를 사용하는 방법과 이를 토대로 실행하는 방법을 알지 못한다면 실제로 아무것도 할 수 없다"라고 강조했다. 실제로 오늘날 기업들은 어마어마한 양의 데이터를 생성하고 있다. 기업은 밸류체인상의 다양한 비즈니스 활동에서 데이터를 생성하고 있고, 개인들은 디지털화한 삶 자체에서 수많은 데이터를 생성해내고 있다. 실제로 세계 인터넷 데이터의 90퍼센트가 2016년 이후에 생성되었다고 한다.

이렇게 데이터가 폭증하는 빅데이터 시대에 글로벌 시가총액 상위에 랭크되어 있는 소위 빅테크 기업 메타, 애플, 아마존, 넷플릭스, 테슬라, 구글, MS들은 방대한 양의 데이터를 대규모로 수집할 수 있는 이점을 누려왔다. 그리고 철저한 데이터 분석에 근거한 의사결정으로 독보적인 경쟁우위를 굳히고 있다. 이 기업들은 수많은 데이터를 체계적으로 수집·관리하고, 이를 통해 고객의 본질적인 문제의 핵심을 파악한다. 그리고 조직 차원에서 문제 해결을 위한 의사결정에 적극적으로 활용함으로써 차별적 경쟁우위를 확보하고 있는 것이다.

그렇다면 기업의 리더들은 어떤 리더십을 발휘해야 할까?

AI 솔루션을 개발하는 인코드 Encord의 창립자 올리크 스티그 한 센 Ulrik Stig Hansen은 데이터 리더십으로 성과를 창출하기 위해서는 기업 내 데이터를 최적화하고 전략적으로 사용하는 법을 배워야 한다고 강조했다. 그리고는 네 가지의 행동을 언급했는데, 데이터 사용에 대한 철저한 학습이 필요하다는 것이다.

첫째, 가장 먼저 해야 할 일은 우리가 가지고 있는 데이터가 무엇인지 파악하는 것이다.

그래야만 이 데이터를 어떻게 사용할지 파악할 수 있기 때문이다. 그리고 "우리 회사는 무엇을 기록하고 있지? 무엇을 기록하고 있지 않으며, 왜 기록하지 않는 거지? 보관할 수 있는데 그냥 버리는 데이터는 무엇이지?"라고 늘 자문해야 한다. 다음 단계는 타 기업들이 그들의 비즈니스 전략을 수립하기 위해 어떤 데이터를 저장하고 어떻게 활용하는지 학습하는 것이다. 어떤 알고리즘을 사용하는지, 어떤 외부 솔루션을 쓰고 있는지 구체적으로 알아봐야 한다.

둘째, 창조적 모방을 해야 한다는 것이다. 타 기업들은 어떻게 데이터에서 비즈니스의 가치를 창출하는지, 데이터가 핵심인 비즈니스에서 어떻게 수익을 창출하는지에 대해 창조적 모방을 해야 한다.

그리고 최신 트렌드를 접하고 최첨단 제품과 아이디어를 학습하면서 우리의 비즈니스에 어떻게 적용하면 좋을지 고민하고 팀원들과 토론해야 한다. 창조적 모방은 타인의 성공적인 사례나 아이디어로부터 시작되기 때문이다.

셋째, 내부에서 모든 걸 해결하지 말고, 외부에서 필요한 것을 도입해야 한다.
우리 기업들은 대부분 자체 서버를 활용하는 온-프레미스 On-Premise 방식을 쓰고 있다. 자체적으로 보유한 전산실 서버에 직접 설치해 운영하는 방식이기에 보안에는 강점이 있지만 구축하는 데 많은 시간이 소요되며, 유지관리 비용이 많이 들고, 이미 시장에 나와 있는 제품보다 성능과 결과가 좋지 못한 경우가 대부분이다. 따라서 우리 기업에 적합한 솔루션을 위해 내부 인프라가 필요하다는 생각을 버려야 한다.

데이터를 포착하고 관리할 때 발생하는 여러 문제에 대한 솔루션은 클라우드 SaaS Software as a Service에 이미 존재하며, 최고의 성능을 자랑하기까지 한다. 따라서 데이터를 구조화하고 관리하는 데 필요한 툴은 내부에서 구축하지 말고 구매하라고 조언한다.

넷째, 우리만의 '데이터 해자'를 구축해야 한다.
여기서 '데이터 해자'란 무엇을 말하는 것일까? 해자란 동물이나 외부인, 특히 외적으로부터의 침입을 방어하기 위해 고대부터 근세에 이르기까지 성의 주위를 파 경계로 삼은 물구덩이를 말한다. 따라서 데이터 해자란 데이터 수집 과정부터 남들이 쉽게 접근하지 못하는 방식을 사용하는 것을 말한다.

대표적인 예가 테슬라의 자율주행 소프트웨어 오토파일럿이다. 테슬라는 자동차 주행과 관련된 데이터를 수집하기 위해 전 세계에 판매된 약 300만 대의 전기자동차를 통해 데이터를 수집하고 있다. 여기에는 타 자동차 회사들이 수집할 수 없는 교통사고 정보, 상황에 따른 운전자의 습관 등 인간의 행동에 대한 정보 접근이 가능하다. 이를 통해 비즈니스를 확장할 수도 있고, 타 회사에 데이터를 판매하여 수익을 창출할 수 있기 때문이다. 이미 테슬라는 자동차 운전자들의 데이터를 확보해 보험 비즈니스를 시작했다. 데이터의 해자를 구축할 수 있는 사람은 현장을 가장 잘 알고 있는 리더라는 사실을 명심해야 한다.

디지털 비즈니스를 총체적으로 이해하는 디지털 협력자가 되자

• • •

조직의 리더인 당신은 디지털 시대 기업의 성공을 위해 우리가 피상적으로 알고 있는 제4차 산업혁명 기술에서 무엇을 알아야 하는지 명확하게 알고 있는가? 만약 이런 질문을 받는다면 몇 명이나 "예"라는 답을 할까? 아마 대부분의 리더는 고개를 갸우뚱할 것이다. 어떤 사람들은 무턱대고 파이썬이나 R을 배워야 한다고 나설 것이다.

하지만 무용지물이다. 비전문가인 리더들이 코딩을 배우는 것도 어렵지만, 배운 후에 어떻게 활용할지도 막막하기 때문이다.

그렇다면 무엇을 해야 할까?

데이터 분석을 위해 코딩을 배울 필요는 없지만, 코딩을 하는 사람들과 어떻게 일해야 할지는 알아야 한다. 좋은 디지털 협력자 digital collaborator 가 되어 개발자, 데이터 사이언티스트, 사용자 경험 UX 디자이너, 프로젝트 매니저와 협업하는 법을 배워야 한다는 뜻이다. 다시 말해 우리가 사용하는 솔루션이 어떻게 만들어지는지, IT 부서에 누가 어떤 일을 하는지, 데이터 전문가에 무엇을 요청해야 하는지 총체적으로 이해하는 디지털 협력자가 돼야 한다는 것이다.

이를 위해 데이터와 관련된 다양한 전문가 집단과 소통해야 한다. 기술 전문가와 주간회의를 계획하고 협업을 공개적인 행사로 만드는 것이다. 예를 들어 마케팅 부서의 경우 고객 행동의 이해가 최선이다. 따라서 데이터 분석가들과 정기적으로 만나서 데이터를 기반으로 한 고객의 행동을 논의한다면 두 집단의 생산성은 올라갈 것이다. 초기에는 데이터 분석가들이 즉각적인 해결책을 제시하지 못할 것이다. 하지만 엔지니어와 데이터 분석가들의 문제 해결 방식을 경험하다 보면 생각이 폭이 넓어지고 새로운 아이디어를 만들 수 있게 된다. 이것이 효율적인 협업이다.

두 번째 디지털 협력자의 역할은 다른 사람의 다른 작업 방식을 끊임없이 배워야 한다. 여기서 다른 사람은 기술배경 전문가이다. 기술이 비즈니스에 접목되어 성과를 창출해낼 수는 있지만 반대로 비즈니스가 어느 한 기술에 접목되는 경우는 없다. 하지만 기술이 없는 비즈니스의 혁신은 이제 찾아볼 수 없기에 비즈니스 현장의 리더들은 기술 배경 전문가들의 일하는 방식을 배워야 한다. 바로 인사이트의 근원이 되기 때문이다.

이 두 집단의 일하는 방식의 가장 큰 차이는 기술 배경 집단은 반복을 통해서 완성도를 높여가는 반면, 비기술 배경 집단은 완벽한 최종 상품을 지향한다는 것이다. 기술 배경 집단은 이러한 방식을 애자일 방식이라고 정의한다. 소비자가 원하는 제품을 제공하기 위해 프로토타입을 만들고 테스트하는 과정을 반복하면서 완성도를 높여가는 방식이다. 두 집단이 서로의 부족한 부분을 상호 보완해준다면 비즈니스의 성공 확률을 높일 수 있다.

마지막으로 디지털 협력자들은 기술이나 역량을 높이는 것보다 개념을 익히는 것이 더 중요하다. 현장의 리더들이 코딩을 배울 필요는 없지만 데이터 관련 핵심기술 용어들은 알아야 하기 때문이다. 디지털 맥락digital context과 디지털 유창성digital fluency의 개념을 비교해보면 이해가 빠를 것이다. 디지털 맥락은 사물들이 어떻게 연결되는지 큰 그림을 볼 줄 아는 능력으로 디테일한 세부사항은 알 필요가 없다. 하지만 디지털 유창성은 디지털 기술의 개념과 가능성, 한계 및 기술 성숙도 현황 등을 이해하고 이를 비즈니스와 전략에 접

목하여 가치를 창출하는 능력으로 세부 기술에 대한 이해도가 뛰어
난 능력을 말한다.

데이터 관점에서 접근해보면 현장의 리더들은 '데이터 맥락을 통
해 어떤 데이터를 어떻게 활용하면 우리의 비즈니스가 성과를 창출
할 수 있을까?'라는 질문에서 다양한 인사이트를 만들어내는 사람
이다.

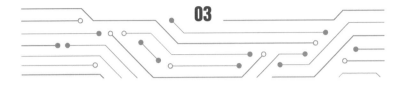

03

AI 중심의
조직문화 구축

"구글의 시대는 끝났다! ChatGPT!"

영국 일간지 〈인디펜던트〉가 지난 3일 올린 기사의 제목이다. 구글은 끝났다고 단언한 이 기사는 세계 최대 AI연구소인 오픈 AI가 지난해 11월 30일 공개한 AI 모델 챗GPTChat Generative Pre-trained Transformer를 언급한 것이다. 바야흐로 인공지능의 시대가 도래했다고 평하면서 기업의 관심이 쏠리고 있는 상황이다. 획기적인 성능으로 관심을 모으고 있는 대화형 인공지능 챗GPT의 개발사 오픈AI는 일론 머스크가 설립한 후 마이크로소프트가 1조 원을 투자한 유니콘 기업이다. 벌써부터 기업 가치를 37조 원으로 산정할 만큼 이슈가 되고 있다.

그렇다면 챗GPT가 어떻게 활용될 수 있기에 출시된 지 두 달도 안 돼서 화제가 된 것일까? 챗GPT는 대화형 인공지능 챗봇이다. 2년 전 AI의 혁신이라고 칭송받은 대형 언어모델 GPT-3의 업그레이드 버전으로 다른 챗봇들과 달리 주고받은 대화와 대화의 문맥을 기억할 수 있다. 모종의 보고서나 실제로 작성하는 파이썬 언어로 프로그래밍이 가능하며, 인간과 같은 상세하고 논리적인 글을 만들어 낼 수 있다고 한다. 일부 저술가는 챗GPT가 놀라울 만큼 인간적이고, 상세한 글을 생성할 수 있다. 그런데 학계에서 심각한 문제가 될 수 있다고 평가했다.

그렇다면 실제로 어떤 결과물을 만들어낸 것일까?

먼저 미국 노스웨스턴대학 연구팀은 챗GPT를 이용하여 의학논문 초록 50편을 작성하게 했다. 그리고 사람이 쓴 원문 초록과 구별하는 실험을 진행했는데 결과는 놀라웠다고 한다. 실험에 참가한 의학 관련 연구자들은 챗GPT가 쓴 논문 중 32퍼센트를 사람이 쓴 것으로 판단했고, 사람이 쓴 논문 중 14퍼센트를 챗GPT가 쓴 것이라고 선택한 것이다. 또한 추가로 챗GPT가 쓴 논문의 표절 검사를 실시한 결과 모든 논문이 문제없이 통과했고, 독창성 중앙값이 100퍼센트로 표절이 전혀 발견되지 않았다고 발표한 것이다. 가오 교수는 "챗GPT는 설득력 있는 과학적 글쓰기를 해냈다"고 평가하면서 "과학자들이 챗GPT를 사용해 논문을 작성하는 것을 정책적으로 금지

해야 한다"고 제안했다.

챗GPT의 활약은 이것만이 아니었다. 2023년 초 영화감독으로 데뷔한 것이다. 미국 잡지 〈점프스타트〉는 챗GPT를 활용해 각본을 쓰고 연출까지 맡긴 인류 최초의 영화 〈세이프존 The Safe Zone〉을 배포했다고 보도했다. 영화의 배경은 아이러니하게 AI가 세계를 장악한 디스토피아적 미래가 배경이다. 먼저 제작진은 챗GPT에게 영화의 스토리에 대한 아이디어를 제시하라고 요청했다. 그리고 제시된 아이디어 중 5개를 골라 각각의 이야기에 대한 각본을 써달라고 한 것이다. 또한 쓰는 과정에서 보충해야 할 부분은 더 구체적으로 각본을 쓸 것을 지시했다.

이렇게 완성된 시나리오에 제작진은 촬영 목록을 만들도록 했고, 촬영 과정 중 카메라 위치, 배우의 위치, 조명, 등장인물의 표정을 구체적으로 기술해달라고 했다. 출연진의 의상, 소품 등 감독의 역할을 대신하게 한 것이다.

더욱 놀라운 것은 챗GPT의 알고리즘 구조이다. 인간 피드백을 기반으로 하는 보상 기반 강화 학습모델을 사용하기 때문에 시간이 지나면서 고도화되고 더 똑똑해진다는 것이다. 그렇다면 기업에서는 이러한 AI를 어떻게 활용해야 할까? 벌써부터 챗GPT를 사업에 도입하겠다는 기업이 나타나기 시작했기 때문이다.

데이터 기반의 AI 중심 조직 만들기:
문제는 기술이 아니다, 조직문화다

...

챗GPT 사례처럼 인공지능이 비즈니스 세계를 급격히 변화시키고 있다. 2023년 CES의 기조연설을 맡았던 자율주행 농기계의 선두 주자 존디어처럼 농업에서부터 제조, 서비스, 패션, 금융까지 수많은 영역에서 의사결정을 돕기 시작했다. 기업이 인공지능을 활용해 본격적으로 돈을 벌기 시작했다는 것이다. 실제로 AI 글로벌 경제 규모는 향후 10년간 13조 달러가 될 것이라고 전문가들은 예측하고 있다. 하지만 기업의 상황은 다르다. AI의 기반인 데이터를 어떻게 활용할지도 모르고, AI를 어떤 비즈니스에 접목해야 할지 감도 못 잡고 있는 것이다. 그렇다면 대안은 무엇일까? 일부 기업들이 추진하고 있는 최신 기술의 도입과 인재의 확보만으로는 해결할 수 없다. AI를 활용해서 데이터 기반의 의사결정이 당연한 조직문화를 만들어야 한다.

그렇다면 조직의 리더들은 무엇을 해야 할까?

첫째, 기존에 직무와 팀 중심의 분업적 업무 방식에서 다양한 분야의 협력적 업무 방식으로 전환해야 한다.
데이터 기반의 AI 도입은 다양한 능력과 다양한 관점을 가진 다기

능 팀에서 가장 큰 성과를 만들어낼 수 있기 때문이다. AI는 목적이
아니다. 단지 비즈니스의 성과를 만들기 위한 수단일 뿐이다. 그래서
비즈니스의 문제부터 시작해야 한다는 것이다. 비즈니스 담당자와
운영담당자 그리고 데이터 분석가들이 함께 팀워크를 구축한다면
비즈니스 이슈뿐만 아니라 조직의 문제까지 포괄적으로 접근할 수
있다.

**둘째, 경험 중심의 직관적 의사결정에서 데이터 기반의 분석지향형 의사결
정으로 전환해야 한다.**

기업의 모든 구성원이 데이터 자체를 분석해서 의사결정을 내리는
것은 불가능하다. 역량도 문제지만 효율성이 떨어지기 때문이다. AI
를 업무에 도입하면 직원들은 데이터 분석을 통한 알고리즘 추천으
로 판단력과 직관력을 강화할 수 있게 된다. 데이터를 근간으로 한
AI의 결과와 인간의 경험에 의한 직관은 서로의 단점을 보완해주기
때문이다. 이를 위해서는 먼저 모든 조직 구성원이 데이터를 기반으
로 한 AI 알고리즘 제안에 신뢰를 가지고 있어야 한다.

그리고 자신의 경험적 직관을 더하여 자율적인 의사결정을 내리
고 시행할 수 있는 권한을 가져야 한다. 이러한 방식은 최근 챗GPT
를 통해 영화를 제작한 과정과 흡사하다. AI가 데이터를 기반으로
여러 개의 시나리오를 도출하면, 보완이 필요한 영역에 대해 인간이
판단하고 더 세부적인 것을 요구하는 것이다. 이런 과정을 통해 인간

은 더욱 효율적이고 합리적인 의사결정을 내릴 수 있게 된다.

셋째, 조직 구성원이 실패를 두려워하지 않고 도전할 수 있는 애자일하고, 실험적인 풍토를 만들어주어야 한다.

기존의 방식을 버리고 데이터 기반으로 의사결정을 진행하는 문화를 하루아침에 만들 수는 없다. 더욱이 AI가 제시하는 제안을 처음부터 100퍼센트 신뢰할 수도 없다. 만능이 아니기 때문이다. 그래서 인간의 직관이 필요하다. 하지만 이 과정에서 실패를 반복할 수밖에 없기 때문에 조직의 리더는 조직 구성원들에게 심리적 안정감을 심어주어야 한다. 실패하면 그에 합당한 평가가 주어지는 것이 아니라, 끊임없이 실험하고 실패하면서 배우면 된다는 자신감을 심어주어야 한다. 물론 이러한 변화는 쉽게 만들어지지 않는다.

리더들은 조직 구성원들이 변화에 적응할 수 있도록 준비시켜야 하고, 당위성을 설명하며, 필요한 도구를 제공해주어야 한다. 무엇보다 중요한 것은 리더 스스로 준비가 되어 있어야 한다는 것이다.

넷째, 팀원들의 데이터 기반 AI 역량을 강화시켜줄 적절한 교육을 반복해서 진행해야 한다.

기업에서는 지금도 수없이 많은 데이터가 생성되고 있고, 분석기술은 하루가 멀다 하고 진화하기 때문이다. 이를 위해 온라인 교육, 일대일 코칭 교육, 워크숍, 현장학습, 컨퍼런스 등 다양한 교육 과정을 전사 HR 부서와 협의하여 체계화하는 것이 중요하다.

기본적인 교육 과정 중 첫 번째는 리더십 교육이다. 이 교육 과정의 커리큘럼은 데이터 기반의 의사결정을 정착하기 위해 임원이나 팀 단위 리더들에게 AI, 빅데이터 분석 및 관련 기술에 대한 높은 수준의 트렌드를 제공한다. 이러한 기술들을 활용해 어떤 비즈니스를 창출할 수 있는지 인사이트는 물론, 우리 조직에 적용할 경우 어떤 문제점이 발생하는지 알려준다.

두 번째는 데이터 분석과 관련한 기술교육이다. 전사조직의 데이터 분석가, 엔지니어, 데이터베이스 설계자 그리고 데이터 거버넌스를 담당하고 있는 직원들이 대상자이다. 이들은 현장에서 발생하는 비즈니스의 문제점을 현장 담당자와 협업을 통해 발견하고 필요한 데이터의 표준화를 통해 현장에서 사용할 수 있는 효율적인 솔루션을 구축해준다.

세 번째는 데이터 스토리텔러라고 불리는 고객 접점의 현장 관리자들이다. 이들은 비즈니스 이슈를 다루기 때문에 어떤 데이터를 사용해서 새로운 아이디어를 창출할지 다양한 실험을 진행해야 한다. 따라서 기술과 관련된 근본적인 교육이 필요하다. 데이터를 직접 분석하여 의사결정을 할 수도 있고, 현장에 필요한 AI 시스템을 제안할 수도 있다. AI의 의사결정을 기반으로 스토리를 만들며, 비즈니스의 전략을 수립하기도 한다.

마지막으로 최종 사용자인 현장의 담당자들이다. 고객 접점에서 직접 고객을 응대하는 이들에게는 의사결정의 근간이 되는 AI 시스템을 잘 활용할 수 있도록 해야 한다. 따라서 AI 솔루션의 일반적인 사용법부터 응용 단계까지 매뉴얼을 기반으로 지속적 훈련과 코칭이 필요하다.

AI 전략의 시작은 데이터에 있다

· · ·

데이터 기반의 AI 조직을 만들기 위해서 리더의 변화 인식과 행동의 변화만 가지고 가능할까? 물론 그렇지 않다. MIT 슬론경영대학 교수인 케인 Kane과 네들러 Nadler는 기업의 조직을 디지털로 전환하기 위해서는 반드시 그에 합당하는 전략이 필요하다고 했다. 바로 데이터 기반의 AI를 위한 전략도 중요하지만, 데이터를 활용한 AI 전략도 중요하다는 것이다. 그런데 비슷할 것 같은 두 가지의 의미에는 어떤 차이가 있을까? 전자는 AI의 역량을 강화하기 위해 조직 내 전략을 수립하는 것을 말하지만, 후자는 AI가 조직 내 다양한 데이터를 기반으로 최적화된 전략을 도출한다는 개념이다. 이미 아마존, 구글, 메타, 마이크로소프트 같은 AI 선도기업들은 AI의 역량 강화를 위한 전략과 그 역량을 통해 도출된 전략을 같이 활용하고 있다. 철저하게 데이터와 분석 기반으로 조직이 운영되고 있는 것이다.

그렇다면 AI와 관련된 전략을 수립하기 위해 무엇이 필요할까? MIT 슬론경영대의 데이비드 카이런 David Kiron 은 그의 연구를 통해 세 가지를 강조하고 있다.

첫째, 조직의 전략을 대변하는 것은 기업의 핵심성과지표 포트폴리오이다.
핵심성과지표 KPI, Key Performance Indicator 란 특정한 단체 또는 해당 집단이 참여한 특정 활동에 대한 성공도를 측정하는 지표를 말한다. 구체적이고, 측정 가능해야 하며, 조직의 전략적 목표와 연결되어 있어야 한다. 각 조직은 이런 핵심성과지표를 측정함으로써 가치, 책임감, 경쟁우위를 창출할 수 있는 것이다. 그런데 지금까지 핵심성과지표 산정을 우리의 경험에 의해 선정해왔다. 쉽게 알 수 있고, 쉽게 접근할 수 있는 내용이다 보니 더 이상 새로울 것도, 특별한 아이디어도 필요하지 않았다. 오히려 새로운 핵심성과지표는 논리적으로 설득하는 데 더 많은 열정과 시간을 허비했던 것이다. 하지만 핵심성과지표는 그 조직의 전략을 실행하는 데 중요한 잣대가 된다. AI 시대, 그 방법을 바꿔보자.

둘째, 조직 내 데이터를 기반으로 AI가 핵심성과지표를 선정하고, 측정하고, 최적화하는 작업을 해야 한다.
데이터가 풍부하고, 디지털 분석 도구를 갖추고, 알고리즘을 잘 이해하는 시장에서는 AI가 어떤 핵심성과지표를 정할 것인지, 또한 그 핵심성과지표를 어떻게 최적화할 것인지에 대한 핵심 역할을 한다. 이때 AI를 위한 전략과 AI를 통한 전략을 도출하여 조율하고 통합하는 과정이 중요하다.

기업은 지금까지 구체적인 전략을 수립하면 평가하는 지표를 만들어 적용해왔다. 조직의 핵심성과지표KPI, 목표와 핵심성과OKR, 균형성과표BSC 등이 그것이다. 그런데 그것이 무엇이든 AI 기술로 업그레이드된 조직 내 시스템들은 조직의 이런 목표를 수치화할 수 있다. 이미 세계적은 디지털네이티브 기업들은 AI 기술을 채택하지 않고서는 최적화된 KPI를 논할 수 없게 된 것이다.

예를 들어보자. 우버의 경우 승차 공유 플랫폼과 식품배달 사업의 최적화를 위해 수백 개의 AI 알고리즘을 활용하고 있다. 그런데 가장 중요한 핵심지표는 고객과 운전자를 위한 차량 도착 시간ETA, Estimated Time of Arrival이다. 문제는 이 ETA를 정확히 산정하는 데는 무리가 있다는 것인데, 우버는 ETA를 AI 기술을 통해 획기적으로 개선했다. 상황에 따라서 최적화시킨 것이다. 만약 우버가 ETA라는 KPI를 안정적으로 달성하지 못한다면 어떻게 될까? 저렴한 가격이나 최고의 가치를 제공하는 이동 배달 서비스가 되지 못할 것이다. 이렇게 AI는 데이터의 학습을 통해 핵심성과지표의 우선순위를 정하고 최적화할 수 있다.

또 다른 사례는 맥도날드이다. 이 회사는 부모들의 호감을 주는 외식 공간으로 다시 자리 잡기 위해 두 가지 KPI를 선정했다. 하나는 '내 자녀를 데려갈 수 있는 행복한 곳'이고, 나머지 하나는 '13세 이하 자녀를 둔 가족들의 방문 횟수'이다. 그런데 문제가 생겼다. 후자는 데이터로 측정이 가능했지만, 전자의 경우 수치로 측정하는 것 자체가 어려운 상황이었다. 이때 AI 기술이 측정 방법을 제공해주었다. 머신러닝 기반의 심리분석을 활용해 지리적 정보가 포함된 트위터와 기타 데이터를 분석했다. 이를 통해 패스트푸드점에 대한 사용자들의 댓글과 해당 지역 웰빙 수준의 연관성을 파악할 수 있었다. 맥도날드의 사례처럼 여러 웹사이트의 데이터를 통합하여 서비스를 제공하는 머신러닝 매시업 mashup 은 학계와 기업에 많이 사용되고 있다. 맥도날드는 AI를 통해 우선순위가 높은 KPI를 더 효과적으로 뽑아낼 수 있었다고 한다.

GE 헬스케어 부문의 CMO인 글렌 토마스 Glenn Thomas 는 새로운 KPI를 발견해내는 것에 대해 이렇게 설명하고 있다. "우리 회사의 데이터 과학팀은 측정해야 하는 KPI를 선정하지 않습니다. 데이터를 끓여서 KPI를 수증기처럼 뽑아내고 있습니다."

셋째, 조직 내 다양한 데이터를 자산으로 관리하고 핵심성과지표를 개선하며 AI에 활용해야 한다는 것이다.

데이터를 통한 기업의 전략이 없다면 AI를 통한 기업의 전략도 있을 수 없기 때문이다. 조직 내 데이터는 AI와 역동적으로 결합하여 최적화를 만들어내는 핵심이다. 그렇기에 우버, 맥도널드의 사례에서

도착 예정시간이나 행복한 가족에 대한 전략적 KPI를 최적화하기 위해서는 데이터 양과 속도, 품질에 달려 있다. 기업은 어떤 데이터가 KPI를 개선할 수 있고, AI를 최적화할 수 있을 것인지 파악해야 한다. 그렇다면 이러한 데이터에서 가치를 도출해내는 건 누구의 몫이 되는 걸까? 당연히 현장의 직원들이다. 그리고 데이터 과학자, 데이터 분석가, 마이닝 전문가의 도움으로 코칭과 지원을 해야 한다.

데이터를 비즈니스에서 더욱 효과적으로 활용하는 방법은?

• • •

데이터가 중요하다는 것을 모르는 기업은 없다. 또한 데이터가 가진 무한 잠재력을 우리는 잘 알고 있다. 하지만 데이터 기술의 발전과 새로운 데이터의 등장은 양적으로나 질적으로 계속 증가하고 있는게 현실이다. 그렇다면 데이터를 효과적으로 활용할 수 있는 방법은 무엇일까? 맥킨지의 AI 전문가 비랄 데사이 Veeral Desai 는 기업이 자사의 제품을 대하듯 데이터를 취급하라고 말한다. 바로 데이터를 제품화하라는 말인데, 데이터 제품이란 무엇을 의미하는 걸까?

제품이란 원재료를 사용해서 제조하는 물품을 뜻한다. 기업의 입장에서 제품이 잘 팔려야 수익이 나기에 가능한 많은 사용자의 니즈를 해결할 수 있는 제품을 만들려고 한다. 자동차를 예로 들면 다양한 사용자에게 맞춤화하기 위해 여러 가지 옵션을 선택할 수 있도록 다양화하는 것을 말한다. 그런데 더 중요한 것은 고객들에게 더 좋은 제품을 제공하기 위해 지속적으로 개선해야 한다는 것이다. 외관을 바꾸기도 하고, 새로운 엔진을 탑재하기도 한다. 데이터 제품이란 데이터도 이런 방식으로 가치를 지속적으로 창출할 수 있는 메커니즘을 적용한다는 의미이다.

그렇다면 어떤 모습이며 어떤 서비스를 제공할 수 있을까?

데이터 제품은 조직 전체가 쉽게 접근 가능해야 한다. 다양한 비즈니스에 적용 가능해야 하며, 즉시 사용 가능해야 한다. 또한 기업의 비즈니스와 관련된 모든 고객 정보가 들어가 있고, 고객과 상호작용하는 다양한 데이터가 포함되어야 한다. 제조업의 경우 생산 라인의 모든 정보를 포함하고 있어 디지털 트윈을 구축할 수 있는 수준이 되어야 한다. 또한, 데이터 제품은 현장에서 사용하는 데 최적화되어 있어야 한다. 단지 정해진 기능만 사용하는 것이 아니라, 현장 담당자들이 다양한 옵션을 선택해서 쉽고 유연하게 데이터를 조작할 수 있어야 한다. 그리고 결과를 한눈에 볼 수 있도록 시각화해야 한다. 그런데 여기서 한 가지 궁금증이 생긴다. '어떻게 접근하느냐'이다. 정답은 무엇일까?

결국 계속해서 강조했듯이 비즈니스의 핵심 문제에서 시작해야 한다. 먼저 우리 조직의 핵심 비즈니스 프로세스를 정의하고, 소비자들의 경험 여정과 직원들의 경험 여정을 분석하는 것부터 시작해야 한다. 그리고 특정 기능과 각 비즈니스 영역에서 사용하는 사례들의 실현 가능성 및 잠재가치를 평가해야 한다. 이렇게 우선순위를 정한 뒤에 어떤 데이터로 어떤 서비스를 누구에게 제공할지 결정하는 것이다.

금융권을 예로 들어보자. 가장 중요한 이슈가 무엇일까? 금융사고의 관리와 금융제품을 판매하는 마케팅 사례일 것이다. 그런 다음 해당 서비스를 위해 수집해야 하는 데이터 종류를 식별해야 한다. 추가로 인구통계나 기본적인 고객 정보도 필요하다. 때에 따라선 사회적 환경에 따른 고객 행동 데이터가 필요할 수도 있다. 이를 통해 데이터세트를 구성하고 해당 서비스를 지원할 수 있도록 상품화해야 한다. 그리고 다른 서비스에 대한 필요성이 생기면 자동차의 옵션을 추가하듯 데이터세트를 강화해나가야 한다.

세계 최고의 AI 소프트웨어 플랫폼 팔란티어 Palantir 의 COO Chief operating officer 시암 상카 Shyam Sankar 는 이 방식을 '거꾸로 트랜스포메이션'이라고 정의하였다. 데이터를 먼저 모은 뒤 그 안에서 인사이트를 찾는 것이 아니라 기업의 중요한 의사결정을 정하고 나서 데이터를 점진적으로 결합해나가야만 성공할 수 있다는 말이다. 많은 사람이 데이터가 없거나 잘못되어 비즈니스가 실패한다고 생각하지만 그렇지 않다. 처음부터 비즈니스의 문제 설정이 잘못되었기 때문이다.

여기에서 데이터 리더십을 발휘해야 하는 현장 리더의 역할이 또 한 번 중요해진다. 효율적인 데이터 기반의 오퍼레이팅 시스템을 개발하기 위해서는 업무 현장에서 고객의 문제를 명확히 파악하고 지속적인 개선 방안을 찾아가야 하기 때문이다. 그는 팔란티어의 성공이 바로 여기에 있다고 말한다.

데이터를 논하기 이전에 해결하고 싶은 비즈니스 문제를 정의하라

• • •

'Garbage in, garbage out'이라는 말이 있다. '쓰레기가 들어가면 쓰레기가 나온다'는 뜻으로 컴퓨터 과학이나 정보통신 기술 분야에서 자주 사용하는 말이다. 그만큼 좋은 데이터가 중요하다는 의미다. 그런데 한 가지 의문이 든다. 나는 과연 '좋은 데이터가 무엇인지, 쓰레기 같은 데이터가 무엇인지 구분할 수 있을까?' 결코 쉽지 않다. 쓰레기 같은 데이터에 쓰레기라고 쓰여 있지 않기 때문이다. 쓰레기 같은 데이터를 구분해낼 수 있는 유일한 방법은 처음부터 수집하지 않는 것이다. 이 말의 의미는 왜 우리가 데이터로부터 인사이트를 도출하기 힘든지 방증하고 있다. 비싼 돈을 주고 구입한 아무리 좋은 데이터라 해도 실제 비즈니스의 복잡한 의사결정 구조와 일치하지 않으면 쓰레기일 수밖에 없기 때문이다.

그래서 데이터 리더십의 출발은 데이터가 아닌 비즈니스의 문제에서부터 출발해야 하는 것이다. 애초에 완벽한 데이터란 존재하지 않는다. 문제를 해결하기 위해 데이터를 모으고 개선하는 과정일 뿐이다. 비즈니스 문제부터 시작한다면 완벽한 데이터가 아니더라도 다양한 인사이트를 얻을 수 있다.

한 가지 예를 들어보자. 최근 스마트농업이 한창이다. 글로벌 무역 장벽과 이상기후로 인해 농작물의 생산이 국가 안보의 이슈로 떠올랐기 때문이다. 이에 정부는 2019년부터 노지 스마트농업을 활성화하기 위해 한 단위별 250억 원이라는 엄청난 돈을 투입하고 있다. 이곳에는 통신시설, 토양, 날씨 센서, 관수물 공급 시스템, CCTV, 드론, 농기계 등 첨단 기술이 적용되었다. 각종 센서에서 생성되는 어마어마한 데이터들을 통해 작물이 가장 잘 자랄 수 있는 AI 의사결정 시스템을 구축한 것이다. 토양과 기상의 상태를 예측하는 환경 분석, 작물의 생육, 성장, 시비 등을 결정하는 식생 분석, 조수 피해, 병충해 피해 등을 사전 예방하는 영상 분석, 관수, 방제, 기상이변을 감지하는 위험 분석, 수확량, 품질, 가격, 유통을 분석하는 작황 분석 의사결정 시스템의 결과물이었다.

그런데 문제는 여기에서부터 시작되었다. 누구를 위한 것일까? 농민들의 입장에서 보면 이 시스템을 구축하는 비용도 만만치 않지만 구축한다고 해도 생산량에 큰 차이가 없었다. 농민들 입장에서는 스마트농업의 AI 의사결정 시스템은 돈을 먹는 하마 같은 존재이고, 아무도 이 의사결정 시스템을 사용하고 싶지 않다고 말한다. 거기에 하지 않아도 될 유지보수 비용이 어마어마하게 든다는 점이다. 처음부터 문제 설정이 잘못되었다면 그 자체로 아무리 완벽한 AI 시스템이라도 쓸모없는 쓰레기가 된다.

따라서 데이터 리더십을 발휘해야 하는 현장의 리더들은 고객에게 달려가야 한다. 고객이 어디에 있든 그곳에 가서 그들이 무엇을 원하는지 관찰하고 이해해야 한다.

그렇다면 AI와 데이터를 통해 우리 조직이 경쟁우위를 확보하기 위해선 무엇을 해야 할까?

첫째, 고객들이 우리를 신뢰할 수 있도록 가치 기반을 구축해야 한다.
또한, 고객이 우리의 각종 조사에 참여함으로써 얻는 가치를 명확히 설명해야 한다. 우리의 제품과 서비스가 그들의 삶에 밀접하게 연결되고 가치를 제공한다고 생각하면 고객은 더 많은 인사이트를 제공할 것이다.

둘째, 우리의 일상 업무에서 데이터를 통해 인사이트를 수집하는 과정을 습관화하는 것이다.
별도로 시간과 노력을 투입해서 고객의 인사이트를 얻는 것이 아니라 고객이 참여하는 과정에서 부산물로 만들어질 수 있도록 해야 한다.

세계적인 패스트패션 브랜드 자라는 리테일 매장 직원들이 평소 고객에게 가장 잘 어울리는 스타일을 찾아주면서 인사이트를 캐치하는 눈과 귀가 되도록 훈련하고 있다. 고객 관찰을 통해 저장될 수 없는 비정형 데이터를 수집하는 것이다. 오프라인 매장에 이러한 정보들은 온라인의 정형화된 데이터와 만나 다양한 인사이트를 만들어 내고 있다. 그리고 새로운 제품의 디자인, 생산, 물류, 마케팅 등 최적의 의사결정에 활용되고 있는 것이다.

자라의 핵심역량은 여기에서 나온다. 고객이 선호하는 제품을 제공하는 유연성과 고객이 요구하는 순간, 그 제품을 생산할 수 있는 정확성에 있는 것이다. 이러한 시스템들은 700여 명 이상의 디자이너들이 매년 6만여 가지의 새로운 디자인을 선보일 수 있도록 해주고 있다. 또 세계 곳곳의 매장에 일주일에 두 번 새로운 콜렉션을 공급해주고 있다.

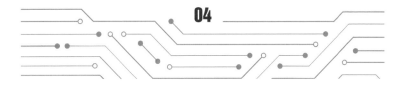

차별화된
데이터 분석 전략

"배고플 땐 넌 네가 아냐!"

무슨 말일까? 이 문구는 세계적인 식품회사 마즈^{Mars}가 진행한 스니커즈 초콜릿의 빅데이터 기반 캠페인이다. 데이터 분석에 의하면 사람들은 식사시간 이후보다 식사시간 이전에 SNS에 올리는 글들이 퉁명스럽고 무뚝뚝하거나 더 신경질적이라는 것이다. 금강산도 식후경이라고 모든 생명체에게 배고품이란 같은 말이라도 부정적 의미를 담을 수밖에 없다.

마즈는 이 점을 활용해서 스니커즈 초콜릿 판매방식을 창의적으로 바꿨다. 물론 이 캠페인은 빅데이터 분석을 기반으로 출발했다. 먼저 마즈는 매일 SNS에 올라오는 약 1만 4,000여 개의 글을 실시간으로 수집했다. 그리고는 미리 어휘별로 태그를 달아 놓은 3,000여 개의 긍정, 부정, 짜증, 우울 등의 감성단어를 머신러닝으로 매칭시켜 어떤 감정을 느끼고 있는지 10단계로 구분해서 평가한 것이다. 만약 사람들의 부정적인 감정이 높아지면 스니커즈 초콜릿 가격을 할인해서 판매하고, 긍정적인 감정이 높아지면 정상가격으로 판매하는 방식이다.

이렇게 결정되는 가격을 매일 앱을 통해서 실시간 공지했고, 고객들은 이 가격을 바코드로 생성해서 편의점에서 구매할 수 있도록 한 것이다. 결과는 어땠을까? SNS에 표출된 사람들의 감정 상태에 따라 상품 가격을 결정하겠다는 마즈의 캠페인은 놀라운 성과를 가지고 왔다. 캠페인 기간 약 70퍼센트의 매출이 상승했고, 브랜드 인지도나 웹사이트 방문 고객 수 등은 약 1,000퍼센트 이상 증가했다. 마즈는 고객의 마음을 훔치기 위해 색다른 분석 방법을 선택한 것이다.

또한 문제의 본질을 명확히 정의하고 시작한 것이 성공을 만들어 냈다. 그들은 초콜릿바를 사먹는 사람들의 상황을 관찰해왔다. 흔히 '당이 떨어진다'라는 표현을 쓰듯 허기지거나 스트레스를 받을 때 달달한 초콜릿바는 기분을 좋게 만들며, 허기도 달랠 수 있다는 것을 캐치한 것이다. 헝거리즘 Hungerithm 이라고 명명한 이 알고리즘의 구조는 간단했다. SNS에 올라오는 실시간 글들을 분석해서 사람들의 감정 상태를 파악하고, 그 결과에 따라 스니커즈 초콜릿의 가격을 결정하는 이벤트를 실시한 것이다. 사람들은 당이 당기는데 평소에 즐겨 먹던 초콜릿바가 할인까지 한다니 구매에 망설임이 없어지게 된 셈이다.

사람들의 마음은 어떻게 읽을까?

...

사람의 마음을 읽을 수 있는 방법론을 제공하는 학문으로 흔히들 인문학 혹은 심리학은 말한다. 인문학은 "인간과 인간의 근원 문제, 인간과 인간의 문화에 관심을 갖거나 인간의 가치와 인간만이 지닌 자기 표현 능력을 바르게 이해하기 위한 과학적인 연구 방법에 관심을 갖는 학문, 혹은 인간의 사상과 문화에 관해 탐구하는 학문"이라고 정의되어 있다. 또한 심리학은 "인간의 행동과 심리 과정을 과학적으로 연구하는 경험 과목"이라고 정의되어 있다. 두 학문의 특징은 인간 본연의 모습을 다루고 있지만 인문학은 맥락에 가깝고, 심리학은 행동 그 자체에 관심을 두고 있다는 점이다. 하지만 또 하나의 공통점은 효율적이지 못하다는 것이다. 많은 시간과 노력이 필요하기 때문이다.

그렇다면 현재 사람들의 마음이 어떤지 쉽게 읽을 수는 없을까? 이렇게 시작한 빅데이터 분석기술이 감정 분석 Sentiment Analysis 이다.

감정 분석이란 디지털 텍스트를 분석해서 메시지의 감정적 어조가 긍정적인지, 부정적인지 혹은 중립적인지 확인하는 데이터 분석 방법이다. 글에 내재되어 있는 사람들의 주관적 태도나 감정을 추출해내는 방식으로 작동한다. 많은 기업이 감정 분석에 관심을 갖는 이유는 소셜네트워크 서비스의 확장과 맥을 같이 한다. 사람들은 SNS를 통해 정보를 소비하는 주체에서 생산하는 주체로 포지셔닝이 변경되었기 때문이다. 자신이 구입한 물건에 대해 좋고 나쁨을 극명하게 드러내며 정치, 사회, 문화 모든 면에서 다양한 방식으로 자신들의 감정을 표출하고 있다.

소셜미디어는 정보 제공자의 신뢰를 바탕으로 그 영향력을 더욱 확장했다. 온라인상에 실시간으로 자신의 구매 후기를 올리고 제품의 비교를 날것으로 거침없이 표현하기 시작한 것이다. 자신의 감정을 그대로 드러낸 이러한 데이터들은 소비자들의 마음을 쉽게 파악할 수 있게 만들었다.

그렇다면 감정 분석은 어떻게 시작되었을까?

감정 분석은 텍스트 마이닝 Text Mining 이라는 개념에서 시작되었다. 1999년 버클리대학 허스트 Marti Hearst 교수가 처음으로 언급한 텍스트 마이닝은 비정형화된 텍스트 데이터들에서 새로운 관계나 규칙들을 찾아내는 기법이다. 이 비정형화된 텍스트 데이터는 크게 '객관적 텍스트'와 '주관적 텍스트'가 있다. 둘의 차이는 사람의 감정이나 의견이 들어가 있느냐에 따라 나누어진다. 그래서 주관적 텍스트를 분석하는 방식을 오피니언 마이닝 Opinion Mining 이라 부르며, 감정 분석의 근간이 된다. 감정 분석은 3단계의 과정으로 진행된다.

- 1단계: 소셜미디어나 웹사이트 혹은 다양한 디지털 매체에서 정보를 수집하는 데이터 수집 단계이다. 여기서 말하는 정보는 당연히 사람들에 의해서 작성된 텍스트 데이터를 말한다.
- 2단계: 수집된 자료들 중에 사람들의 감정 같은 주관이 포함되어 있는지 파악하고, 그 부분만 걸러내는 단계이다. 앞서 언급했던 객관적 텍스트인지 주관적 텍스트인지 구분하는 것이다.
- 3단계: 걸러진 주관적 텍스트에서 주관성의 정도나 극성을 측정하고 분류하고 평가하는 단계이다. 긍정, 부정, 애매모호 혹은 특수한 감정 상태를 리커트 척도 Likert Scale 로 수치화하는 작업을 한다.

정리해보면 감정 분석이란 사람들이 실시간으로 인터넷 매체에 올린 주관이 개입한 글들을 분류해서 그들의 감정 상태를 수치로 정량화하는 작업이라고 할 수 있다. 그러다 보니 특정 상품이나 서비스, 특정 기업, 인물에 대한 지지도, 선호도, 평판 등을 분석할 수도 있다. 감정 표현이 특정 대상을 전제로 나타나다 보니 하나의 의견 opinion 이 될 수 있어 오피니언 마이닝이라고 부르기도 한다.

예를 들어보자. 만약 화장품에 구매 후기에 '촉촉하다. 번들거린다. 흡수가 빠르다. 가성비가 좋다' 등의 글들이 올라왔다면 구매자들이 감정을 표현한 것이다. 이 표현의 대상은 화장품이고, 이러한 평가는 화장품의 색깔이나 성분, 가격에 따라 달라질 수 있다. 또한 누가 구매했느냐에 따라 감정 표현이 달라진다. 따라서 누구의 의견이며, 어떤 생각을 가지고 있고, 그들의 컨텍스트가 어떻게 되느냐에 따라 분석의 결과는 달라질 수 있다.

그렇다면 감정 분석은 어떤 방식으로 수행되는 걸까? 크게 다음 두 가지로 구분된다.

• **머신러닝**Machine Learning, 기계학습 **기반의 분석 방법**

머신러닝은 AI 알고리즘의 하나로 학습을 통해 최적의 예측 모형을 만들어낸다. 그러다 보니 데이터가 없으면 무용지물이 된다. 특히 기존의 데이터에 각 어휘별 감정과 관련된 라벨이 없다면 머신러닝은 사용할 수 없다. 이 경우 감정사전Sentiment Dictionary 기반의 분석 방법을 활용해야 한다. 우선 사전을 구축해 놓고 규칙을 개발하는 방식이다. 이를 위해서 미리 목적에 맞는 감정사전을 구축해야 한다. 감정사전은 일반 사전과는 달리 감정 어휘, 각 감정 어휘의 극성 정도, 그리고 범주별 점수로 구성되어 있다.

예를 들어 감정사전에 '짜증 난다, 실망이다, 평범하다, 괜찮다, 강추한다'라는 단어들이 있다고 해보자. '짜증 난다'는 '매우 나쁨'이라는 극성 정도를 표시하고, '-2점'이라는 감정 점수를 부여하는 것이다. 이런 방식으로 '실망이다 : 나쁨 $^{-1점}$', '평범하다 : 보통 ^{0점}', '괜찮다 : 좋음 ^{1점}', '강추한다 : 매우 좋음 ^{2점}'으로 일정 간격을 두고 정량화하는 것이다.

감정사전 기법은 얼마나 구체적인 감정사전을 구축했느냐에 따라 분석의 질이 달라진다. 따라서 소비자들이 소셜미디어에 올리는 단어의 의미를 명확하게 파악하여 디테일하게 정의해야 한다. 하지만 한계가 있다. 우리가 사용하는 언어는 대화 속 맥락에 따라 같은 단어라도 다른 의미를 갖는 경우가 많기 때문이다. 예를 들어 화장품 상품평에서 '너무 잘 지워진다'라는 단어가 언급되었다면 긍정일까, 부정일까? 만약 그 대상이 클렌징폼이라면 '매우 좋다'라는 긍정이지만, 립스틱이라면 '매우 안 좋다'라는 부정적 의미가 될 수 있다. 이것을 보완해줄 수 있는 게 속성 기반 감정 분석이다.

• 속성 기반 감정 분석 방법

문장 속에서 무엇이 좋은지, 무엇이 나쁜지를 구분해서 구체적인 정보를 제공해주는 것이다. 예를 들어 '이 스마트폰은 카메라 기능도 좋고, 화질도 밝아서 좋은데 배터리가 너무 빨리 소모된다'라는 문장을 접했다면, 단순히 소비자가 전반적으로 만족한다는 결론을 내리기에는 부족하다. 카메라와 화질에 대해서는 대단히 만족하지만,

배터리에 대한 평은 나쁘다는 정보가 더욱 유용하기 때문이다. 속성 단위의 분석은 더 정교함을 요구한다.

그렇다면 어떤 방식이 더 좋을까? 정답은 없겠지만 최근에는 머신 러닝을 통한 감정 분석이 주를 이루고 있다. 이유는 한글이 가지고 있는 문자적 특성과 언어적 특징 그리고 소셜미디어상에 나타나고 있는 MZ세대들의 언어적 변화 때문이다. 한글은 표현력도 뛰어나지 만 MZ세대를 중심으로 그들만이 이해할 수 있도록 자유자재로 변 형해 사용하는 표현은 거의 암호 수준이다.

따라서 기업들은 소비자들의 리뷰 데이터를 많이 모았다고 자만 해서는 안 된다. 제대로 된 데이터를 모으지 못했거나, 제대로 분류 하지 않았을 경우가 대부분이기 때문이다. 머신러닝을 제대로 사용 할 수 있도록 데이터를 무작정 쌓아 놓지 말고 최소한 분류해 놓거 나 태그를 달아 놓자. 소비자 리뷰의 대부분의 차지하는 MZ세대들 의 자유로운 표현방식을 연구하고, 그에 맞게 정리해서 데이터를 수 집하자.

남들이 좋다니까 무작정 따라 하지 말고 우리가 왜 감정 분석을 해야 하는지 명확하게 문제부터 정의하고 시작해보자. 조직의 리더 가 데이터 리더십을 잘 발휘하지 못하면 팀원들은 쓸모없는 데이터 만 정리하다 번아웃에 빠지는 악순환이 반복될 수 있기 때문이다.

감정 분석은 왜 중요하며, 어떻게 활용할 수 있을까?

• • •

오피니언 마이닝이라고 불리는 감정 분석이 조직 내에서 중요한 이유는 무엇일까? 바로 오피니언이라는 단어 때문이다. 2022년 가트너는 총체적 경험 TX, Total Experience 이라는 전략기술 키워드를 발표했다. 이는 각각 구분해서 사용하던 고객 경험 CX, 직원 경험 EX, 사용자 경험 UX, 멀티 경험 MX을 통합해서 비즈니스를 혁신한다는 개념이다. 고객을 마주하는 채널은 오프라인뿐만 아니라 온갖 소셜채널과 디지털 유통채널로 다변화되어 있고, 각 채널을 효율적으로 관리하지 않고는 궁극적인 고객 경험을 실현할 수 없게 되었다.

여기에 중요한 역할을 하는 사람이 바로 디지털 세계에 개입하는 직원들이다. 따라서 디지털 전환의 시대에 비즈니스의 혁신을 위해서는 고객의 경험도 중요하지만 직원들의 경험 역시 중요하게 되었다. 이런 관점에서 감정 분석은 몇 가지 이점을 가져다준다.

첫째, 고객에 대한 객관적 인사이트를 제공해준다.

인공지능 기반 감정 분석 도구는 고객의 의견을 객관적이고 일관되게 분석하기 때문에 담당자의 개인적 편견을 미연에 방지해줄 수 있기 때문이다. 그리고 고객 접점의 직원들에게 다양한 인사이트를 제공해주기 때문에 업무 효율성을 높여준다. 또한, 그들이 처해 있는 업무 환경의 불편함과 애로사항, 업무 몰입에 필요한 다양한 조건들을 조직의 리더가 미리 파악하고 사전에 예방할 수 있도록 도움을 줄 수 있다.

둘째, 더 나은 제품 및 서비스를 제공해준다.

이는 실제적이고 구체적인 고객 피드백이 바탕이 되기 때문에 가능해졌다. 따라서 엔지니어나 서비스 제공자는 제품이나 서비스의 부정적인 부분을 업그레이드하여 실시간으로 품질을 향상시킬 수 있게 되었다.

셋째, 대규모 분석으로 시간과 비용의 효율성을 가져다준다.

이메일, 챗봇, 소셜미디어, 설문조사 등 고객과 관련된 방대한 양의 비정형 데이터를 빠른 시간 내 분석할 수 있고, 클라우드 기반의 AI 소프트웨어를 활용해 저렴한 비용으로 프로세스를 조정할 수 있게 된 것이다.

넷째, 실시간 대응이 가능해졌다.

디지털 기술로 급변하는 경영환경에서 소비자들의 실시간 반응은 무엇보다도 중요하다. 제품과 서비스에 대한 반응에 즉각적인 조치는 신뢰 구축의 기반이 되기 때문이다. 현재 감정 분석은 점점 고도화되고 있다. 고객의 서비스를 개선하거나 기업의 브랜드를 모니터링하기도 한다. 지속적이면서도 실시간으로 시장조사 및 캠페인의 성과도 추적할 수 있다. 그렇다면 차별화된 데이터 분석을 위해 리더들은 어떤 역량을 갖추어야 할까? 우선 감정 분석에 사용되는 알고리즘에 대해 기본적인 것들을 알고 넘어가자.

감정 분석과 머신러닝 알고리즘

• • •

먼저 머신러닝이란 개념은 컴퓨터를 인간처럼 학습시킴으로써 스스로 새로운 규칙을 생성할 수 있도록 도와주는 알고리즘이나 기술을 개발하는 분야를 말한다. AI의 하위 요인으로 크게 지도학습 Supervised Learning, 비지도 학습 Unsupervised Learning, 강화 학습 Reinforcement Learning 으로 구분한다. 그런데 감정 분석에 사용되는 머신러닝 알고리즘은 문제와 답을 알려주고 학습을 시키는 지도 학습에 속한다.

데이터를 판별하는 방식은 크게 분류 classification 와 군집 clustering 으로 나뉘는데 분류는 기준 데이터를 근거로 데이터를 판단하는 것이고, 군집은 자신이 각 데이터들의 특징을 찾아 비슷한 것끼리 모아 놓는 것을 말한다. 바로 비지도 학습의 대표적인 데이터 판별법이 군집이다. 문제는 주지만 답은 알려주지 않는 방식이기 때문이다. 따라서 감정 분석은 지도 학습 중 분류를 통해 데이터를 판별하는 구조인 셈이다.

여기에 주로 사용하는 기법이 나이브 베이즈 분류기 Naive Bayes Classifier

이다. 텍스트를 분석하기 위해 전통적으로 사용해온 알고리즘으로 베이즈 정리를 적용한 확률 분류기라고 보면 된다. 조금 어려운 개념이기도 한 나이브 베이즈 분류기는 간단하고 빠르며 효율적인 알고리즘으로 데이터가 단순하다면 가장 좋은 방안이 될 수 있다.

두 번째로 결정 트리 분류기Decision Tree로 스무고개 하듯이 '예/아니오' 질문을 이어가며 학습하는 방식이다. 예를 들어 매, 펭귄, 돌고래, 곰을 구분한다고 생각해보자. 매와 펭귄은 날개를 있고, 돌고래와 곰은 날개가 없다. 이때 '날개가 있나요?'라는 질문을 통해 매, 펭귄/돌고래, 곰을 나눌 수 있다. 또한 매와 펭귄은 '날 수 있나요?'라는 질문으로 나눌 수 있고, 돌고래와 곰은 '지느러미가 있나요?'라는 질문으로 나눌 수 있다. 이렇게 특정 기준질문에 따라 데이터를 구분하는 모델을 결정 트리 모델이라고 한다.

세 번째로 kNN 분류기k-Nearest Neighbors이다. 1950년대 개발된 지도 학습 모델로, 가장 가까운 것들과 거리를 계산하여 분류하는 방식이다. 매우 간단하고 빠르고 효율적이라는 장점을 갖고 있지만 특정 모델을 생성하지 않고 선택한 K값에 따라 분류가 달라질 수 있다는 단점을 가지고 있다.

네 번째는 서포트 벡터 분류기Support Vector Machine이다. 이 알고리즘은 분류를 위해 기준선을 결정하는 모델로 선을 중심으로 데이터를 분류하는 방식이다. 이때 각각의 데이터로부터 가장 멀게 측정되는 선을 기준선으로 선정한다. 이밖에 신경망 분류기Neural Network와 최대 엔트로피 모델Maximum Entropy 등이 있다.

데이터를 지배하는 자가 세상을 지배한다

• • •

디지털 전환 시대를 맞이하여 데이터의 중요성을 모르는 사람은 드물다. 그만큼 비즈니스의 큰 축이 되었다는 말이다. 이 말의 이면에는 또 다른 의미가 포함되어 있다. 이제 조직의 리더가 리더십을 발휘하기 위해서는 데이터를 모르면 안 된다는 것이다. 각종 데이터를 수집하고 분석해서 그 의미를 파악한다는 것은 비즈니스의 혁신을 가져오는 원천이자, 조직 내 리더십의 근원이 되고 있기 때문이다. 그런데 우리 기업들은 두 가지 문제점에 봉착해 있다.

첫째, 좋은 데이터를 보유하고 있음에도 불구하고 혁신을 만들어내지 못한다는 것
둘째, 비즈니스의 혁신을 만들어낼 좋은 데이터를 수집하지 못한다는 것

왜 이런 일들이 발생하는 걸까? 바로 비즈니스의 문제를 명확하게 정의하지 못하고 있고, 그래서 데이터에 대한 인사이트를 갖추지 못했기 때문이다. 그렇다면 데이터에 대한 인사이트를 배양하기 위해

무엇을 하면 좋을까? 가장 먼저 할 일은 소규모 데이터에 대한 분석 역량을 높여보는 것이다. 총 4단계로 나누어 시작해보자.

• 1단계: 기초 분석

이 단계는 기초 통계에 대한 입문 수준으로 주로 사용하는 툴은 엑셀 정도가 될 수 있다. 기초 분석 단계에서는 통계에 대한 기본 개념을 익히는 게 중요하다. 데이터가 무엇인지, 평균과 분산, 표준편차 등 데이터를 표현하는 기본 개념이 무엇인지 기초 통계에 대한 이해가 목적이다. 그리고 기본 데이터를 활용해 그래프로 표현하는 시각화 방법 등을 익히는 과정이라고 보면 좋다. 엑셀이라는 툴에는 통계 분석을 위한 함수가 다량으로 포함되어 있다. 따라서 복잡한 데이터가 아니라면 엑셀이라는 도구가 많은 도움을 줄 수 있다.

• 2단계: 통계 분석의 기초를 익히는 과정

기초 통계의 개념을 익힌 후 3~6개월 정도의 데이터 분석 업무를 수행한 사람들이 적합하다. 이 단계에서는 각 데이터들의 상관관계를 분석해보고, 집단들 간에 차이를 검증할 수 있다. 또한 각종 기술 통계 기법을 활용할 수 있는 수준이라고 보면 된다. 2단계부터 정량 통계 분석 툴로 많이 활용하는 SPSS나 Jamovi를 사용하게 되는데, SPSS 같은 소프트웨어 구입이 부담된다면 무료로 제공되는 Jamovi를 추천한다. 해당 툴이 제공하는 다양한 기능들을 활용하다 보면 데이터에 대한 시각이 넓어질 것이다.

- **3단계: 다변량 분석을 활용할 수 있는 고급 통계 수준**

보통 2~3년 정도 수행 경험이 있는 사람들이 적합하다. 이 단계에서는 업무에 대한 직관을 통해 주변 변수들 간의 인과관계를 구조화하고 검증해낼 수 있다. 일반적으로 많이 쓰이는 분석이 요인 분석, 회귀 분석, 구조 방정식 모델링 등이다. 이 단계에서는 특별한 현상을 설명하는 요인을 찾아낼 수도 있고, 하나의 변수에게 영향을 주는 또 다른 변수를 예측할 수도 있다. 주로 사용하는 분석 툴은 SPSS, Jamovi, AMOS 같은 정량 통계 툴이다. 지금까지 단계에서 사용한 데이터는 정량 데이터이다. 한마디로 계획에 의해 수집되었고, 숫자로 이루어져 있으며, 어느 정도 정제되어 있다는 말이다.

- **4단계: 고급 분석**

마지막 고급 분석에서는 비정형 데이터를 다룰 수 있게 된다. 주로 빅데이터 분석이나 예측 모델링을 만들 수 있는 수준인데, 이 단계에서는 AI에 적용되는 학습 알고리즘을 사용하게 된다. 바로 머신러닝, 딥러닝 알고리즘 말하는 것이다. 내부 데이터뿐만 아니라 외부 데이터를 크롤링으로 취합하고, 이미지 분석과 텍스트 분석 등을 활용해 분석의 범위를 넓힐 수 있다는 장점이 있다. 이 단계에서 사용하는 툴은 직접 코딩을 해야 하는 R, 파이썬과 프로그램 언어를 많이 사용한다. 하지만 아무리 3~5년 정도 분석업무를 수행했다고 해도 코딩을 기본으로 하는 R이나 파이썬을 사용하기엔 무리가 있다.

그렇다면 조금 더 쉽게 데이터 분석에 접근하는 방법은 없을까? 이를 위해 만들어진 것이 바로 Orange3라는 머신러닝 기반 빅데이터 분석 툴이다. Orange라는 단어가 조금 친근하게 느껴지는 것처럼 이 툴은 복잡한 코딩이 필요 없다. 필요한 아이콘을 캔버스에 꺼내 놓고, 몇 개의 아이콘을 연결하면 분석이 마무리되는 방식이다.

그럼 지금부터 빅데이터 분석에 적합하고, 쉽게 활용할 수 있는 툴을 좀 더 자세히 소개하도록 하겠다.

- Jamovi

우리는 통계 분석을 위해 SAS나 SPSS 같은 파워풀한 통계 분석 툴을 이용할 수도 있다. 하지만 대부분의 통계 분석 툴은 소프트웨어로 제작되어 나오기 때문에 가격이 비싸다는 단점이 있다. 이를 해결해 주기 위해 만들어진 것이 오픈소스 기반의 Jamovi이다. Jamovi는 R 기반으로 만들어진 웹 기반 통계 분석 소프트웨어이다. 정량통계 분석 시 다양하게 활용할 수 있도록 제작되었다. 오픈소스이다 보니 무료로 사용이 가능하고, 가장 큰 장점은 새로운 분석 기법을 개발하여 업데이트해준다는 것이다. 만약 정량 데이터로 구조화된 모델을 사용해서 변수 간의 인과관계를 분석한다면 좋은 분석 툴이 될 수 있다.

- Orange3

Orange3는 데이터 시각화, 머신러닝, 데이터 마이닝 및 데이터 분석을 위한 모듈형 소프트웨어 패키지이다. 파이썬 기반으로 개발되어 기존 파이썬 라이브러리를 활용할 수 있다는 장점을 가지고 있다. Jamovi가 정량 통계 분석에 최적화되어 있다면 Orange3는 정량 통계 분석뿐만 아니라 비정형 데이터 분석에도 최적화되어 있는 툴이다. 사용 방식도 간단해서 위젯이라는 아이콘을 캔버스에 배치하고 서로 연결만 해주면 분석이 끝난다.

Orange3의 주요 기능을 살펴보면 첫 번째로 데이터 기능이다. 데이터를 쉽게 불러들여 다양한 방식으로 통합하거나 분리할 수 있다. 또한 데이터베이스로 저장도 가능해서 내 주변에 산재되어 있는 데이터를 체계적으로 정리할 수 있도록 도와준다.

두 번째 시각화의 기능은 입력된 데이터를 다양한 방식으로 보기 쉽게 만들어준다. 원하는 데이터와 보여주고 싶은 시각화 방식만 연결해주면 된다.

세 번째 기능은 머신러닝 알고리즘 세트를 코딩 하나 없이 자유롭게 이용할 수 있다는 것이다. 빅데이터 분석에서 가장 고급 수준은 기존 데이터를 학습시켜 패턴을 만들고, 새로운 데이터가 들어오면 결과가 어떻게 나올지 예측 모델링을 하는 것인데, 머신러닝의 지도 학습 알고리즘과 비지도 학습 알고리즘을 손쉽게 사용할 수 있다.

네 번째 기능은 감정 분석에서 자주 사용하는 기능인데, 바로 텍스트 마이닝 분석이다. 온라인상의 트위터 텍스트를 직접 가져올 수도 있고, 외부 소셜미디어나 웹사이트의 텍스트 데이터를 분석할 수도 있다. 워드크라우드나 워드 리스트를 통해 주요 키워드를 분석하거나 감정 분석 자체를 할 수 있는 기능도 추가되어 있다.

이러한 내용을 분석해서 그들의 감정 상태나 관심 있는 키워드를 쉽게 도출해낼 수 있는 것이다. 이 모든 것을 코딩 없이 아이콘 몇 개를 이용해 분석이 가능하다. 마지막 Orange3의 장점은 다양한 전문 영역에 특화된 알고리즘을 계속 업데이트해준다는 것이다.

• **RPA의 활용**

RPA란 Robotic Process Automation의 약자로 사람이 컴퓨터로 하는 반복적인 업무를 로봇 소프트웨어를 통해 자동화하는 기술을 말한다. RPA는 코로나 19의 확산으로 재택근무가 늘면서 기술 활용도가 더 높아졌다. 기존 단순한 업무를 대체하는 것뿐만 아니라, 실시간 채팅이나 이메일 게시판의 글들을 반복적으로 데이터화할 수도 있다. 특히 자신이 필요한 업무 영역에 따라 커스터마이징이 가능하다는 것이 특징이다. 지금까지 소개한 분석 툴들의 특징은 시스템으로 만들어진 고정된 툴이 아니라, 실무 담당자들이 직접 핸들링하면서 커스터마이징을 할 수 있는 유연한 툴이라는 것이다. 자칫 빅데이터 분석을 잘못 접근하면 데이터 분석가와 시스템 개발자들에 의해 만들어진 고정된 틀만 사용하게 되어 내가 원하는 데이터 분석을 할 수 없게 된다.

빅데이터 분석에는 정답이 없기에 나의 경험과 인사이트를 통해 데이터를 다뤄보고, 해석해보는 게 중요하다. 특히 조직의 리더는 실무자인 팀원들이 데이터를 얼마나 다룰 수 있는지 관찰하고 판단하여 단계별로 역량을 향상시켜줄 수 있도록 지원해주어야 한다.

AI 시대,

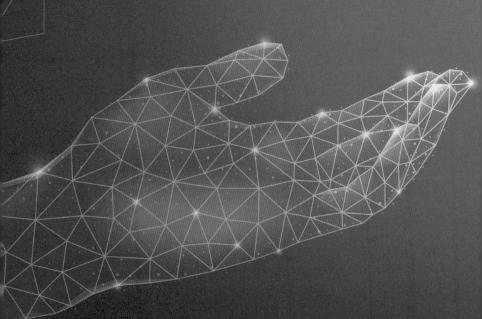

생각과 행동의 전환

디지털 핵심역량을 갖춘
인재로 변화시켜라

일하는 방법의 디자인이라고 하면 무엇이 먼저 떠오를까? 사무용 가구 또는 오피스 인테리어 디자인과 같이 하드웨어적인 변화를 떠올리는 사람이 대부분일 것이다. 하지만 일하는 방법을 디자인하는 일은 소프트웨어의 변화에 가깝다. 일하는 조직, 일하는 프로세스, 일하는 장소 등 일과 관련된 모든 경험을 통합적으로 디자인해야 한다는 의미이기 때문이다.

디지털 트랜스포메이션은 일반적으로 컴퓨터, 소프트웨어, 연결성, 데이터 등을 활용해 디지털 시대에 적합한 비즈니스 기회를 창출하는 것을 의미한다. 하지만 우리의 기업들이 디지털 트랜스포메이션을 추구하면서 종종 저지르는 실수가 있는데, 그중 가장 많이 하는 실수가 조직의 변화와 조직의 구성원인 사람이 가장 중요하다는 사실을 망각한다는 것이다. 인시아드 경영대학원 네이션 퍼 ^{Nathan Furr} 교수는 '디지털 트랜스포메이션의 가장 중요한 핵심 조직의 트랜스포메이션'이라고 강조하면서 사람을 기술 문제로 치환해서는 안 된다고 하였다. 기존 직원들을 디지털 핵심역량을 갖춘 인재로 변화시켜야 한다고 주장하였다.

예컨대 만약 디지털 트랜스포메이션 프로젝트에 책임자를 선정한다면 여러분은 다음 세 명 중 누구를 선택할 것인가?

첫 번째 후보: 우리 조직에서 오래 근무한 내부자이지만 디지털은 전혀 모르는 리더
두 번째 후보: 디지털 전문성이 뛰어난 인재로 유명한 디지털 기업에서 많은 경험을 쌓아온 외부 전문가
세 번째 후보: 컨설팅 회사에 오래 근무한 스마트한 컨설턴트이자 제너널리스트인 외부 전문가

많은 사람이 두 번째 디지털 전문가가 책임자로 와야 한다고 생각한다. 하지만 네이션 퍼 교수는 기술은 잘 모르지만 내부자가 리더가 되었을 때 성공을 거두는 회사가 많다고 한다. 왜 그럴까? 그의 연구에 의하면 외부 전문가는 디지털은 잘 알지만 조직을 잘 이해하지 못하기에 구성원들과 협력하지 못하고 소통이 원활하지 않아 고립되기 시작한다는 것이다. 하지만 내부자는 훌륭한 디지털 인재를

선발할 수 있으며, 회사의 성과 창출 방법을 잘 알고 있다. 문제가 발생할 경우 누구와 소통하여 해결해야 하는지 변화 관리에 능숙하기 때문이다. 따라서 기업의 디지털 트랜스포메이션을 추진하는 데 있어 리더의 역할은 핵심이 될 수밖에 없다.

조직 내 리더는 구성원들의 HR 데이터를 기반으로 유능한 디지털 인재를 선발하고, 육성하여 적재적소에 배치하는 것에서부터 이들이 일에 몰입하고 성과를 만들어낼 수 있도록 조직을 설계하고 개편하여 시스템을 만드는 것까지 일하는 방식과 터전을 마련해주어야 한다. 이는 디지털 트랜스포메이션에서 기술의 변화보다 조직의 변화가 더 중요하게 작용하기 때문이다.

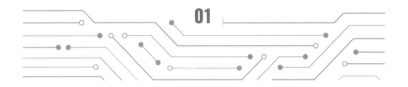

디지털 리부팅,
조직과 문화의 재창조

2011년 개봉한 브래드 피트의 영화 〈머니볼 Moneyball〉을 기억하는 사람이 많을 것이다. 실화를 바탕으로 제작된 이 영화는 기존 야구계의 상식을 벗어난 경영방식을 채택해서 2002년 8월 13일부터 9월 4일까지 20연승을 거두었고, 이 기록은 미국 프로야구 140년 역사에 유일한 기록으로 남게 되었다. 그렇다면 이 이야기의 주인공인 '오클랜드 애슬레틱스'는 어떤 매직을 사용한 것일까? 바로 선수들의 데이터를 철저하게 분석하여 지난 100년간 야구계에 통용되는 선수 선발 방식을 과감히 바꿔버렸다. 그들은 좋은 선수를 선발하기 위해 많은 돈을 투자하지도 못했다. 2002년 당시 오클랜드 애슬레틱스 선수들의 연봉 총액은 4,100만 달러였기 때문이다.

재정난에 시달리던 오클랜드 애슬레틱스는 메이저리그 구단 중 가장 적은 선수들의 연봉 총액을 보유하고 있었다. 이에 비해 '양키즈'의 연봉 총액은 약 3배 수준인 1억 2,500만 달러였다. 하지만 좋은 성적을 거둘 수 있었던 것은 무엇이었을까?

그것은 생각하는 방식과 일하는 방식을 바꾸는 것에서부터 시작되었다. 당시 100여 년간 야구계에 통용되는 선수 선발의 지표는 도루, 타점, 타율, 홈런이었다. 하지만 타율이 높거나 홈런을 많이 치는 선수들은 당연히 몸값이 어마어마했고, 예산 삭감으로 어려움을 겪고 있는 오클랜드 애슬레틱스에는 언감생심 같은 상황이었다. 더 큰 문제는 기존 스카우터의 사고방식이었다. 단지 자신의 경험과 직관으로 선수를 분석하고 선발해야 한다고 주장하며 언쟁을 벌이고 있었던 것이다. 오클랜드 애슬레틱스의 단장 '빌리 빈'은 진퇴양난에 빠지게 되었다. 구단의 지원은 줄어들었고, 원하는 선수들은 몸값이 비싸서 영입하기 어려운 상황이었기 때문이다. 더 한심한 건 스카우터들의 일하는 방식이었다. 단지 그동안 자신들이 해왔던 방식을 고집하며, 서로 자신이 원하는 선수를 1순위로 영입해야 한다고 목소리는 높였기 때문이다.

그러던 어느 날 빌리빈 단장은 '클리블랜드 인디언스'에 선수를 영입하러 피터 브랜드를 만나게 된다. 그는 예일대학 경제학과를 졸업했고, 야구 전문가가 아니라 통계 전문가였다. 클리블랜드 인디언스의 단장이 그의 말을 절대적으로 신뢰하고 있는 것을 보고, 선수가 아닌 그를 부단장으로 영입했다. 그리고는 철저하게 데이터를 기반으로 하는 그의 선수단 운영 기법을 도입하였다. 그들의 전략은 두 가지였다.

첫째, 야구를 합리적인 시각으로 분석하고 그에 기반한 전략을 수립하자.

둘째, 이미 레드오션이 되어버린 스카우트 시장에서 자금이 풍부한 구단을 이길 수 없으니 남들이 모르거나 미처 발견하지 못한 새로운 가치평가 기준을 찾아내자.

이들의 전략은 적중했고 과감히 선수 선발의 전략을 변경하여 무려 6번의 지구 우승, 6번의 지구 준우승, 그리고 2002년 20연승의 대기록을 달성하게 되었다.

기업의 디지털 트랜스포메이션, 평가의 기준을 바꿔라

• • •

그렇다면 이제 우리의 이야기로 돌아와 자문해보자. "지금까지 우리는 의사결정을 할 때 무엇을 바탕으로 하였는가?" 영국의 한 리서치 회사의 조사에 의하면 개인 경험에 의한 의사결정이 77퍼센트를 차지했고, 조직 내 경험 있는 전문가의 조언이 71퍼센트를 차지하고 있었다. 또한 동료의 조언이 56퍼센트, 본인의 본능과 직관이 45퍼센트를 차지하고 있었다.

그렇다면 설문조사의 결과는 무엇을 의미하고 있는 걸까? 만약 국내 HR 담당자를 대상으로 조사를 진행했다면 어떤 결과가 나왔을까? 이 결과는 오늘날 채용, 평가, 승진, 인사운영, 승계구조 등 인사관리 분야에서 모범사례라고 받아들이는 많은 것이 과거의 경험과 통념에 기반한다는 것을 방증하고 있는 것이다.

문제는 과거의 통념과 경험은 제대로 조사되거나 테스트되지 않은 채 많은 사람에게 폭넓게 받아들여지고 있었다는 것이다. 늘 그랬듯 우리 회사에 적합한 HR도 아니었고, 우리만의 차별화된 HR이 아니었다. 단지 최고의 글로벌 기업이나 국내 굴지의 대기업이 실시하는 거라면 아무런 의심 없이 그대로 답습하고 있었던 것이다. 그러면 다시 〈머니볼〉 영화로 돌아가 보자.

오클랜드 애슬레틱스 단장 빌리 빈은 구단이 처해 있는 환경에서부터 문제 해결을 시작했다. 바로 우리 구단이 타 구단에 비해 돈이 없다는 현실이었다. 그러다 보니 현재 시장에서 통용되는 평가지표홈런, 타율, 타점가 높은 선수를 영입하는 것은 불가능한 일이었다. 심지어 우리 구단 내 좋은 선수들을 붙잡지 못하고 타 구단으로 빼앗겨야만 했다. 그래서 그들은 한정된 예산으로 우리의 팀을 이기게 해줄 저평가되고 연봉이 저렴한 선수들을 영입하기 시작했다. 바로 데이터를 기반으로 한 통계의 힘을 이용해 전략을 수립한 것이다. 빌리

빈과 피터 브랜드는 가장 먼저 시장에서 선수들을 평가하는 지표들 중 저평가된 지표와 과대평가된 지표를 찾아냈다. 그리고 그 기준으로 모든 선수를 재평가하기 시작했다. 그들은 경제학 이론과 통계학을 활용하여 그동안 쌓여 있던 야구 데이터를 분석하기 시작했고, 이기는 팀의 요인을 도출해냈다. 또한 기준을 재정립한 후 철저하게 경제학의 논리로 선수를 영입하기 시작한 것이다. 그들의 새로운 선수영입 기준은 다음과 같다.

첫째, 그동안 저평가를 받았던 출루율, 장타율 등의 통계를 중시한다.

둘째, 반대로 수비나 주루 등의 가치는 지나치게 고평가되어 있기 때문에 과감히 배제한다.

셋째, 유망주의 가치는 지나치게 저평가되어 있다. 스타 플레이어를 팔아서 좋은 유망주를 얻을 수 있으면 과감히 판매한다.

넷째, 장타력, 주루 능력, 타격 정확도, 수비, 송구 능력 등 5가지 능력을 갖춘 선수의 가치가 지나치게 고평가되어 있기 때문에 확실한 한 가지의 능력이 있으면 그 선수를 싸게 영입한다.

다섯째, 잠재력 있는 고졸 선수의 가치가 고평가되어 있기 때문에 상대적으로 잠재력은 낮아도 현재 능력이 좋은 대졸 선수를 드래프트한다.

여섯째, 이전까지 기본적인 통계 활용에 그쳤던 것에서 벗어나 세이버 매트릭스를 구단 운영에 도입한다.

여기서 세이버 매트릭스란 야구에 사회과학의 게임 이론과 통계학적 방법론을 적극 도입하여 기존 야구 기록의 부실한 부분을 보완하고, 선수의 가치를 비롯한 '야구의 본질'에 대해 좀 더 학문적이고 깊이 있는 접근을 시도하는 방법론을 말한다. 기존 주먹구구식 선수 평가론을 전면 부정하고, 야구선수에 대해 좀 더 객관적인 평가를 하기 위해 창안된 이론이라고 보면 된다.

그렇다면 왜 사람을 다루는 HR 영역에서 디지털을 언급하기 시작한 것일까? 바로 기업의 변화에 따라 지속적으로 발맞춰온 인적 자원관리의 본질 때문이다. 인적 자원관리의 역사를 살펴보면 그 출발점은 제2차 세계대전 이후로 보고 있다. 당시 복지와 고용 기능을 구성하며 인사관리 personnel management가 체계화하기 시작했는데, 1960년에는 행동과학에 의해 인적 자원관리가 주도되었고, 작업장 내 인간의 사회적·심리적 측면에 초점을 두었다. 그러다가 1980년 이후에는 글로벌 경쟁의 가속화로 인적 자원관리도 조직의 목표에 맞추어 통합적으로 이루어져야 한다는 필요성이 제기되었고, 전략적 인적 자원관리 SHRM라는 개념이 탄생하게 되었다.

2000년대 이후 퓨어디지털 네이티브 기업들이 탄생하고 많은 기업이 디지털로 변화를 추진하게 되는데, 바로 디지털 트랜스포메이션이 가속화하기 시작한 것이다. 결국 제4차 산업혁명 선언과 더불어 빅데이터, AI를 기반으로 한 다양한 디지털 기술들이 기업의 모든 것을 바꾸기 시작했다. 이러한 디지털 전략을 실행하기 위해서는 디지털에 특화된 HR 시스템을 갖추는 게 핵심이 되었는데, 가장 대표적인 사례가 전통적인 제조기업 GE의 변화다.

디지털 트랜스포메이션 조직의 설계부터 시작하자

전 세계 최고의 기업이라고 불리던 GE는 몇 년 전만 해도 전 세계 대부분 기업의 벤치마킹 대상이었다. HR 전략의 바이블이라고 불릴 정도였으니 말이다. 그런데 최근 몇 년간 디지털 트랜스포메이션을 외치면서 전략적, 조직적으로 파격적인 행보를 보이기 시작했다. 패스트웍스 fastworks 도입, 연간 성과 리뷰 폐지, 상대평가 폐지, 리더십 변혁 등 기존의 HR 제도 및 시스템을 과감하게 바꾸기 시작한 것이다.

왜 이런 결정을 내린 걸까?

이유는 간단하다. 전통적 제조업에서 디지털 기업으로 전환하기 위해서 HR 전략의 변화는 필수였기 때문이다. MIT 슬론경영대학 네들러와 케인의 조직 이론에 따르면, 조직 설계 시 고려해야 할 기본 요소는 기업의 상황적 요인인 외부환경, 내부자원, 주요 기업 히스토리 등 전략적 측면이라고 했다. 또한 이러한 전략을 실행하기 위해서는 필요한 역량을 갖춘 사람, 이 사람들을 효과적으로 조직화해줄 구조와 시스템, 그리고 이런 구조와 시스템을 내재화해줄 조직문화가 필요하다고 했다. 정리해보면 사람, 조직 구조와 시스템, 조직문화 등 크게 네 가지로 나눌 수 있다.

첫째, 디지털 기업에 필요한 인력을 확보해야 한다.

산업 전문성과 소프트웨어 전문성을 갖춘 사람들이 필요하다는 것이다. 내부 육성이나 외부 영입을 통해 필요 인력을 확보해야 하는데, 이를 위해서 기존의 교육체계와 채용방식을 디지털 기업에 적합하도록 변경해야 한다.

둘째, 시시각각 변하는 디지털 환경에 빠르게 대처할 수 있는 유연한 조직 구조를 갖추어야 한다.

전통적 기업의 수직적 조직 구조로는 빠른 변화에 대응할 수 없기 때문이다. 최근 기업에서 이슈가 되고 있는 데브옵스 DevOps, Development and Operations 조직이나 애자일 방식의 조직 구조가 대안이 될 수 있다.

이 두 조직의 공통점은 개발부터 운영까지 전체 프로세스를 팀 단위에서 책임지는 구조라는 것과 소프트웨어 개발업에서 유래되었

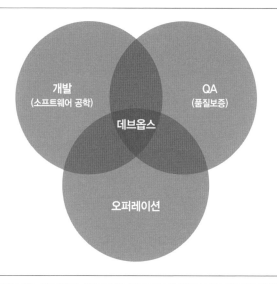

→ 개발(소프트웨어 공학), 오퍼레이션, 품질 보증(QA)의 조사로서 데브옵스를 나타낸 벤 다이어그램

다는 점이다. 고객, 시장, 경쟁사 등 외부환경에 따라 새로운 제품과 서비스를 쉽게 실험해볼 수 있고, 피드백을 통해 수정하면서 완성도를 높여갈 수 있는 디지털 환경에 적합한 조직 구조이다. 이들 조직은 디자인 싱킹과 린스타트업 그리고 애자일 방식으로 일을 한다.

셋째, 사람들을 적절히 동기부여 할 시스템이 필요하다.

상대평가보다 절대평가가 적합하고, 보상 방식 또한 디지털 특성에 적합하도록 바꾸어야 한다. 이제, 1년 단위로 진행되었던 조직 개편이나 평가방식이 이제는 더 이상 효과적이지 않게 되었다. 시장과 고객에 따라서 언제든지 팀이 만들어질 수도 있고, 사라질 수도 있기 때문이다. 보상 또한 성과에 상응하는 보상 시스템을 만들기 위해 다양한 지표들이 활용되고 있는데, 최근 MS, 구글, IBM, 메타 등 많은 기업이 이 방식을 도입하고 있다.

넷째, 디지털 조직문화를 구축해야 한다.

MIT 슬론경영대학에서 발표한 디지털 시대에 적합한 조직 보고서에 의하면 디지털 트랜스포메이션에 성공한 기업들은 인력, 조직 구조, 시스템뿐만 아니라 디지털 조직문화를 정착시키기 위해 많은 노력을 기울였다고 한다.

그렇다면 디지털 조직문화란 무엇을 말하는 것일까? 그리고 왜 중요하다고 말하는 것일까?

디지털 조직문화란 '실험과 속도를 중시하고, 리스크를 두려워하지 않으며, 협력과 수평적 커뮤니케이션을 장려하고, 데이터에 기반으로 한 의사결정을 중시하는 문화를 말한다. 디지털 조직문화가 중요한 이유는 팀, 조직, 조직과 시스템의 변화를 만들어내는 동인이기 때문이다. 결국 기업이 디지털로 전환하기 위해서는 리더십 역량과 디지털 역량이 필요하다. 하지만 디지털 조직문화를 기반으로 한 리더십 역량이 없다면 디지털 트랜스포메이션을 성공적으로 수행하기 어렵기 때문이다.

이렇듯 전통적 기업들의 디지털 트랜스포메이션은 이제 선택이 아닌 필수가 되었다. 실리콘밸리의 벤처 투자가 마크 안드레센 Marc Andreessen은 "소프트웨어가 세상을 잡아먹고 있다"라는 말을 했는데, 기존 기업들이 변화하지 않으면 디지털로 무장한 기업들이 그들의 플랫폼과 네트워크 효과를 앞세워 기존 사업들을 파괴하는 혁신을 만들어갈 것이라고 했다. 결국 기업의 디지털 트랜스포메이션을 성공적으로 정착시키기 위해선 HR의 디지털화가 필수 불가결한 선결 조건이 되어버린 것이다.

직관이 인사를 망친다, 데이터로 인사를 혁신하라!

"직관이 인사를 망친다. 데이터로 인사를 혁신하라!" 국내 한 연구소에서 발표한 아티클의 제목이다. 이렇게까지 자극적인 문구를 사용한 이유는 무엇일까? 정말로 직관이 인사를 망치고 있는 것일까? 바야흐로 제4차 산업혁명을 기반으로 한 디지털 트랜스포메이션 시대가 성큼 다가왔다고 해도 과언이 아니다. 기업에서는 너도나도 디지털 트랜스포메이션을 외치고 있으니까 말이다. 하지만 기업이 디지털로 전환하기 위해서는 꼭 선결되어야 하는 조건이 있다. 바로 앞에서 언급한 디지털 기업에 필요한 인력과 조직 구조, 동기부여를 위한 시스템과 조직문화가 그것이다. 이 영역을 바꾸기 위해서는 HR 분야가 선도적 역할을 해야 하며, 지금까지 전문가들의 관계와 HR 담당자들의 직관과 감에 의해 이루어졌던 기존의 관행을 과감히 버려야 한다.

HR이 먼저 데이터에 기반한 비즈니스 문제를 해결하기 위한 실질적인 대안을 제시할 수 있어야 한다. 단순히 HR의 지표를 활용해 평가와 승격 제도의 개선에 반영했던 좁은 의미의 HR 영역에서, 디지털 시대 비즈니스 이슈와 문제를 해결할 수 있는 인재를 채용하고 운영할 수 있어야 한다. 즉 실질적인 대안을 제시할 수 있어야 한다는 말이다. 이미 해외 기업들은 인사관리의 다양한 분야에서 빅데이터를 활용하기 시작했다.

HR 어넬리틱스 Analytics 전담 조직을 구축하거나 관련 전문가들과 연계하여 HR 데이터를 활발하게 분석하고 있다. 온라인 구인구직 서비스 업체 링크드인 Linkedin 에 따르면 최근 몇 년 사이 HR 어넬리틱스 관련 업무 인력이 3배 이상 증가했고, 많은 글로벌 기업이 별도의 HR 어넬리틱스 관련 팀을 만들었다고 한다. 실제로 HR 어넬리틱스 관련 프로젝트를 보면 HR 데이터 분석을 통한 인력 배치로 비즈니스 영역의 성과 향상을 이루거나, 채용 시스템과 연동하여 우리 기업에 최적화된 인력을 선발 혹은 이직률을 낮추는 데 많이 활용되고 있다.

그렇다면 HR 어넬리틱스란 무엇을 말하는 것일까?

→ HR 어넬리틱스(출처: http://panguchisoft.com)

많은 기업에서 다양하게 사용되고 있는, HR 어넬리틱스의 개념은 2000년대 초반부터 다양한 학자들로부터 연구되어왔다. 로이어와 루벤슨 Lawler & Levenson은 HR 어넬리틱스라는 개념을 기존 HR 지표 metrics와 구분하여 설명하고 있다. 효율성, 효과성, 영향과 같은 주요 HR 성과에 대한 지표가 아닌, 조직에 성과를 낼 수 있는 HR 정책 practices과 기능 functions을 분석하는 통계적 기술 및 경험적 접근이라는 개념이라고 하였다.

바시 Bassi는 개인과 조직의 성과 향상을 위해 사람과 관련된 의사결정의 질을 높이는 방법론이자 통합적인 프로세스라고 하였다. 또한 이를 위해 예측 모델을 만들거나, 가정 시나리오와 같은 도구 및 기술에 기반한 솔루션이 필요하다고 하였다. 휴벨과 본다루크 Heuvel&Bondarouk 는 HR 어넬리틱스는 더 낮은 의사결정을 내리기 위해서 HR 데이터 Data 를 분석하는 과정으로 사업 성과에 대한 HR 요인을 체계적으로 확인하고, 정량화하는 과정이라고 정의하였다.

결국 HR 어넬리틱스는 단순히 HR 데이터를 분석하는 영역을 넘어서 기업의 전략, 기업문화, 산업 특성을 고려한 인적 자원의 운영, 채용, 평가, 역량 강화를 통해 성과를 극대화하려는 개념이다. 또한, 각종 HR 지표를 활용한 예측모델과 가정 시나리오를 통해 이직률 감소, 조직문화 개선 등 고질적인 HR 문제점을 개선하기 위한 전반적인 활동이라고 볼 수 있다.

그런데 글로벌 기업들의 HR 어넬리틱스 전담 조직을 보면 명칭이 다양하다. 구글은 피플 오퍼레이션 People Operations 이라고 부르고 있으며, 글로벌 에너지 기업 셸 Shell 은 HR 데이터&어넬리틱스 Data & Analytics, 글로벌 제약회사 화이자는 탤런트 어넬리틱스 Talent Analytics, GE는 피플 스트레이지 People Strategy, 그 밖에 피플 어넬리틱스 People Analytics, 디지털 러닝&HR 오퍼레이션 Digital Learning & HR Operations 등 다양한 명칭들이 사용되고 있다. 무엇이 정답일까? 당연히 정답은 없다. 하지만 학자들에 의해 다양한 용어들을 구분하고 정리해서 사용하고 있는데, 먼저 HR 어넬리틱스는 일반적으로 워크포스 어넬리틱스 Workforce Analytics, 피플 어넬리틱스 People Analytics 와 구분해서 설명하고 있다.

HR 어넬리틱스는 조금 더 HR 부서의 기능으로 본 한편, 워크포스 어넬리틱스는 사람과 생산성 간의 관계에 초점을 두었다고 보면 된다. 그렇다면 피플 어넬리틱스는 무엇일까? 이 개념은 구글에서 시작된 것으로 보다 사람 친화적인 용어로 해석되고 있다. 기존 전략 경영 이론에서는 사람을 휴먼 리소스 Human Resource, 즉 자원 관점에서 본 것에 대한 이질감 때문에 피플 어넬리틱스 People Analytics 이라는 용어를 사용하게 된 것이다. 실제로 HR 어넬리틱스란 용어는 한국, 인도, 싱가포르 등 아시아 지역과 유럽 지역에서 많이 쓰이며, 미국과 일본은 피플 어넬리틱스라는 용어를 주로 쓴다.

그리고 많은 다국적 기업에서는 워크포스 어넬리틱스 Workforce Analytics, 휴먼캐피털 어넬리틱스 Human Capital Analytics, 탤런트 어넬리틱스 Talent Analytics 가 혼재되어 사용되고 있다. 하지만 최근에는 HR 어넬리틱스보다 피플 어넬리틱스를 더 선호하는 추세인데, 그 이유는 앞에서 언급했던 휴먼 리소스 HR 라는 용어가 너무 사람을 자원으로 취급한다는 점 때문이다.

하지만 더 중요한 이유는 HR 어넬리틱스는 데이터의 범위를 HR 영역에만 한정한다는 점이다. 기업이 디지털로 전환되면서 인적 자원의 효과적인 확보, 개발, 활용이라는 측면은 이제 단순히 인적 자원관리라는 개념을 넘어서게 되었다. 조직의 성과를 높이기 위해 조직의 전략, 목표와 연계되어 운영되어야 하며, 단순히 HR 부서의 역할이 아닌 현업 부서의 리더들과 함께 다양한 데이터를 기반으로 전략적 접근이 필요하게 되었다.

HR컨설팅 기업인 AIHR의 대표 에릭반 불펜 Erik van Vulpen은 그의 저서에서 피플 어넬리틱스의 개념을 확장해서 설명하고 있다.

우선 커다란 세 개의 축을 데이터 분석 Data Analytics, 인적 자원 Human Resource, 재무 Finance로 나누고 데이터 분석과 인적 자원의 교집합 부분이 HR 어넬리틱스, 데이터 분석과 재무의 교집합 부분을 파이낸셜 어넬리틱스 Financial Analytics라고 하였다. 그리고 인적 자원과 재무의 교집합을 어드미니스트레이트 HR Administrative HR이라고 명명하였다. 그리고 이 세 가지의 영역, 즉 데이터 분석, 인적 자원, 재무의 교집합을 피플 어넬리틱스라고 한 것이다. 결국 피플 어넬리틱스 혹은 HR 어넬리틱스의 영역은 데이터 분석과 인사 관련 자료, 그리고 비즈니스와 관련된 재무 정보를 아우르는 통합적인 개념이라고 봐야 한다.

그렇다면 HR 어넬리틱스가 기업에 잘 정착하기 위해서는 어떤 점들이 고려되어야 할까? 라스문센과 울리치 Rasmussen &Ulrich는 HR 어넬리틱스가 실질적인 기능을 하기 위한 네 가지 방안을 제시하고 있다.

기업의 디지털 트랜스포메이션은 인적 자원 데이터 분석이 시작이다

• • •

첫째, Start with the business problem
'HR에서 시작하는 것이 아니라 비즈니스 문제에서부터 시작해야 한다.'
우리는 HR 어낼리틱스를 접근할 때 HR 데이터를 기반으로 어떤 의미가 있을까 고민하는 것부터 시작한다. 하지만 기존 HR 데이터는 여러분에게 실증적 가치를 제공해주지 않는다. 단지 우리의 직관으로 짐작을 하게 하고, 그럴 것이라는 맹신을 만들어줄 뿐이다. 분석 가치가 아주 낮은 영역에 매몰되지 말고, 비즈니스에서 3개에서 5개 정도의 중요한 문제에 초점을 맞춰 보기 바란다. "향후 3~5년 동안 비즈니스가 직면한 가장 큰 당면 과제는 무엇이며 HR이 비즈니스를 지원할 수 있는 방법은 무엇인가?"라고 자문해보는 것부터 시작해야 한다.

둘째, Take HR analytics out of HR
'단순한 HR 분석을 지양하라.'
HR 영역의 궁극적 목적은 기업의 성과를 창출하기 위해 최적의 인적 자원을 활용할 수 있는 전략을 수립하는 것이다. 따라서 타 부서와의 협력을 시작으로 기업 전체의 가치사슬 관점에서 인적 자원을 살펴보고, 비즈니스상의 문제 해결을 통해 성과를 극대화할 수 있도록 비즈니스 분석의 일부가 되어야 한다.

셋째, Remember the 'human' in human resources

'HR 분석의 대상이 사람이기 때문에 합리적이지도 않고, 현상을 바꾸기가 어려울 때도 많다.'

정리하면 일반 비즈니스의 분석과는 달리 데이터 분석의 결과가 실행으로 바로 이어지는 경우가 거의 드물다는 것이다. 일반적으로 사람들은 자신들이 믿고 있는 현상이나 사고의 결과가 분석된 데이터의 결과와 다를 경우 데이터의 결과를 무시하거나 거부하는 경향이 강하기 때문이다. 또한 고위 리더가 HR 데이터 분석 결과를 좋아하지 않는다면 가치에 대한 의문을 제기하는 경우도 많다. 따라서 HR 데이터 분석뿐만 아니라, 질적 데이터, 직관, 경험 그리고 주요 이해관계자와 지속적인 스토리텔링을 통해 협업을 진행해나가야 한다.

넷째, Train HR professionals to have an analytical mindset

'HR 어넬리틱스가 정착하기 위해서는 HR 애널리스트들을 육성하는 게 중요한데, 데이터 분석 전문가는 HR 영역에 매력을 느끼지 못한다'.

단지 데이터 분석에 집중할 뿐이다. 따라서 HR 전문가에게 분석적 사고방식을 갖도록 양성하고, 그들에게 데이터 분석 역량을 강화해주는 게 필요하다. HR 영역의 전문성을 기반으로 다양한 분석기법을 장착하고, 현장 비즈니스 영역과 콜라보한다면 HR 어넬리틱스의 위상을 더욱 높을 수 있게 된다.

지금까지 HR 어넬리틱스를 주제로 연구한 결과들과 다양한 기업의 사례들을 종합해보면 HR 어넬리틱스의 영역은 네 가지 특징을 보이고 있다.

첫째, HR 어넬리틱스는 단순한 HR 데이터의 분석 행위가 아니라 조직의 전략과 연계한 프로세스이다. 즉 기업이 추구하는 비즈니스상의 밸류체인과 맞물려 조직의 성과를 극대화할 수 있도록 확대되고 있다.

둘째, HR 데이터 분석을 통해 비즈니스에 도움이 될 수 있는 더욱 객관적인 지표를 제시한다. 이는 피플 어넬리틱스의 프레임워크에서 언급했듯이 HR 지표뿐만 아니라, 재무와 연계된 자료를 통해 비즈니스상 퍼포먼스 측정이 가능하게 되었다.

셋째, 인적 자원에 대한 미래 패턴을 예측하고, 현장의 리더가 직접 의사결정을 할 수 있도록 지원하는 역할을 한다. 이제는 직관으로 HR을 운영하는 시대는 지났다. 데이터의 예측 모델로 채용, 인력운영, 평가, 보상, 핵심인력 유지 등 HR 현황을 모니터링하며, 현장의 리더가 객관적인 데이터를 기반으로 직접 관리할 수 있게 되었다.

넷째, 조직의 전략적 의사결정과 성과 향상에 실질적 지원을 해준다는 것이다. 단순히 HR의 문제가 아닌 현장의 비즈니스 문제에서 출발할 수 있도록 해주고, 다양한 변수들의 인과관계를 검증할 수 있게 한다. 이를 통해 HR 영역에서의 실제적인 문제가 무엇인지 발견할 수 있게 지원해 준다. 하지만 이를 위해서는 조직의 모든 리더가 증거 기반 사고를 갖출 수 있도록 조직문화를 정착해나가는 것이 중요하다는 것을 잊어서는 안 된다.

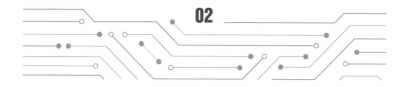

증거 기반 사고,
의사결정 패러다임 전환

선제적 대응기술 Unveiling Proactive Technology! 최근《트렌드 코리아》주요
키워드 중 하나로 선정된 단어이다. 무슨 의미일까? 살면서 맞이하
게 되는 이 모든 순간에, 요구하기 전에 미리 알아서 배려해주는 기
술이라고 정의되어 있다. 이 키워드의 핵심기술은 바로 AI와 빅데이
터이다. 실시간으로 수집되는 사람들의 데이터를 인공지능이 분석해
서 그들이 필요한 것을 미리 제공해준다는 개념이다. 이렇듯 디지털
트랜스포메이션의 시대 핵심기술로 떠오르고 있는 인공지능 AI, Artificial
Intelligent 과 데이터 지능 DI,Data Intelligent 은 사용자들의 욕망을 철저하게
개인화하고 있다. 이제는 과거의 데이터를 기반으로 한 공급자 중심
의 사고를 해서는 안 된다. 실시간 데이터와 경험을 기반으로 한 사
용자 중심의 혁신적 사고가 필요하게 되었다.

그렇다면 조직의 리더는 무엇을 해야 할까?

조직 내 구성원들의 일하는 방식과 생각하는 방식을 변화시키는 것이 가장 먼저 선행되어야 한다. 먼저 조직 내 나의 사용자를 관찰하고 공감하여 그들을 이해한 뒤, 다양한 대안을 찾는 직관 중심의 확산적 사고를 해야 한다. 그리고 상황에 따라 최선의 방법을 찾는 실시간 데이터 중심의 증거 기반 사고를 병행해야 한다. 자, 그렇다면 지금부터 흥미로운 인과관계에 대해서 이야기해보도록 하자.

"샤워를 오래 하면 벌레버거를 먹게 된다?"
"아버지가 야근을 많이 하면 딸의 하이힐이 높아진다?"
"담뱃값이 오르면 혼전 계약서를 쓰게 된다?"

여러분은 이 3개의 문장에 대해 어떻게 생각하는가? 아마 논리적이지도 않고, 말도 안 된다고 생각할 것이다. 하지만 실제로 가능한 일이라면 어떤 생각이 들까? 우리가 살고 있는 세상은 복잡하고 생각지도 못한 다양한 변수들의 영향을 받기 때문에 가능한 말이 될수 있다. 그렇다면 앞에서 예를 든 3개의 문장 사이에는 어떤 변수들이 영향을 주고 있는 것일까?

먼저 첫 번째 문장을 살펴보자. "샤워를 오래하면, 이산화탄소 증가로 지구 온난화가 진행되고, 기후 변화로 곡물 생산량이 감소하여, 곡물 가격이 상승하고, 가축들의 사룟값 상승과 고깃값의 상승으로 인해 식량 부족 사태를 맞게 되면 벌레버거를 먹게 된다"라고 기술한다면 어떤 생각이 드는가? 이 문장 안에는 우리가 생각하지 못했던 변수들이 인과관계를 형성하고 있고, 생각지도 못했던 결과를 도출해낸 것이다. 억측도 아니고 비논리적이지도 않다.

그렇다면 두 번째 문장은 어떨까? "아버지가 야근을 많이 하면 스트레스로 인해 번아웃 증후군이 발생하게 되고, 잦은 짜증으로 집안 분위기가 좋지 않게 된다. 그러면 부부싸움이 증가하게 되어 정서적으로 불안감을 느낀 딸이 성 조숙증에 걸리게 된다. 딸은 그 콤플렉스를 커버하기 위해 높은 하이힐을 신게 된다"라는 것이다. 너무나 논리적이지만 비약이 심한 과장된 표현일까? 그렇다면 이번엔 실제 사례를 소개해보겠다.

나무가 아닌 숲을 보는 시스템 사고법

. . .

1970년대 미국의 닉슨 대통령은 마약을 공공의 적으로 선포하고 마약과의 전쟁을 선언했다. 그리고 마약사범들을 대대적으로 검거하여 교도소에 수감하기 시작한 것이다. 이후 10여 년 동안 모든 미국의 대통령들이 이 정책 기조를 유지했다고 하는데, 결과는 어떻게 되었을까? 마약사범들이 현저하게 줄어들었을까? 정답은 '그렇지 않다'라는 것이다.

왜 이런 현상이 나타난 걸까? 처음 마약사범을 검거할 당시만 하더라도 마약사범은 현저하게 줄어들었다고 한다. 그런데 몇 년 후부터 조금씩 다시 늘어나더니, 1980년대 이후부터는 마약사범들이 걷잡을 수 없을 정도로 증가하기 시작했다. 그뿐만이 아니라 상황은 더욱 심각해졌다. 단순히 마약을 복용하는 경범죄를 넘어서, 해외 밀반입과 마약 관련 중범죄들이 기하급수적으로 늘어난 것이다.

왜 이런 일이 벌어지게 된 걸일까?

여기에는 우리가 미처 생각하지 못했던 변수들이 숨겨져 있었다. 단지 마약사범을 검거하고, 법적으로 처벌 수위를 높이면 사람들은 겁이 나서 마약을 하지 않을 것이라는 단선적 사고의 부작용이 나타나기 시작한 것이다. 그렇다면 미 정부가 생각하지 못했던 변수들은 무엇일까? 무엇이 결정적인 문제였는지 알아보도록 하자.

미 정부의 마약과의 전쟁 선포 이후 경찰의 마약 조직 검거가 시작되면서 마약 복용자는 현저히 줄어들기 시작했다. 마약 범죄자는 3년의 징역을 살아야 했고, 공급책들의 마약은 압수되어 공급량이 줄어들었기 때문이었다. 그런데 마약 공급이 줄어들자 마약 가격이 올라가기 시작했고, 마약을 구입하기 위해 마약 중독자들의 중범죄가 가파르게 증가한 것이다. 마약은 중독성이 너무 강해 한번 손을 대면 끊기 어렵다는 이유 때문이었다.

또한 마약 가격이 오르자 돈을 벌기 위해 마약 공급책들은 더욱

교묘한 수법으로 마약을 밀수해오기 시작했다. 그리고 경찰의 공권력에 대항하기 위해 더 큰 마약 범죄 조직을 만들게 되었다. 문제는 이것만이 아니었다. 마약범들이 교도소에 수감되는 숫자가 늘어나자 교도소를 증설하고 유지하는 비용이 증가하기 시작한 것이다. 이 영향은 국가의 복지예산을 줄어들게 하였고, 교육 및 사회취약 계층에 대한 보조금을 삭감하게 만들었다. 결국, 먹고 살기가 막막해진 사회취약 계층은 돈을 벌기 위해 마약 범죄 조직에 가담하게 되었고, 자연스럽게 마약을 접하게 되어 마약사범이 점점 늘어나게 된 것이다. 설상가상으로 비폭력 마약사범들이 교도소에서 폭력 범죄 조직과 결탁하여 출소 후 더 큰 범죄를 저지르는 악순환이 계속되었다.

실제로 한 연구를 통해 발표되었던 이 사례는 단순히 마약사범을 소탕하기 위해 시작한 단선적 사고가 얼마나 큰 파장을 가져오게 되는지를 보여주는 예이다. 특히, 디지털로의 급격한 전환을 맞고 있는 뷰카 VUCA: Volatile(변동성), Uncertainty(불확실성), Complexity(복잡성), Ambiguity(모호성) 시대에 조직의 리더에게 시사하는 바가 크다. 그렇다면 우리는 어떻게 해야 할까? 어떻게 하면 단선적 사고의 오류를 미연에 방지할 수 있을까?

단선적 사고와 시스템 사고

...

지금 우리가 살아가는 사회는 기능은 복잡해지고, 상호관계는 점점 밀접해지고 있으며, 상호 의존도는 더욱더 높아지고 있다. 디지털 기술들이 이러한 현상에 절대적 영향력을 미치고 있기 때문이다. 이로 인해 다른 부문에 영향을 주거나 받지 않고 문제를 해결할 수 있는 가능성은 점점 희박해지고 있는 것이다. 우리가 많이 사용하고 있는 분석적 사고 역시 단선적 사고의 일부이다. 기본 가정 자체가 일정 시간대에 한정되어 있기 때문이다. 또한, 시스템은 항상 정체되어 있고, 구성 요소들 간의 상호작용은 중요하지 않다는 전제로부터 시작한다. 그러다 보니 어떤 요소들을 시스템에서 제거하거나 추가하더라도 본성과 기능에는 변화를 주지 않는다. 하지만 현실을 그렇지가 않다. 우리가 처해 있는 모든 요소는 시스템으로 통합되어 있고, 이 시스템은 늘 움직이고 변하고 있다. 하나의 이벤트가 일어나면 그것이 멀리 있건, 가까이 있건 다른 것에 영향을 주게 된다. 어떤 요소들을 시스템에서 제거하거나 추가하면 본성과 기능에 명백한 변화가 온다는 것이다.

이러한 시스템 사고는 직관, 정보, 지식 등 피드백 구조를 이용하여 복잡한 현상의 구조를 밝히는 방법론이다. 그리고 동태적 사고, 사실적 사고, 피드백 사고의 세 가지 사고 능력을 필요로 한다. 즉 우리가 미래를 예측하기 위해서는 지금의 현상보다는 그 문제의 구조를 볼 줄 알아야 한다. 정지해 있는 정태적 사고를 통해 문제를 보는 것이 아니라 시시각각 움직이고 변화하는 통태적 사고가 필요하다는 것이다. 《제5경영》의 저자 피터 센겐은 "시스템 사고란 전체를 보기 위한 규범이다. 이것은 스냅샷과 같은 정적 상태보다는 패턴의 변화를 보기 위한 사고법이며, 개체보다는 상호작용을 보기 위한 프레임 워크이다. 우리가 속한 사회가 점점 더 복잡성에 지배되고 있기에 시스템 사고는 더욱 필요하게 될 것이다"라고 말했다.

그렇다면 우리의 조직에서 흔히 발생할 수 있는 간단한 예를 들어보자. "만약 한 직원의 업무 성과가 높아진다면 고과를 잘 받아 승진을 하게 된다. 그렇게 되면 사회적 지위가 높아지고 소득수준이 높아지게 되며, 소득수준이 높아지면 업무가 점점 어려워지면서 자신의 업무에 불만을 갖게 된다. 흔히 말하는 먹고살 만하기 때문이다. 그렇게 되면 어렵고 힘든 일을 자포자기하게 되고, 이는 업무 성과를 떨어뜨리는 현상을 만들어낸다. 그렇게 되면 승진에 누락되어 사회적 지위가 낮아지고 소득수준도 낮아지게 된다."

조금 과장된 표현일 수 있지만 모든 조직 구성원이 업무 성과를 내어 고과를 잘 받고, 승진하여 소득수준이 높아지는 게 결과적으로 좋은 게 아니라는 것이다. 이게 말이 되는 논리일까? 문제는 말이 될 수 있다는 것이다. 따라서 서로 간의 피드백 시스템에 의해서 어느 한쪽으로만 강화되는 것도 아니고, 어느 한쪽으로만 약화되는 것이 아니라 균형을 이루어나간다는 것이 시스템 사고의 관계 순환성과 피드백 구조이다. 따라서 단지 하나의 좋은 시스템을 만들어 놓았다고 만사형통을 바라서는 안 된다. 늘 동태적 움직임 속에서 서로의 관계가 순환되고 피드백 구조가 될 수 있도록 올바르게 균형을 잡아나가야 한다. 이것이 바로 디지털 시대 리더들이 갖추어야 할 증거 기반의 시스템 사고이다. 그렇다면 증거기반의 시스템 사고를 잘하기 위해서 무엇을 해야 할까? 총 4단계의 절차를 실천해보자.

1단계: 문제의 발견

문제는 주어지는 것이 아니라 발견해야 하는 것이다. 조직 내 데이터 분석의 시작은 데이터로부터 시작되는 것이 아니라 비즈니스의 문제에서 출발해야 한다는 것이 바로 이런 이유 때문이다. 그렇다면 문제를 잘 발견해내려면 어떻게 하는 게 좋을까? 바로 사용자의 니즈를 솔루션으로 바꾸어주는 사고법 디자인 싱킹을 활용하면 도움이 된다.

디자인 싱킹은 사용자들이 가치 있게 평가하는 요구를 충족시키기 위해 디자이너의 감수성과 작업방식을 이용한 사고방식이기 때문이다. 디자인 싱킹에서 가장 많은 노력과 시간을 투여하는 단계가 '관찰' 단계인데, 이 단계의 주요 역할은 사용자를 철저하게 관찰하는 것이다. 그리고 수집된 다양한 데이터로 인사이트를 찾아내는 것이다. 사람들은 자신의 행동을 반복하는 경향이 있다. 그래서 불편하지만 혹은 마음에 들지 않지만 늘 그렇게 해왔기 때문에 무의식적으로 행동을 한다. 따라서 그들의 눈높이에서 그들의 행동을 관찰하는 것은 증거 기반 시스템 사고의 기본이 된다.

2단계: 문제의 핵심을 이루는 변수주체와 객체들 간의 관계성 파악

이를 위해서는 시스템 다이내믹스 방법론이 필요한데, 1950년대 말 MIT대학 제이 라이트 포레스터Jay Wright Forrester 교수에 의해 개발된 이 방법론은 시스템의 구조를 모델화하여 기업의 경영전략, 정책효과 분석에 유용한 방법으로 각광받아왔다. 시스템 사고를 통한 인과 지도 모델링을 직관적 지식을 통해 구조화할 수 있고, 인과 지도를 통해 각 주요 변수들의 피드백 루프를 만들어내어 모든 변수의 영향 관계를 파악할 수 있도록 해준다.

3단계: 피드백 구조 발견에 초점 맞추기

이는 인과관계 사이에 어떠한 피드백이 형성되는지 파악하기 위해 실제 데이터를 수집하여 실증하는 단계이다. 여기서 가장 중요한 사고법이 증거 기반 사고인데, 우리의 직관으로 구조화한 인과 지도의 변수들이 실제로 얼마나 설명력을 갖는지 보는 것이다.

4단계: 시스템을 치료하고 개혁할 수 있는 처방을 발견한다.

이를 위해 스타트업의 기업가 정신인 린스타트업 사고를 배양해야 한다. 이는 시스템 사고를 통해 문제점이 발견되면 실패에 대한 관용을 베풀어야 한다. 또한, 상호작용을 바탕으로 학습을 통해 배우고 그 배움을 바탕으로 다시 협업체계를 만들어야 한다. 그리고 사용자에 대한 공감과 시제품 제작을 반복해야 하는데, 이러한 방식이 린스타업 방식과 유사하기 때문이다.

효율적인 증거 기반 사고를 위해 데이터 분석 프로세스를 활용하라

• • •

"구슬이 서 말이라도 꿰어야 보배다"라는 오래된 속담이 있다. 아무리 훌륭하고 좋은 것이라도 다듬고 정리하여 쓸모 있게 만들어 놓아야 값어치가 있다는 것을 비유적으로 이르는 말이다. 아무리 능력이 뛰어난 데이터 분석가가 있고, 좋은 데이터를 확보하고 있다 해도 조직의 전략과 연계하여 목표를 설정하고 결과를 해석하지 않으면 무용지물이 될 수 있다는 것이다. 톨레도대학의 핑크Fink 교수는 데이터 분석이 단순히 데이터의 패턴을 분석하는 행위로 끝나서는 안 된다고 하였다. 조직에 가치를 제공할 목적으로 진행되어야 한다며, 7단계의 프로세스를 제시하였다.

1단계: 적합한 질문을 하라.

여기서 말하는 적합한 질문이란 무엇을 말하는 것일까? 바로 비즈니스 요구와 밀접한 관계가 있는 질문, 알고 싶은 내용을 모두 포함한 타당성이 있는 질문, 그리고 구체적인 질문을 말한다. 예를 들어 "최근 직원들의 이직률이 증가하고 있는 원인이 무엇인가?"가 아니라, "최근 마케팅 직군에서 30대 여성 직원들의 이직률이 높아지고 있는 이유가 경쟁사의 온라인 마켓 론칭과 관련이 있을까?"가 되어야 한다는 것이다. 단순히 직원들의 이직률을 살펴보는 것이 아니라 경쟁사 동향과 이전과의 차이점을 고려해서 접근하는 게 필요하다는 것이다.

하지만 적합한 질문만 한다고 해서 문제의 본질을 파악할 수 있을까? 질문을 구조화하는 단계가 필요한데, 이를 위해 시스템 다이내믹스 방법론을 활용하는 것이다. 질문을 변수로 만들고 각 변수들의 인과관계를 지도 형태로 표현하는 이 방식은 우리가 알고 싶어 하는 문제의 본질을 청사진처럼 보여줄 수 있기 때문이다.

2단계: 데이터 분석을 위한 올바른 방법론을 검토하고 분석에 들어간다.

데이터 분석을 위한 방법론은 다양하다. 이를 위해서는 내가 어떤 연구를 진행할 것인가? 즉 연구 설계를 해야 하는데, 기술적 설계에서 끝낼지, 상관관계에 대한 연구를 할지, 아니면 인과관계의 연구를 진행할지 검토해봐야 한다. 좀 더 심도 있게 연구 방법을 설계하면 모수 통계 방법과 비모수 통계 방법으로 나눌 수 있다. 모수 통계 방법의 대표적인 분석 기법은 회귀 분석이다. 정량화된 데이터들의 인과관계를 분석하여 예측 모델을 만드는 것을 말한다. 하지만 최근 비정량화된 데이터들이 많아짐에 따라 HR 영역에서도 머신러닝이나 딥러닝 알고리즘 기반의 분석 방법을 활용하고 있다. 특히, HR 영역의 데이터 분석은 정형화된 데이터를 확보하기 쉽지 않다. 따라서 인터뷰와 같은 질적 자료를 통해 해석을 보완하는 방식이 필요하다.

3단계: 데이터 탐색과 생성 단계이다.

이 단계에서는 데이터의 품질관리뿐만 아니라 새로운 데이터의 수집도 필요한데, 빅데이터 영역의 명언으로 언급되는 'Garbage in Garbage Out' 때문이다. 즉 쓰레기 같은 쓸모없는 데이터를 넣으면 쓰레기 같은 결과가 나온다는 말이다. 그래서 데이터의 품질관리와 새로운 데이터 수집이 중요하게 되었다.

그렇다면 어떻게 수집해야 할까? 가장 먼저 미리 정한 연구 방법론과 관련된 정형화된 데이터를 수집해야 한다. 이런 데이터의 속성을 척도 Scale라고 하는데, 데이터의 척도는 총 네 가지로 구분된다. 우선 범주형 척도라고 불리는 명목척도와 서열척도가 있다. 명목척도는 우리가 인위적으로 정하는 방식으로 남성을 1, 여성을 2로 표시하는 것과 같다. 데이터 자체는 크게 의미가 없지만 그 숫자가 데이터의 명칭을 말하는 것이다. 그렇다면 서열척도는 쉽게 이해가 될 것이다. 바로 순서를 말하는 것이다. 내가 좋아하는 브랜드, 자동차 유형 등 서열을 나타내는 것이다.

두 번째로 연속형 척도라고 불리는 등간척도와 비율척도가 있다. 등간척도는 일정한 간격을 가지고 있는 것이다. 대표적인 척도가 리커트 Likert 인데 보통 5점 혹은 7점을 많이 활용한다. 나머지 비율척도는 일정한 비율을 가지고 있는 데이터를 말하는데, 나이, 키, 온도 등이 여기에 해당된다. 이렇게 척도를 구분해야 하는 이유는 데이터의 척도에 따라 분석하는 방식이 달라지기 때문이다. 따라서 새로운 데이터를 서베이나 인터뷰로 수집한다면 분석 방법에 매칭되는 척도를 사용해야 한다. 그 밖에 최근 들어 웨어러블 기기를 통해 특정 장소에 머문 시간, 타인과의 접촉 횟수 및 체류 시간 등 행동 데이터를 측정하거나, SNS 활동, 이메일, 인트라넷 게시판 등의 이미지나 텍스트 데이터를 수집하는 경우가 많아졌다. 이런 경우 미리 타겟이 되는 데이터를 표준화 시키는게 중요하다. 여기서 표준화란 기존 HR 데이터와 결합이 가능하도록 일정한 형식으로 수집될 수 있도록 만드는 것이다.

4단계: 효과적이고 효율적인 데이터 분석 단계이다.

데이터 분석은 크게 기술적 Descriptive 분석, 예측적 Predictive 분석, 예방적 Prescriptive 분석으로 구분할 수 있다.

첫 번째 기술적 분석은 과거에 발생한 일, 즉 과거에 초점을 맞춘 분석이라고 생각하면 된다. 일반적으로 HR 데이터베이스에 저장되어 있는 단순 데이터를 가지고 HR 관련 지표를 생성하는 정도 수준이다. 예를 들면 결근율, 이직률, 교육시간, 고과, 근속 연수, 1인당 채용비용 등을 말할 수 있다. 가장 기초적인 분석으로 엑셀을 사용해도 분석이 가능한 정도이다.

다음 예측적 분석은 미래에 발생할 일, 즉 미래에 초점을 둔 분석을 말한다. 그런데 미래를 예측하려면 어떻게 해야 할까? 예측 모델을 만들어야 하는데, 이를 위해서는 예측에 사용될 변수를 찾아내는 게 첫 번째 해야 할 일이다. 우선 직관적으로 우리가 알고 싶은 변수에 영향을 미치는 주요 변수를 찾아낸다. 그리고 그 변수들의 데이터를 활용해 학습 과정을 거치는 것이다. 다양한 테스트를 거쳐 가장 정확히 예측하는 알고리즘을 찾아내고, 예측 모델로 정형화하면 앞으로 실시간으로 측정되는 데이터를 통해 예측값을 보여주게 되는 원리이다. 예측적 분석에 가장 많이 활용되는 알고리즘이 회귀 분석과 머신러닝의 지도 학습, 비지도 학습이다.

마지막으로 예방적 분석은 가장 진화한 유형의 분석으로 미래에 발생할 일에 대해 어떤 조치를 해야 하는지에 초점을 맞춘 분석이다. 그렇다면 예방적 분석을 최적화하기 위해 무엇을 해야 할까? 우리가 알고 싶은 문제에 영향을 주는 가장 최적화된 데이터를 활용해 학습을 시키는 영역은 예측적 분석과 동일하다.

하지만 예측적 분석은 데이터의 패턴만을 보여주기 때문에 해석에 따라 그 의미가 달라질 수 있다. 아는 만큼 보이게 되는 것이다. 이에 반해 예방적 분석은 현장의 리더에게 데이터의 패턴을 보여주는 것이 아니라 그들이 취할 행동까지 가이드를 주는 것이다. 조직 전략과 연계한 성과를 거두기 위해 의사결정의 최적화를 돕는 게 예방적 분석의 목표라고 보면 된다.

5단계: 분석에 기반한 인사이트를 도출하는 것이다.

왜 인사이트 도출이 중요한 것일까? 이유는 간단하다. 데이터 분석의 적용 분야는 AI의 성장과 더불어 지속적으로 확대되었지만 HR 영역에서의 데이터 분석은 뒤처져 있었기 때문이다. 또한, 대부분의 C레벨 임원들은 HR 영역의 데이터 분석 결과에 편견과 불신을 가지고 있다. 따라서 분석의 결과를 효과적으로 전달하는 것이 또 하나의 핵심이 되었다. 그렇다면 데이터 스토리텔링을 잘하기 위해서는 무엇을 해야 할까? 먼저 핵심 문제를 정의할 수 있을 정도로 비즈니스에 대한 이해도가 깊어야 한다. 또한 비즈니스에 영향을 미칠 수 있는 요소에 대한 학습과 장애물에 대한 파악, 그리고 제시된 해결책이 비즈니스에 어떤 영향을 미칠 수 있는지 상세하게 조사해야 한다.

6단계: 인사이트에 기반한 행동 착수이다.

이 단계에서는 인사이트를 도출을 통해 실제 HR 영역에서 어떻게 적용할지 다양하게 고민해보는 것이 핵심이다.

7단계: 행동에 대한 효과성 측정이다.

가장 어렵고도 실행하기 힘든 영역이다. 행동에 대한 효과를 측정하는 것은 더 낳은 성과 향상을 돕고 증거 기반 사고 문화를 조직 내 뿌리내리게 할 수 있는 원동력이 되기 때문이다.

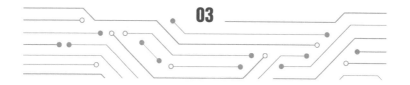

HR 데이터의
숨겨진 진실

"향후 10년 안에 HR 영역에서 새롭게 떠오르는 직무는 무엇일까?"

기업에 근무하는 직장인이라면 관심을 갖을 수밖에 없는 주제이다. 하버드 비즈니스 리뷰에서는 2020년대를 HR 영역의 리셋 모멘트가 될 것이라고 하였는데, 바로 코로나바이러스의 출현을 중요한 변수로 인정했다. 코로나는 우리의 시간을 아코디언처럼 압축해버렸다. 이미 제4차 산업혁명의 이슈는 우리의 경제와 노동력이 변화할 것이라고 예측한 것이다. 하지만 코로나로 인해 우리의 일하는 방식과 일하는 곳이 재편성되었고, 이를 연결하기 위해 사용하는 기술에 엄청난 변화가 생기기 시작했다. 이러한 경제와 노동력의 변화는 조직 내 HR 역할의 중요성을 더욱 증대시켰다. 새로운 역할이 계속 등장함에 따라 향후 10년간 필요 기술과 역량에 대한 지침을 제공해야 하는 엄청난 기회와 책임이 부여된 것이다.

그렇다면 막중한 책무를 맡는 이런 사람들을 무엇이라고 부를까? 전문가들은 HR 애널리스트 혹은 HR 데이터 탐정이라고 명명하고 있다. 이들은 각종 데이터와 기술을 활용해 조직의 변화와 혁신을 이끌어내는 사람들이다. 이들의 역할은 서로 다른 다양한 데이터를 통합하여 비즈니스 문제를 해결하는 것이다. 팀별로 발생하는 데이터를 기반으로 '우수한 성과를 창출하는 팀과 그렇지 못한 팀은 어떤 차이가 있는지, 우리 비즈니스 영역에 최적화된 인력은 누구인지, 우리 조직의 핵심인력을 유지하기 위해 무엇을 해야 하는지' 등 조직의 성공을 끌어내는 사람들인 것이다. 이들의 무기는 HR 영역에서의 다양한 경험을 통한 직관력과 빅데이터에 있다. 비단 HR 데이터뿐만 아니라 재무, 비즈니스의 데이터를 분석하고 의미 있는 패턴을 찾아내어 스토리를 만들어내는 역할을 한다.

그렇다면 HR 애널리스트들에게는 어떤 역량이 필요할까? 글로벌 HR 컨설팅펌인 조쉬 버신Josh Bersin에 의하면 HR에서 빅데이터를 활용하려면 네 가지의 기술이 필요하다고 하였다. 크게 IT와 관련된 기술 및 지식과 비즈니스 관련 기술 및 지식으로 구분하고 있다. IT 관련 기술과 지식 영역에서는 IT 트렌드, 빅데이터 분석, 프로그래밍 스킬, 수학과 통계학 지식 등을 언급했다. 비즈니스 관련 기술 및 지식 영역에서는 산업 및 조직심리학, 조직 행동론, 리더십 이론, 그리고 비즈니스에 대한 이해를 말하고 있다. 정리해보면 HR 애널리스트들이 갖추어야 할 역량은 크게 세 가지로 정리할 수 있다.

HR 애널리스트의 핵심역량

첫째, 소프트 스킬

사람과 관계된 영역을 말하는 것으로, 디지털 기술이 아무리 발달해도 HR 애널리스트들이 하는 일의 본질은 사람을 대상으로 하기 때문이다. 미국 인적자원관리협회인 SHRM은 커뮤니케이션 역량, 비판적 평가, HR 전문성, 관계관리, 윤리적 실천이라는 항목을 HR 애널리스트들의 필요역량이라고 하였다. 또한 영국 고용연구소는 HR 영역의 전문지식, 컨설팅 관계 관리, 커뮤니케이션 등을 꼽았다. 그런데 이들의 공통점은 단지 경험과 직관을 통해 HR을 대하던 시대보다 심리학, 사회학, 교육학 등의 사람과 관련된 영역에 충분한 지식이 필요하게 되었다는 것을 강조하고 있다. 특히, 최근 코로나 사태로 인한 디지털 경제의 급성장은 언택트 문화를 앞당겨 놓았는데, 오프라인 공간이 없어지면서 조직 구성원들과의 관계가 소원해지고 일과 삶의 경계가 모호해진 것이다. 이러한 현상은 조직 구성원들의 육체적 피로뿐만 아니라 정신적 스트레스를 가중하고 있다.

따라서 HR 담당자들에게는 재택근무자들의 업무관리뿐만 아니라 정서, 정신적 건강 등을 포함한 직원 복지의 새로운 패러다임이 필요하게 되었다. 현재 88퍼센트 이상의 지식 근로자가 원격으로 업무를 수행하고 있다고 한다. 따라서 사무실 밖에서 일하는 직원들이 현장에서 일하는 직원들과 동일한 혜택을 받을 수 있도록 하려면 이러한 역할이 상호 작용해야 한다.

둘째, 하드 스킬 영역: IT 관련 기술

하드 스킬 영역은 다시 두 가지로 구분할 수 있다. 첫 번째는 통계, 분석, 프로그래밍, 데이터 관리, 시각화 등 빅데이터 분석 역량을 말한다. 어찌 보면 HR 애널리스트에게 가장 중요한 핵심 역량이라고 볼 수 있다.

그렇다면 무엇부터 시작해야 할까?

그리고 쉽게 이러한 역량을 체득할 수 있을까? 결론부터 말하자면 생각보다 쉽지 않다. 일단, 가장 먼저 데이터를 효과적으로 다룰 수 있는 태도부터 바꾸도록 하자. HR 분야에서 빅데이터를 사용할 때 중요한 것은 기술이 아니라 데이터를 다루는 스킬과 효과적으로 접근할 수 있는 태도가 선행되어야 하기 때문이다. 그리고 비즈니스에 대한 관심과 열정이 필요하다. 빅데이터 분석의 기본은 비즈니스의 이슈를 통해 데이터에 접근해야 하기 때문이다.

HR 영역으로 들어오면 해당 비즈니스와 HR과의 연관성에 대한 질문이 중요한 역할을 한다. 효과적인 데이터에 접근할 수 있도록 만들어주기 때문이다. 그리고 이론이나 단순한 분석에 만족하지 않고 분석 결과를 가지고 무엇을 할 수 있을까를 고민해야 한다. HR 영역은 데이터 분석 자체가 의미 있는 것이 아니라 분석한 데이터를 어떻게 활용할지가 더 큰 의미를 지니기 때문이다. 그밖에 항상 비즈니스적 관점에서 바라보고 변화를 시도하려는 의지, 끊임없이 데이터들 간의 연관성을 찾아내려는 유연성, 비즈니스와 관련된 문제들에 대한 호기심 등의 태도를 갖추어야 한다.

그렇다면 어떤 스킬들이 필요할까?

가장 먼저 분석 기술을 익혀야 한다. 좋은 데이터를 식별할 줄 알고, 다양한 통계 분석 기법을 통해 데이터를 검증할 줄 알아야 한다. 그리고 문제에 맞는 정확한 통찰력을 만들어낼 줄 알아야 한다. 특히, 스토리텔링에 능숙해야 하는데 데이터 분석을 통한 패턴들을 의사결정자들이 이해하고 받아들일 수 있도록 해야 한다. 일반적으로 생산라인이나 마케팅 데이터는 분석 결과 자체가 의미가 있다. 하지만 HR 데이터는 타 영역과 연관성을 찾고 연결해야만 그 의미를 찾을 수 있기 때문이다. 그래서 HR 애널리스트는 훌륭한 스토리텔러이자 전략가이며, 통찰력을 지닌 분석가가 되어야 한다고 강조하는 것이다.

분석 기술을 향상시키는 방법 중 또 하나는 분석 도구를 잘 활용하는 것이다. 통계의 개념을 정확히 이해하고, 빅데이터 분석 방법론을 습득해야 한다. 특히 정량 통계 분석 도구인 SPSS, JAMOVI, STATA, SAS 등의 통계 분석 툴과 머신러닝, 딥러닝 알고리즘을 활용할 수 있는 파이썬, R 같은 프로그래밍을 활용할 수 있다면 금상첨화가 될 것이다.

하드 스킬 영역의 두 번째는 테크놀로지를 적극적으로 활용할 수 있는 테크센서가 되어야 한다. 특히 다양한 데이터와 기술을 통합시켜 HR 영역뿐만 아니라 비즈니스에도 활용할 수 있어야 하는데, 기술적인 지식이 없더라도 미래에 대한 비전을 갖추거나, 다양한 데이터와 기술을 통합할 수 있는 능력을 배양해야 한다. 그리고 IT 부서나 외부 전문기업과 협업하여 필요에 맞는 정확한 솔루션을 선택할 수 있어야 한다.

최근 채용에서는 딥러닝 알고리즘을 이용해서 지원자의 얼굴 표정, 음성 높낮이와 떨림, 심장박동과 자주 쓰는 어휘 등을 분석하기도 하고, 뇌파 분석까지 적용하여 당락을 결정하는 기업들도 생기기 시작했다. 또한 HR에서 테크놀로지의 활용 영역은 인간과 기계의 협력관계로 확장되고 있다. 따라서 기업에서 로봇 사용이 증가함에 따라 사람과 기계의 협업이 필요하게 되었고 서로, 부족한 영역을 보완하기 위한 HR 애널리스트의 역할이 커지게 되었다.

셋째, 컨버전스 스킬 영역

비즈니스를 중심에 두고 HR을 어떻게 접목할 수 있을까 고민해야 한다. 이는 데이터를 접근하는 관점을 데이터 자체에서 시작할지, 비즈니스 문제에서부터 시작할지에 따라 가치의 크기가 달라지기 때문이다. 만약 HR 애널리스트가 HR 데이터 분석에서부터 시작한다면, 경험과 직관으로 일관된 전통적인 HR 기능과 큰 차이가 없을 수 있다. 하지만 비즈니스 문제로부터 HR 데이터에 접근한다면 비즈니스상에서 발생할 수 있는 이슈나 문제를 예방하거나 해결할 수 있게 된다. 이는 조직의 성과와 연결시킬 수 있는 시너지를 만들어 줄 수 있는데, 그 이유는 기업은 HR, 즉 사람으로 이루어진 곳이기 때문이다. 여기에 필요한 역량이 바로 컨버전스 스킬이다.

HR 애널리스트들은 조직 내 다른 조직들과 크로스펑셔널팀을 구성해야 하고, 서로의 데이터를 공유하고 통합해야 한다. 또한, 데이터 분석가, 데이터 과학자와의 협업이나 HR과 비즈니스 이슈를 풀어줄 적합한 도구와 데이터가 무엇인지 판단할 수 있어야 한다. 우리 비즈니스의 본질과 이를 위해 투여되는 자원을 어떻게 컨버전스할 것인지 알아야 하기 때문이다.

HR 데이터 분석 어디까지 해야 할까

• • •

최근 HR 전문 컨설팅 기관이 HR 및 인재관리 전문가를 대상으로 "귀사는 지난 2년간 어떤 인력 분석 프로젝트에 중점을 두셨나요?" 라는 설문조사를 실시하였다. 그런데 이미 대부분의 글로벌 기업은 인원 수, 인재 유실 위험도, 성과, 참여도 지표, 채용 등 다양한 데이터를 수집하고 있다고 답했고, 결과는 다음과 같았다. 조사 인력 중 73퍼센트가 현재 보유한 인력의 운영과 확보해야 하는 인력에 대해 가장 많은 중점을 두고 있다고 하였다. 두 번째는 우리 회사의 보상 프로그램 및 그 경쟁력에 대한 프로젝트로 63퍼센트를 차지했고, 더 우수한 인재로 성장시키기 위한 성과관리가 59퍼센트, 교육 및 개발이 57퍼센트, 인재 유실을 막기 위한 다양한 방안 찾기가 53퍼센트, 마지막으로 우리 회사에 가장 적합한 인재의 채용 전략이 52퍼센트였다는 것이다.

또한 "지난 2년간 귀사에서는 어떤 유형의 인력 분석 활동이 수행되었습니까?"라는 질문에는 단순한 보고용이 92퍼센트, 타 기업의 벤치마킹이 77퍼센트, 인력 확보와 운영에 대한 예측이 60퍼센트, 시뮬레이션이 22퍼센트, 예측 모델링은 19퍼센트 정도의 응답을 보였다고 한다.

HR 데이터 분석이 효과적으로 작용하기 위해서는 단순한 보고나 벤치마킹을 넘어서 앞으로 발생할 상황에 대해 예측이 가능한 단계로 들어가야 한다.

그렇다면 HR 데이터를 어디까지 활용해야 조직 구성원의 일하는 방식이 바뀔 수 있을까? 딜로이트 컨설팅에서는 HR 어넬리틱스의 성숙도 모델을 제시하였는데, 총 4단계로 나누어져 있다.

- 1단계: Reactive 단계로, 단순히 운영과 관련된 데이터를 분석해서 보고하는 정도라고 보면 된다. 이 단계는 주기적으로 HR 데이터를 분석해서 효율성과 규정 준수 정도를 측정하는 운영 보고서 수준이다.

- 2단계: Proactive 단계로, 조금 더 발전된 운영 보고서 수준으로 내·외부의 다양한 HR 관련 데이터를 다차원으로 분석하고, 벤치마킹이나 의사결정을 위한 목적으로 진행되는 단계이다. 하지만 여전히 HR 내부 데이터만을 분석하는 정도라고 보면 된다.

- 3단계: 3단계로 넘어가면 전략적인 분석이 시작되는데, 이 단계에서는 HR 데이터를 세분화하고, 통계적 기법을 활용하여 데이터를 분석하며, 예측을 위한 모델이 개발된다. 실행 가능한 해결책을 찾기 위해 문제의 원인과 솔루션을 제공할 수 있는 수준이라고 보면 된다.

- 4단계: 4단계로 올라가면 예측 분석이 가능한 수준이 된다. HR의 데이터뿐만 아니라 비즈니스상에서 발생하는 다양한 데이터를 통합하여 머신러닝, 딥러닝과 같은 AI 알고리즘으로 분석한다. 이를 통해 생산 예측, 시나리오 계획, 리스크 분석 및 사전예방을 할수 있고, 예측을 통해 선제적 대응이 가능한 수준이라고 보면 된다.

그렇다면 우리의 수준은 어디까지 와있을까? 그리고 우리는 어디까지 가야만 할까? 아마 대부분의 회사들은 2단계 Proactive 정도 수준에서 머물고 있을 것이다. 하지만 4단계까지 가야 한다고 전문가들은 말하고 있는데, 지금부터 이 갭을 줄일 수 있는 방법에 대해 알아보겠다.

효율적인 HR 데이터 분석 방법

· · ·

첫째, 빅데이터를 대하는 조직의 리더들과 HR 담당자들의 태도부터 바꿔야 한다.

전통적 HR 분야에서 빅데이터를 위기로 인식해왔기 때문이다. 지금까지 그들은 경험에 의한 직관으로 잘해왔다고 생각하고 있다. 그러다 보니 기술이라는 혁신적 툴로 인해 내가 설 자리가 없어지는 것 같은 박탈감을 느끼는 것이다. 하지만 이제는 빅데이터가 기회임을 깨달아야 한다. 그리고 비즈니스 이슈를 해결할 수 있는 역량을 배양하고, 그들의 영역을 확장해야 한다. 빅데이터를 전통적인 인사관리 영역에 한정시켜 활용하려는 어리석은 생각들은 이제 버려야 한다.

둘째, HR 데이터에 접근하는 관점과 방식을 바꾸어야 한다.

HR 데이터들의 특징은 조직 구성원과 관련되어 있는 대외비 정보들이 대부분이기 때문이다. 그러다 보니 HR 데이터를 다른 영역과 연결하지 못하고, HR 데이터 자체를 단순히 분석해서 그곳에서 인사이트를 찾으려는 경향이 강하다. 과연 인사이트를 찾을 수 있을까? 당연히 찾기 힘들다. HR 데이터는 그 자체가 중요한 게 아니라 조직의 비즈니스 문제들과 통합하고 결합했을때 그 진가를 발휘하기 때문이다. 따라서 비즈니스상의 문제나 이슈로부터 데이터 분석이 시작되어야 한다.

셋째, HR 데이터에 한정되지 않고, 주변의 관련 데이터와 연결할 수 있도록 데이터의 확장이 필요하다.

기업의 성과를 만들어내는 것은 비즈니스의 이슈를 해결하는 것부터 시작되기 때문이다. 따라서 데이터 분석가, 데이터 과학들과의 협업을 통해 기업 내 다른 조직들과 데이터를 공유하고 협업체계를 만들어 HR의 경계를 허물어야 한다. 이를 위해서 최신 기술이나 훌륭한 분석 도구가 필요한 것이 아니다. 어떤 것이 최선의 방법인지 지속적으로 찾아가는 과정이 중요하다는 것을 명심하자.

넷째, 숫자가 아니라 메시지가 중요하다.

지금까지 HR의 이슈는 숫자였다. 평가, 연봉, 결근율, 지각률, 퇴사율, 교육시간, 영어등급 등을 가지고 개인 간, 부서 간 단순 비교를 해왔다. 하지만 이런 숫자들은 더 이상 비즈니스 문제를 해결하는 데 도움이 되질 않는다. 이제는 비즈니스와 밀접한 관련이 있는 데이터를 중심으로 통찰을 제공해줄 수 있는 스토리텔링이 더욱 중요하게 되었다.

결국 조직문화를 변화시키고 일하는 방식의 혁신을 만들기 위해서는 HR 분야에 빅데이터를 잘 도입하여 정착시키는 게 중요하다. 그렇다면 HR 분야에서 빅데이터를 올바르게 도입하기 위해서는 어떻게 해야 할까? 혁신의 기반을 마련할 수 있는 빅데이터 도입의 규칙은 다음과 같다.

첫째, 데이터를 분석할 때 데이터 자체가 아니라 비즈니스 이슈에서 시작하라.

계속 강조하는 부분 중 하나이다. HR 데이터 특성상 자체 데이터만을 분석한다면 의미 있는 인사이트를 발견할 수 없기 때문이다. 물론 모든 빅데이터 분석에서 공통으로 제기되는 이슈이기도 하지만,

사람을 기반으로 하는 HR 영역에서는 특히나 외생변수의 영향을 많이 받기 때문이다. 세상의 모든 일은 단지 하나의 현상에 의해 발행하는 것이 아니라, 우리가 모를 수도 있는 외부변수들과 연관되어 동태적으로 움직인다는 것이다. 특히 HR 영역의 데이터는 조직의 비즈니스 문제와 결합할 때 그 진가를 발휘할 수 있다는 것을 명심하기 바란다.

둘째, 최신 도구나 기술에 현혹되지 말라.

일반적으로 우리는 빅데이터 분석을 위해서 고도의 능력을 발휘할 수 있는 AI의 머신러닝이나 딥러닝을 꼭 사용해야 하는 것처럼 인식하고 있다. 하지만 '적재적소'라는 4자 성어처럼 알맞은 도구나 기술을 알맞은 곳에서 활용해야 한다. HR 영역의 데이터는 대부분의 경우 정형화된 모수 데이터이거나 데이터 양이 많지 않다. 이 경우에는 간단한 엑셀이나 통계 툴을 활용해도 무방하다. 아니, 더 정확한 분석을 해낸다. 따라서 비즈니스 이슈를 해결하기 위해 그것을 이용하는 사람들의 능력과 분석 목적에 집중해야 한다. HR은 곧 사람이기 때문이다.

셋째, 데이터 관리와 활용에 너무 과도하게 투자하지 말라.

대부분의 조직은 빅데이터를 분석하기 위해 시스템부터 만든다. 그런데 문제는 HR의 프로세스와 그 조직의 문화, 그리고 암묵적으로 내려오는 그 조직의 특성을 명확히 파악하지 않고, 단순히 데이터와 기능 중심으로 IT 전문가들에게 시스템 개발을 맡긴다는 것이다. 이러한 접근 방법은 배가 산으로 가도록 방치하는 것과 마찬가지다. 우리 조직의 특성이 무엇이며, 문서화되지 않은 독특한 풍토는 없는지, 그리고 주변에 어떤 관련 데이터가 있는지 파악해보고 HR 담당자와 현업의 리더가 직접 데이터를 다루어봐야 한다. 처음에는 소규모로 시작해서 그 개념을 이해하고 증명하는 것부터 시작해보기 바란다.

넷째, HR 데이터를 재무, 마케팅, 생산관리, 위험관리 등 경영상의 밸류체인들과 함께 묶어서 봐야 한다.

늘 강조하는 부분이지만 문제의 시작은 비즈니스이고, 일을 하는 것은 사람이기 때문이다. 우리가 HR 영역의 데이터에 관심을 갖는 이유는 궁극적으로 조직의 성과를 극대화하기 위함이다. 따라서 현장에서 발생하는 데이터와 상황을 고려하지 않으면, 목표 없이 망망대해를 표류하는 것과 같다. 일을 하면서 발생하는 데이터는 HR 자체 데이터가 아니라, 현장과 관련된 밸류체인 관련 데이터이기 때문이다. HR 영역의 데이터는 목적이 아니라 조직의 성과를 만들기 위한 수단이 되어야 한다는 것을 명심하자.

다섯째, 데이터 분석팀과의 협업 시 이들의 역할에 대해 너무 걱정하지 말라.

대신 이들에게 비즈니스 이슈와 HR 솔루션과의 인과관계에 대해 같이 고민할 수 있는 자리를 만들어서 공유해야 한다. 협업이란 서로 다른 영역에 대해 편견으로 가지고 접근하지 않도록 끊임없이 소통하는 과정이기 때문이다. 데이터 분석팀은 단순히 데이터를 잘 분석해주는 팀이 아니며, 우리의 협력업체는 더욱더 아니라는 것을 인지시켜주어야 한다. 서로가 생각하지 못했던 아이디어를 만들 낼 수 있도록 자극하고, 촉매제 역할을 하는 것이 협업의 기본이다.

여섯째, HR 데이터를 분석하는 시스템보다 어떤 데이터를 어떻게 제공할지가 중요하다.

분석 시스템은 단순히 정해진 알고리즘으로 분석을 해주는 역할만 하기 때문이다. 단순히 데이터를 분석해주는 시스템은 누구나 구축할 수 있다. 하지만 이 시스템은 조직을 혁신적으로 바꿀 수도 없고, 조직의 성과를 창출하지도 못한다. 따라서 HR 데이터와 경영의 밸류체인상 데이터가 효율적으로 통합될 수 있도록 표준화 작업을 진행하는 것이 선행되어야 한다. 적절한 데이터가 제공될 때 정확한 결과가 나올 수 있기 때문이다. 어떤 데이터가 필요하고, 그 데이터를 어떤 경로나 방식으로 수집해야 할지, 그리고 어떤 데이터와 마이닝을 통해 필요한 정보를 제공받을지 데이터 표준화와 모델링 작업을 고민해야 한다. 아무리 좋은 시스템이라도 쓰레기가 들어가면 쓰레기가 나오기 때문이다.

일곱째, HR 담당자들이 빅데이터에 대한 태도를 바꿀 수 있도록 많은 노력을 기울여야 한다.

HR 영역이 예전처럼 보고 중심적이고 보수적이며 경험과 직관에 의해 안전지대에서 운영되었다면, 이제는 현장 중심적이고 개방적이며 변화의 의지가 강한 창의지대에서 운영되어야 한다. HR 영역이 선도하고, 혁신하지 않으면 조직은 절대 움직이지 않는다. 디자인 싱킹을 통해 우리의 사용자들을 공감하고, 린스타트업 방식을 통해 사용자 접점에서 반복적으로 테스트하며, 실패를 통해서 배우는 애자일한 조직문화를 만들어야 한다. 특히, 조직의 모든 구성원이 증거 기반 사고에 근거하여 의사결정을 내릴 수 있도록 혁신적인 조직을 만들어야 한다.

여덟째, HR이 중심이 되어 모든 조직, 모든 분야에서 안도감을 맛볼 수 있는 기회와 경험을 제공해주어야 한다.

이를 위해서 HR 담당자들이 직접 데이터를 취합하고, 통합하여 간단한 분석을 진행할 수 있는 환경이 선행되어야 한다. 팀 내 소규모 프로젝트도 좋다. 아니면 CoP 활동을 진행해도 괜찮다. 다양한 데이터를 활용해 의미 있는 결과를 도출해볼 수 있는 업무들을 다양하게 추진해볼 수 있도록 하자. 조직문화의 혁신적 변화를 통한 일하는 방식의 변화는 현장에서 주도하여 진행되기 어렵다. HR 영역에서 다양한 실험을 진행해볼 수 있도록 현장의 리더들과 협업할 수 있는 구조를 만들고 보상 시스템을 구축해보는 것도 방법이 될 수 있다.

아홉째, 데이터는 도구이지 정답이 아니라는 것을 명심하자.

빅데이터 세상에서 100퍼센트 정확한 정답은 존재하지 않기 때문이다. 그 유능하다는 AI도 절대 정답을 말하지도 않을뿐더러 의사결정도 하지 못한다. 단지, 데이터의 패턴만 보여줄 뿐이다. 더 큰 문제는 담당자가 데이터 분석의 방향을 잘못 잡는다면 전혀 엉뚱한 결과가 나오기도 한다는 것이다. 결국 데이터 분석을 통해 도출된 패턴들은 HR 담당자들의 경험적 직관 그리고 현업 리더들의 인사이트와 결합할 때만이 의미있는 결과를 보여줄 수 있다. HR의 핵심은 사람이고, 사람이 중심에 있어야 하며, 사람에 대한 인문학적 인사이트가 올바른 의사결정에 결정적 역할을 한다는 것을 다시 한번 기억하기 바란다.

04

AI와 시너지,
일하는 방식의 변화

미국 와튼스쿨의 피터 카펠리^{Peter Cappelli} 교수는 "과거 굴뚝 산업 시대의 패러다임에서 머물고 있는 HR 담당자들이 적지 않지만, 이제는 HR의 전면적인 변화가 필요한 시점이다"라고 말했다. 디지털 시대를 맞이하면서 HR에서도 혁신의 바람이 불고 있다는 의미인데, 네 가지로 구분해서 설명하고 있다.

첫째, 비즈니스의 다변화에 따른 유연한 인력 계획이다.

변화가 빠른 디지털 시대에 새로운 비즈니스를 추진하기 위한 핵심은 적합한 스킬 셋을 갖춘 인재의 수급이기 때문이다. 얼마나 빠른 시간에 적재적소에 인재를 채용하고, 배치하여 현장에서 일을 할 수 있도록 서포트하느냐가 키포인트가 된다. 이를 위해서는 회사의 신규 사업과 전략에 기초한 기능별 탤런트 맵 Talent Map 이 필요하고, 글로벌 차원의 유연한 인력 조달과 내부 인재 활용을 위한 육성 플랫폼 구축이 필요하다.

둘째, 집단 창의를 위한 성과평가 시스템 구축의 필요성이다.
내부 경쟁과 단기 실적주의에 적합했던 상대평가보다는 업무과정의 코칭을 중시하는 리더의 코칭 커뮤니케이션 역량 강화와 애자일 조직에 적합한 절대평가 방식의 정착이 중요시되고 있다.

셋째, 민첩성 Agility 을 높이기 위한 조직의 운영과 문화 구축이다.
기존 팀제 중심의 수직 구조에서 프로젝트 중심의 수평적 조직과 자동화, 디지털화에 따른 조직의 민첩성 Agility 을 제고해야 한다. 일하는 방식은 신규 비즈니스 모델과 서비스 개발에 적합한 디자인 싱킹, 린스타트업 프랙티스를 활용해야 하며, ICT 기술 기반의 협업을 활성화할 필요가 있다. 이를 위해서는 데이터를 중심으로 한 HR 역량 분석과 우리 조직에 가장 적합한 애자일 기반의 조직 운영과 문화 구축을 고민해야 한다.

넷째, HR 어낼리틱스의 확산이다.
다양한 영역에서 발생하는 데이터를 기반으로 채용부터 퇴직까지 조직내 라이프사이클 Employee Life Cycle 전반에 적용하고 활용해야 한다는 것이다.

그렇다면 HR 담당자들과 현업의 리더들은 무엇부터 시작하면 좋을까? 한걸음 떨어져서 전략적 관점을 가지고 HR 이슈를 만들어내는 비즈니스 이슈가 무엇인지 살펴보는 것이 첫 번째 할 일이다. 그리고 문제를 해결하기 위해 어떤 유형의 데이터가 필요한지 판단하는 게 중요하다. 글로벌 IT 기업 IBM은 HR 어넬리틱스가 기업에 정착하기 위해서는 초기 100일이 필요하다고 하였는데, 100일간의 프로세스를 세부적으로 제시하고 있다. 그 내용을 살펴보면 HR 어넬리틱스의 정착 및 활용을 위해 방향 설정, 실행 계획, 역량 향상, 지속적 기반구축의 4단계로 나누고, 각 단계별 세부 실행 계획을 총 10개로 기술하고 있다.

HR 어넬리틱스를 활용한 일하는 방식의 혁신 방안

· · ·

1단계: 방향 설정 단계 Setting your Direction

이 단계에서는 목표에 대한 정의가 먼저 이루어지는데, 기업의 성장, 효율성, 생산성, 수익성, 위험관리 등 사업 성과를 목표로 두고 HR과 관련된 이슈들이 어떻게 사업 성과와 연계되는지 확인하는 과정이라고 보면 된다. 꼭 체크해야 할 부분은 HR 어넬리틱스의 범위인데, 단순히 보고 형식의 기초 분석에서 끝낼 것인지, 아니면 사회적 분석, 행동적 분석, 예측 모델링을 포함한 심화된 분석을 포함할 것인지에 대해 합의를 이루어내야 한다.

다음으로 거버넌스에 대한 정의인데, 기업에서 진행하는 사업의 문제와 기회에 대한 이해의 시간을 가지며, 사업지표에 영향을 미칠 수 있는 HR 요소가 무엇인지 이해하는 과정을 거치게 된다.

마지막으로 퀵윈 Quick Win 과제를 선정해야 한다. 퀵윈 과제란 구현하기 쉽고 빠르게 성과를 내거나 중요한 논지를 줄 수 있는 인사이트를 제공하는 과제를 말한다. 퀵윈 과제는 30일 안에 선정되는 것이 좋고, 효과적인 과제 수행을 위해 고위급 리더들의 후원이 필수적이다.

2단계: 30일에서 60일까지의 실행 계획

이 단계에서는 데이터, 기술, 파트너를 결정해야 하는데, 데이터에 대한 확인 작업이 가장 먼저 이루어진다. '쓰레기를 넣으면 쓰레기가 나온다 Garbage in Garbage out'는 데이터 분석의 명제 때문이다. 따라서 올바른 데이터의 확보가 가장 중요하며, 이를 위해서 HR 전문가와 현장 조직의 리더 역할이 중요하다. 만약 데이터 품질이 나쁘다면 데이터 분야 전문가의 도움이 필요하다. 그리고 현장의 데이터와 HR 데이터의 통합을 위해 현장의 리더와 크로스 펑셔널 Cross-functional 조직을 구성하는 것도 의미가 있다.

다음은 분석 기술에 대한 확인 작업을 해야 하는데, 분석 수준에 따라 적용될 수 있는 기술이 다르기 때문이다. 예를 들어 비교적 간단하고 용량이 적은 데이터의 분석에 AI의 딥러닝 알고리즘을 적용하면 어떻게 될까? 비용과 시간도 많이 들지만 알고리즘 특성상 과적합overfitting이 발생해 엉뚱한 결과가 나올 수 있다. 따라서 분석 수준에 따른 분석툴의 매칭이 중요하다. 추가적으로 분석된 데이터를 시각적으로 보여줄 수 있는 시각화 툴이나 스토리텔링을 위한 도구, 이미지센싱이나 자연어 처리NLP 같은 고도의 기술이 적용될 수 있는 영역도 고려해야 한다.

2단계의 마지막은 필요한 파트너사를 알아보고 협업을 진행하는 과정이다. HR 어낼리틱스를 내부에서 진행할지 혹은 외부에 위탁할지에 따라서 운영 자체를 외부에 아웃소싱하는 방법과 기술적으로 훌륭한 솔루션을 개발한 업체와 필요한 영역만을 도입하여 진행하는 경우로 구분할 수 있다. 이는 조직의 크기, 기존의 조직 내에서 데이터를 다루던 경험과 기술의 차이에 따라 달라질 수 있다. 또한, HR의 주요 데이터들이 대외비에 속하기 때문에 무조건 내부에서 개발하고 운영하는 것이 최선의 방법은 아니라는 것이다. 어쩌면 배보다 배꼽이 더 커질 수 있고, 구더기가 무서워 장을 담그지 못할 경우도 생길 수 있다.

3단계: 60일부터 90일까지의 역량 향상 단계

이 단계에서는 HR 어낼리틱스 수행을 위한 필요 역량 분석, 수행 계획 그리고 모멘텀을 형성을 하게 된다. 첫 번째로 진행할 HR 어낼리틱스 수행을 위한 필요 역량 분석은 2단계인 실행 계획에서 시작된다. 규모나 필요 기술 그리고 비즈니스 영역에 따라 차이가 나게 되는데, 공통적인 필요 역량은 HR 전반의 도메인 지식과 분석 역량이다. 분석 역량의 경우 기초 분석부터 머신러닝을 활용한 빅데이터 분석까지 그 범위가 다양하다. 우선 데이터의 의미를 해석할 수 있는 통계에 대한 지식, 정량 통계 분석 방법, 빅데이터 분석 방법이 필요하다. 또한 HR 전문영역과 우리 기업의 비즈니스 경험을 바탕으로 분석 결과를 해석하고, 시각화하여 스토리를 만들어낼 수 있는 컨설팅 기술이 필요하다.

다음으로 HR 어낼리틱스의 수행 계획을 세워야 하는데, 이 과정에서 수행 주체를 정확히 정하고, 사업 성과와 어떻게 연결할 것인지 정의하는 것이 중요하다. 또한 기술 투자 규모를 정하는 과정에서는 단순히 리포팅 수준으로 끝낼지 사업 성과와 연계하여 지표를 만들지에 따라 그 규모는 달라지게 된다. 마지막으로 HR 어낼리틱스가 조직 내에 정착한 이후 다양한 이해관계자들과 커뮤니케이션을 통해 피드백을 수용하는 모멘텀 형성이 필요한데, 이는 어렵게 구축한 시스템들이 HR 그들만의 영역으로 머무는 것을 방지할 수 있기 때문이다.

4단계: HR 어넬리틱스의 기반 구축 단계

이 단계에서는 HR 어넬리틱스의 다양한 적용을 통해 조직 구성원의 행동과 비즈니스 성과에 영향을 미칠 수 있는 가치사슬 프레임워크를 제시하고 있는데, HR의 혁신과 정책의 변화는 채용의 질적 향상과 조직 구성원의 몰입을 높여서 그와 관련된 비즈니스의 생산성과 성장을 만들 수 있기 때문이다. 또한 다양한 HR 데이터와 각종 비즈니스 영역의 데이터 연계는 민첩하고 혁신적인 조직문화 구축과 디지털 시대 일하는 방식을 바꿀 수 있는 모멘텀을 제공할 수 있다.

그렇다면 이러한 HR 어넬리틱스의 정착과 활용은 우리 조직에 어떤 효과를 가져다줄 수 있을까?

첫째, 더욱 진보된 인사이트 확보 Better Insight

인사와 고용의 인사이트를 확보할 수 있다는 것인데, 다양한 인사 데이터의 확보와 분석은 비즈니스상에 많은 가능성을 열어줄 수 있다. 일은 사람이 하는 것이기 때문이다.

둘째, 인재 보유 Better Retention

인재보유 효과를 가져올 수 있는데, 직원의 퇴사와 이직의 원인을 분석하여 핵심인재의 동향 파악이나 잠재인재의 보유가 가능해졌다. 특히 최근 들어 발생하는 MZ세대의 이직에 대한 원인과 해결책을 강구해볼 수 있다.

셋째, 더 나은 교육 효과 Better Training

우후죽순이나 단순 트랜드에 의한 교육이 아니라 데이터 분석을 통해 직무에 최적합된 교육을 개별적으로 적용할 수 있게 된다. 특히 업계 동향 분석과 경쟁자 인력의 수준과 보유 역량을 파악하여 필요한 최신 기술을 개별적으로 진행할 수 있게 되었다.

넷째, 더 나은 채용 Better Hires, 즉 인재 식별

디지털 시대에 가장 큰 화두는 필요한 기술을 갖춘 인력 확보라고 해도 과언이 아니다. 그 이유는 기존 아날로그 시대와 디지털 시대는 비즈니스 모델이 다르기 때문이다. 내부 인력의 양성을 통해 필요역량을 확보하는 것보다 필요역량을 갖추고 있는 인재를 선발하는 게 더 효과적이기 때문이다. 특히 기업을 구성하고 있는 대부분의 요소 전략, 조직, 프로세스, 비즈니스 모델, 문화, 커뮤니케이션 등들이 변화하고 있기 때문에 디지털 네이티브라고 불리는 인재들이 더욱 필요하게 된 것이다. 결국 인재의 선발이 HR 어넬리틱스의 가장 큰 효과를 거둘 수 있는 부분이기도 한데, 잠재된 인력의 구분과 확보, 필요 인력의 적재적소 채용, 그리고 채용시간의 단축이 주요 포인트이다.

조직 내 조직 구성원의 라이프 사이클에서
HR 어넬리틱스의 활용 사례

• • •

그렇다면 조직 내 조직 구성원의 라이프 사이클에서 HR 어넬리틱스를 실제로 활용하는 기업은 얼마나 될까? 그리고 어떻게 활용하고 있는지 국내외 사례를 통해 알아보도록 하자.

IBM은 2018년부터 'The Business Case for AI in HR'이라는 보고서를 통해 현재 IBM이 기업 내 인적 자원관리에 AI를 어떻게 활용하고 있는지 그 사례와 효과에 대해 발표하고 있다. IBM은 크게 모집, 채용, 몰입, 인재유지, 개발, 성장에 HR 어넬리틱스를 활용하고 있는데, 바로 AI 왓슨 Watson 을 통해 데이터를 분석하고 예측하면서 HR 영역에서 다양한 활동을 하고 있다.

첫째, 모집 단계에서 가장 적합한 기술과 역량을 갖춘 지원자를 찾기 위해 AI 챗봇을 활용하고 있다는 것이다. 예비 지원자들은 챗봇을 통해 조직, 필요 역량, 브랜드 평판에 대해서 미리 알 수 있으며, IBM에서는 챗봇 내 기술 매칭 알고리즘을 활용해 지원자들의 이력서에 기술된 내용과 비교한 후 알맞은 지원자를 추천까지 해준다고 한다. 실제로 이 방식을 통해 잠재력이 높은 지원자들의 유입이 증가했고, 지원에서 면접까지 시간과 비용도 절감되었다고 한다.

둘째, 채용 단계에서 활용되고 있는데, 그 주인공은 바로 IBM 왓슨 리쿠르트 시스템[IWR]이다. IWR은 취업 시장 정보와 과거의 지원자 채용 정보를 이용하여 채용까지의 시간을 대폭 줄이고, 적합한 인재 예측을 통해 최적의 인재를 채용하기 위해 설계되었다고 한다. 또한 IWR은 채용 직무의 요구 기술 데이터를 학습한 후 지원자의 이력서에 기술된 스킬과 비교하여 적합도 점수를 생성하는 기능을 수행한다고 한다. 지원자가 과거에 팀을 이끈 경험이 있는지를 파악하고, 같은 경력 데이터에 기반하여 추후 입사 시 성과예측 점수를 예측하여 제공하기도 한다. 이를 통해 채용담당자는 채용 결정에 오류를 최소화할 수 있었고, 우수 인재 확보에 시간을 단축할 수 있었다고 한다.

셋째, 직원들의 동기부여와 몰입도를 높이기 위해 AI 인재 알림과 몰입도 분석 시스템을 활용한다. AI 인재 알림 시스템은 팀 관리자가 팀 구성원 개개인의 정보들을 알림 형태로 받는 방식인데, 팀원들의 재직기간, 보유 기술, 승진 기회, 이탈 경향 등 세세한 부분까지 파악할 수 있도록 해준다. 이러한 정보들 중 좋은 내용은 회사 내 소셜미디어를 통해 전파될 수 있도록 해주고, 좋지 못한 내용은 개별적으로 면담을 통해 해결할 수 있도록 추천해주기도 한다.

결국 팀 관리자의 이러한 행동은 직원들의 몰입과 동기부여에 도움을 주게 되는데, 보상 시스템과 연계하여 적절한 보상이 이루어질수 있도록 매칭해주기도 하고, 승진의 기회를 주거나 경력 개발을 위해 직무전환을 하는 데 활용된다고 한다.

넷째, 직원들의 역량 개발에 활용하고 있다. 크게 개별화된 학습 기회 제공과 실시간 기술 추론으로 나누어지는데, IBM 직원들은 언제 어디서나 학습할 수 있는 플랫폼을 통해 개인의 직무, 기술 수준, 학습 이력, 배정 프로젝트를 고려해 개인별 맞춤 학습을 추천해준다고 한다. 또한 실시간 기술 추론 시스템을 통해 직무별 현재 요구되는 기술 수준과 직원들의 기술 수준 격차를 진단해주고, 이를 줄일 수 있도록 맞춤학습을 제공해주고 있다. 이는 현재 경쟁 업체의 기술과 비교 분석하여 실시간 추론이 진행되기 때문에 직원들의 경쟁력을 높이는 데 일조를 하고 있다고 한다.

다섯째, 직원들의 경력 개발에 활용하고 있는데, 바로 왓슨 커리어 코치 Watson Career Coach 라는 AI를 활용하고 있는 것이다. WCC는 자연어 처리 방식을 통해 직원들과 묻고 답하는 방식을 거치면서 직원 개개인에 대해 학습하고, 그들의 이력서와 기술을 검토하여 적합한 직무나 역할을 제시해준다고 한다. 또한 경력 내비게이터라는 시스템을 활용해 직원들이 준비하고 있는 직무나 역할에 대해 요구되는 기술을 알려주며, 그들이 자신들의 기술을 계속하여 개발할 수 있도록 개별화된 학습을 제공하고 있다.

그렇다면 국내 주요 기업과 글로벌 선진 기업들은 HR 어낼리틱스를 어떻게 활용하고 있을까?

국내외 기업의 HR 어낼리틱스 활용 사례

• • •

"청소 경험 없으니 탈락입니다."

AI 면접관의 황당한 실수! 최근 국내 한 일간지에 실린 기사의 제목이다. 채용시장에 AI 필터링이 확산하서 전 세계 채용시장에 실제로 일어나고 있는 일이라고 하는데, 서류전형에서 AI를 활용해 부적합 지원자를 자동으로 걸러내는 이른바 필터링 기능이 만들어내는 해프닝이라고 한다. 하버드 비즈니스 리뷰에 의하면 과도한 AI 필터링으로 인해 이해하기 어려운 탈락자들이 지금까지 2,700여만 명이나 된다고 하니 웃음이 나오는 대목이다.

실제로 국내에서는 비용을 줄이고 효과성을 높이기 위해 자기소개서를 AI가 채점하기 시작했고, 구직용 이력서나 입사 지원서 전체를 AI가 살펴보고, 필터링하는 사례가 많아졌다. 대기업을 포함한 국내 700여 개 기업에서는 인재 채용을 위한 AI 분석 툴을 채용 과정에 적용했다. 지원자가 다른 사람의 자소서를 카피했는지 가려내거나 표정, 몸짓, 목소리, 떨림 등 답변 내용을 분석하는 화성면접이 보편화되기 시작한 것이다. 오죽하면 'AI 면접 대비법'이라는 특강이 생겨났고, 오히려 사람의 면접보다 객관적 기준이 적용된 AI 면접관을 선호한다는 비율로 40퍼센트가 넘어갔다고 한다.

그렇다면 해외는 어떨까?

하버드 비즈니스 리뷰에 의하면 미국 포춘 500대 기업의 99퍼센트가 채용 과정에 AI 선별 시스템을 활용하고 있다고 한다. 더불어 글로벌 투자은행 골드만삭스는 이력서를 분석해서 최적의 부서에 배치하는 시스템을 자체 개발했고, 마이크로소프트는 구인구직 매칭 알고리즘을 개발하여 적용 중이라고 한다. 그렇다면 국내 기업들과 해외 기업들은 HR 어넬리틱스를 어느 영역까지 활용하고 있을까? 그리고 차이점은 무엇일까? 사례를 통해서 알아보도록 하자.

국내 기업의 HR 어넬리틱스의 활용은 아직까지 초급 단계 수준이며, 많은 지표가 나와 있지 않았다. 또한 몇몇 연구자에 의해 보고된 바로는 HR 어넬리틱스에 대해 명확히 인식하고는 있지만, 실행되고 있는 경우는 드물다고 한다. 그만큼 성공적인 국내 사례도 많지 않다는 것인데, 대표적인 두 그룹의 사례를 살펴보도록 하자.

1960년대 설립된 유통, 식품제조, 화학, 서비스 등의 A그룹은 2019년부터 본격적으로 HR 어넬리틱스에 대한 논의를 시작했다. 가장 먼저 채용과 평가 부분에 적용하였는데, 채용 과정에서는 그룹

차원에서 AI를 통해 지원자의 자기소개서를 검토하는 데 활용했다. 그리고 평가 부분에서는 한 계열사를 대상으로 우수한 영업 관리자를 예측하는 모델링을 설계하여 활용했다. AI를 통한 자기소개서 검토는 지원자의 자기소개서에 기재된 언어, 특성 등의 데이터를 A그룹 우수 인재들의 자기소개서 데이터와 비교하여 표절 여부, 미사여구, 조직 적합 단어 활용 등을 판단하는 데 활용했다는 것이다.

또한 A그룹의 우수 영업관리자 예측 활동은 기존에 활용되던 평가제도인 어세스먼트 센터의 타당성을 과학적으로 검증하는 것을 목표로 하였는데, 어세스먼트 센터가 고성과자 예측에 타당하다는 점과 어세스먼트 센터의 도구 중 어떤 도구가 고성과자 예측에 유효한지 밝힘으로써 영업관리자 승진에 대한 의사결정을 지원하도록 한 케이스가 대표적이다.

또 다른 국내 사례인 B그룹의 경우 철강 생산 및 판매, 건설업, 에너지 사업을 하고 있는 글로벌 철강제조 기업으로 직책자 추천 시스템과 전략적 인력 계획에 활용한 사례이다. 직책자 추천 시스템은 직책 포지션의 프로파일과 개인정보를 매칭시키기 위해 데이터를 표준화하였고, 개인별 수행 업무와 같은 데이터는 텍스트 분석을 적용했다고 한다. 전략적 인력계획 활용은 기존 조직의 직무체계를 재분류하고, 직무역량의 유형을 점수로 환산하여 평가 기준을 마련했으며, 조직역량과 개인역량을 수치화하여 비교 분석하였다. 이를 통해 새

로운 인력을 채용할지, 기존 인력을 육성할지, 아니면 재배치할지를
조직의 전략과 연동시킨 케이스다.

그렇다면 해외 선진기업에서는 HR 어넬리틱스를 어떤 형태로 진
행되고 있을까? LG경제연구원에 의하면 글로벌 기업들의 HR 어넬리
틱스 영역은 크게 세 가지로 분류할 수 있다. 우수 인재 채용, 이직률
감소를 위한 핵심 요인 발굴과 개선 활동, 그리고 HR 어넬리틱스 전
담 조직 신설과 기업 비즈니스 전략과의 연계로 구분할 수 있다.

첫째, 우수인재 채용 분야는 마이크로소프트, IBM, 구글의 사례가 대표적
마이크로소프트는 2016년에 인수한 구인구직 플랫폼 기업 링크드
인의 데이터를 분석하여 좋은 인재를 채용하고, 입사한 구성원들의
이메일, 일정, 게시판 등을 분석해 온보딩 프로그램을 차별화하여 운
영하고 있다. IBM의 경우는 왓슨 AI를 활용해 체계적으로 우수인
재를 채용하고 있다. 마지막으로 구글은 공정하고 객관적인 의사결
정을 위해 통계적인 알고리즘을 채용에 적용하였다고 한다. 이를 통
해 데이터 분석을 통해 최고의 인재를 선발하는 데 6~9개월의 소
요시간을 47일로 단축했고, 4인 이상 인터뷰가 예측력이 높지 않다
는 결과를 바탕으로 기존 15~25명의 인터뷰를 과감히 축소했다고
한다.

둘째, 이직률 감소를 위한 핵심 요인 발굴 및 개선 활동에 활용

미국의 멕시코 음식체인 타코벨은 직원들의 이직률에 영향을 미치는 변수들을 다각적으로 분석하기 위해 다변량 통계 분석을 활용했다고 한다. 매장별, 경력별, 연령대별 등 인구통계학적 변수를 중심으로 이직에 영향을 주는 변수들의 요인 분석을 통해 분류하고, 각 변수들 간의 상관관계와 인과관계를 분석하여, 케이스별로 이직률을 감소하기 위한 방안을 모색한 것이다.

정보 서비스 전문업체인 익스피리언도 이직을 발생시키는 200여 개의 요인을 다변량 분석을 통해 모델링을 하고 이직 가능 스코어를 도출했다고 한다. 즉 지역별 영향을 주는 조절변수를 찾아내어 전략적 접근을 다르게 가져갔다고 한다.

셋째, HR 어넬리틱스 전담조직 구축 및 기업 전략과 연계한 사례들

AT&T는 워크포스 어넬리틱스팀Workforce Analytics Team이라는 전담 조직을 구축하고, 2년에 한 번 약 25만 명의 직원들을 대상으로 회사를 지지하는 구성원, 수동적인 입장의 구성원, 비판적인 입장의 구성원으로 나눌 수 있도록 설문조사를 진행하고 있다. 주요 조사 방법은 승진에 따른 감정과 사기를 측정하고, 온라인 현황판을 통한 구성원들의 태도, 이직률, 내부이동 및 배치 현황 등 조직 구조와 연계하는 설문을 통해 구성원 관리의 주요 지표로 활용하고 있다고 한다. 이를 위해 회귀 분석, 분류 분석, 머신러닝 등을 활용해 기업 전략과 연계한다고 한다.

기업 재무관리 소프트웨어 업체인 인튜이트는 구성원들의 경험과 의견을 효율적으로 분석하기 위해 간결하고, 문항 수가 적으며, 확장형 질문으로 구성된 설문을 최대한 많이, 빨리 수집하여 분석하고 있다고 한다. 이렇게 수집된 데이터는 좀 더 정확하고, 시의적절한 현황을 내포하고 있어서, 효과적이라고 한다.

마지막으로 세브론은 유가 하락으로 인한 1인당 생산성을 높이기 위해 인재와 HR 데이터를 사업 전략에 지원하고 주요 정보를 알려주는 역할을 수행해왔다. 이를 통해 기업 내 사람과 관련된 의사결정 데이터를 시각화해서 제공하고, 전 세계 표준화된 인력지표를 활용해 조직구조를 재설계하고, 국가별로 미래인재 공급과 수요 모델을 만들어 적극 활용하고 있다고 한다.

지금까지 국내와 해외의 사례를 살펴보면 활용 측면에서 큰 차이를 보이고 있는데, 왜 이런 차이점이 생기는 것일까? 국내 HR 실무자들은 데이터 부족, 분석 역량과 스킬 부족, 프로젝트의 스폰서 부족을 가장 큰 차이점을 꼽고 있다.

첫 번째 가장 큰 차이점으로 꼽히는 데이터 부족은 양과 질 그리고 구성원들의 신뢰까지 포함되어 있다. 이는 국내 기업의 태생적 조직문화와 관련이 깊다. 학연과 지연 그리고 인지상정이 미덕인 문화 속에서 객관적인 데이터를 취합하는 것뿐만 아니라, 분석된 결과조

차 신뢰하지 못하고 결과와 역행하여 의사결정을 내리기 때문이다.

두 번째로 언급된 HR 담당자들의 분석 역량과 스킬 부족은 HR 어넬리틱스에 대한 기존 인력의 혁신 저항이 만들어낸 것이다. 이를 극복하기 위해서는 HR 데이터 분석가의 영입과 기존 인력에 대한 체계적인 교육이 병행되어야 한다.

세 번째 프로젝트 스폰서 부족의 이슈는 디지털 트랜스포메이션에 대한 인식 부족이 가장 큰 원인이다. 이를 극복하기 위해서는 HR 어넬리틱스의 필요성을 바라보는 관점을 바꿔야 하는데, HR 어넬리틱스가 단순히 비용을 절감하기 위한 방안이 아니라 비즈니스 문제를 해결해줄 수 있는 가치 창출의 핵심이라는 인식을 심어주어야 한다.

66

본격적인 생성형 AI 시대
인간의 창의성에서 발현된다

99

"FAANG^팡의 시대가 가고, 매그니피센트 7^{Magnificent 7}의 시대가 온다."
최근 미국 월스트리트에서 회자하고 있는 화두이다. 그렇다면
FAANG의 시대와 매그니피센트 7의 시대는 무엇이 다른 것인가?
FAANG은 2000년대 이후 월스트리트를 호령했던 기업들을 말한
다. 페이스북, 아마존, 애플, 넷플릭스, 구글을 칭하는 이 단어는 소
셜미디어, 이커머스, OTT, 검색 서비스, 아이폰 등 모바일 디바이스
를 중심으로 플랫폼 기반의 고속성장을 만들어낸 기업들을 말한다.
2007년 등장한 아이폰을 기반으로 일명 아이폰 모멘트라고 불렸던
기업들이다. 아이폰이 등장한 이후 2023년까지 전 세계의 경제, 경
영, 산업의 중심으로 들어왔기 때문이다. 그렇다면 매그니피센트 7
은 무엇을 말하는 것일까? 직역하면 장엄함, 웅장함이라는 뜻이지
만, 라틴어로 '위대한 행위를 하는'이란 어원을 가지고 있다고 한다.

1960년대 법과 규율도 없는 와일드 와이드 웨스트 Wild Wide West 에서 오직 총을 다루는 실력과 대담한 용기로 미 서부시대를 이끌던 7명을 빗댄 말이기도 하다. 한마디로 위대한 행위를 하고 있는 7개의 기업을 말하는 것으로 애플, 마이크로소프트, 알파벳구글, 메타페이스북, 아마존, 테슬라, 그리고 엔비디아 등 미국 빅테크 기업을 말한다. 이들의 공통점은 무엇일까? 바로 생성형 AI를 개발하고, 본격적인 서비스를 준비하는 기업들이다. 우리는 이 시대를 '생성형 AI 모멘트'라 부르며 새로운 혁신과 사업을 기대하고 있다. 바야흐로 본격적인 생성형 AI 시대로 접어든 셈이다. 오픈 AI의 챗GPT의 시작으로 마이크로소프트는 오픈AI와 협업을 통해 Bing을 출시했고, 구글은 독보적인 기술력으로 AI 챗봇인 'Bard 바드'와 차세대 언어모델 '팜2 PaLM2'를 출시했다. 아마존은 AWS에서 사용할 수 있는 '베드록 Bedrock'을, 메타는 대형 언어모델 '라마 Llama'를 출시했다.

재미있는 건 생성형 AI 시장 진입에 다소 늦은 애플과 테슬라의 행보다. 애플은 '에이젝스 Ajax'를 출시하면서 이 이름을 선택한 이유를 밝혀 화제가 되었는데, Ajax는 트로이 전쟁을 승리로 이끈 그리스 신화에 등장하는 영웅으로 강하고, 용맹하고, 매우 영리한 인물이라는 것이다. 그러면서 "뒤늦게 참전한 것처럼 보이지만, 우리는 이 기술을 성공적으로 이끌 수 있는 핵심 자원을 보유하고 있기 때문에 전혀 문제 없다"라고 밝혔다.

오픈 AI의 창립 멤버였던 테슬라의 일론 머스크도 얼마 전 생성형 AI 'xAI' 출범을 선언했다. 그리고는 알파고를 개발한 딥마인드의 이고르 바부슈킨과 마이크로소프트, 구글 등의 출신 연구원들을 영입한 것이다. 결국 기업의 핵심은 그들이 보유하고 있는 기술이 아니라 그 기술을 개발하고 있는 인재가 핵심이며, 이들이 만들어내는 상상력과 창의성이라는 것을 방증하고 있는 것이다. 인간이 만들어 낸 모든 산물이 그렇듯 생성형 AI도 인간의 창의성에서 발현될 수밖에 없다.《Inside The creator economy》의 저자 짐 라우더백[Jim louderback]은 "생성형 AI는 크리에이터를 슈퍼 히어로로 만들어줄 것이다. 단지 크리에이터들이 강하지 않은 영역을 강화하면서"라고 말했다. 이 말은 생성형 AI는 예술가나 과학자를 교체하는 것이 아니라, 그들의 '부조종사[co-pilot]'가 된다는 것을 말한다. 이는 생성형 AI 시대에 주 조종사로서 인간의 창의성이 얼마나 중요한지를 말해주고 있다. 그렇다면 앞으로 우리는 생성형 AI 시대에 무엇을 해야 할까?

첫째, 인간의 창의성을 기반으로 데이터와 AI 중심의 환경을 조성해야 한다.
AI와 데이터는 효과적인 도구일 뿐이기 때문이다. 리더들은 이 도구들을 활용하여 인간의 경험, 감성, 직관 등을 최대한 활용할 수 있는 환경을 만들어야 한다. 이를 위해 다양한 디지털 기술과 인간의 창의성을 동시에 배양할 수 있는 교육 프로그램을 체계적으로 구축하고, AI와 인간이 서로 보완적으로 일할 수 있는 조직풍토를 정착해야 한다.

둘째, 조직의 다양성과 구성원들의 협업이 더욱 강화될 수 있도록 노력해야 한다.

인간의 창의성은 다양성에서 발현되기 때문이다. 다양한 배경과 전문성을 가진 팀원들의 협업은 집단의 창의성을 촉발하고, 새로운 아이디어와 해결책을 도출할 수 있다. 리더들은 이러한 다양성을 활용하여 AI와 데이터의 한계를 극복하고, 팀원 간의 협업을 통해 창의적으로 문제를 해결해나가는 팀워크를 구축해야 한다.

셋째, 실험적 사고를 장려하고, 영리한 실패를 이끌어내는 창의적인 조직문화를 구축해야 한다.

실행하지 않으면 아무 일도 일어나지 않기 때문이다. 이를 위해 기업의 리더들은 팀원들에게 새로운 아이디어를 시도하고 실험하는 것을 장려해야 한다. 또한 실패에 대한 부담을 줄이고, 실패를 통한 학습을 강조하는 문화를 정착해야 한다. 이렇게 함으로써 팀원들은 창의적이고 혁신적인 접근 방식을 두려워하지 않고 적극적으로 도전하고 실행할 것이기 때문이다.

톰 피터스와 로버트 워터먼은 그들의 저서 《초우량 기업의 조건》에서 다음과 같이 말하고 있다. "초우량 기업들은 다른 평범한 기업들에 비해 아는 것을 행동으로 옮기는 데 있어 매우 탁월한 능력을 가지고 있었다. 아는 것을 실행하는 그 작은 차이가 엄청난 성과의 차이를 가져온 것이다." 바로 실행의 중요성을 피력한 말이다. 이 말처럼 이 책을 읽은 독자들에게 이제 남은 것은 새롭게 알게 된 것을 실행하는 것이다. 성공하는 사람과 그렇지 못한 사람의 차이는 바로 '실행'에 있기 때문이다. 그렇다면 실행력을 높이기 위해 무엇을 해야 할까? 바로 습관을 만드는 것이다. 실행력은 습관적인 능력들의 집합이기 때문이다. 이 책에서 말하고 있는 창의력을 높이는 습관부터 차근차근 실행에 옮겨보도록 하자. 그러면 달라진 우리의 모습을 보게 될 것이다.